Friedrich Hauß – Schule des Gebets

Das große Halleluja

Halleluja! Lobet Gott in seinem Heiligtum,
lobet ihn in der Feste seiner Macht!
Lobet ihn für seine Taten,
lobet ihn in seiner großen Herrlichkeit!
Lobet ihn mit Posaunen,
lobet ihn mit Psalter und Harfen!
Lobet ihn mit Pauken und Reigen,
lobet ihn mit Saiten und Pfeifen!
Lobet ihn mit hellen Zimbeln,
lobet ihn mit klingenden Zimbeln!
Alles, was Odem hat, lobe den Herrn!
Halleluja!

Psalm 150

Friedrich Hauß

SCHULE DES GEBETS

DIE BIBEL LEHRT UNS BETEN

neu bearbeitet und erweitert
von Martin Hauß

1990
Ernst Franz-Verlag/Metzingen

CIP-Titelaufnahme der Deutschen Bibliothek

Hauss, Friedrich:
Schule des Gebets: die Bibel lehrt uns beten / Friedrich Hauss.
Neu bearb. u. erw. von Martin Hauss. – 2. Aufl. – Metzingen:
Franz, 1990
1. Aufl. u.d.T.: Hauss, Friedrich: Biblisches Gebetbüchlein
ISBN 3-7722-0204-7

2. neu bearbeitete und erweiterte Auflage 1990

Umschlaggestaltung: Atelier Albrecht Arnold,
Dettingen/Erms
Herstellung: Heinzelmann Druck-Service, Metzingen
Printed in Germany

Inhalt

II. Die Beter des Neuen Testaments

III. Gebetsermahnungen, Gebetsverheißungen und Anleitungen zum Gebet in der Heiligen Schrift

IV. Die Gebete der Bibel

Eine Sammlung von Gebeten, den Bitten des Vaterunsers entlang thematisch geordnet

Die vierte Bitte: Unser tägliches Brot gib uns heute

Die fünfte Bitte: Vergib uns unsere Schuld

Die sechste Bitte: Führe uns nicht in Versuchung

Die siebte Bitte: Erlöse uns von dem Bösen

Der Lobpreis: Denn dein ist das Reich und die Kraft und die Herrlichkeit in Ewigkeit. Amen

VORWORT
der ersten Ausgabe 1936

Die Kirche ist in Bedrängnis durch den Unglauben und die Lauheit vieler Christen. Was soll sie tun? Soll sie sich noch mehr anstrengen, die Hilfe der Mächtigen und die Gunst der Massen zu gewinnen? Bei der Kirche kommt alles auf die Hilfe Gottes an. Er allein kann sich aus Steinen Kinder erwecken.

Das wissen wir wohl. Aber wir tun so in großer Geschäftigkeit, als ob *wir* erwecken könnten. Oder wir tun nichts, weil wir so ohnmächtig sind, und sind tief entmutigt.

Gott will aber, daß wir allezeit beten und nicht nachlässig werden. Wenn wir beten, so geben wir demütig unseren Mangel zu, aber vertrauen auf Gott, daß er uns helfen kann, und wagen es, ans Werk zu gehen. So kann er seine Kraft in unserer Schwachheit zur Auswirkung kommen lassen.

Doch wie sollen wir beten lernen, wenn es Gott uns nicht selbst lehrt? Und er lehrt uns beten durch sein Wort.

So möchte dieses Büchlein uns hinhören lassen auf den Chor der biblischen Beter. Zuerst treten die Gestalten der biblischen Beter vor uns, dann klingen wie mahnende und lobende Glockenschläge die Gebetsmahnungen, Gebetsweisungen und Gebetsverheißungen der Schrift auf, und zuletzt reden zu uns die Gebete der Bibel. Die biblischen Beter beten uns vor, damit wir ihnen nachbeten.

Dieses Nachbeten ist von uns mit Unrecht verachtet worden. Luther hat es fleißig geübt. Fühlte er sich unlustig zum Beten, so nahm er seinen Psalter und las darin, bis der Gebetsgeist der Gottesmenschen auf ihn übergriff. Wie soll der Heilige Geist uns beten lehren, wenn wir nicht bereit sind, die Gebete, die er uns vorgebetet hat, nachzubeten?

Der Text der Gebete ist der Luthertext, der an Stellen, wo es Wortsinn und Verständlichkeit erforderten, nach der Menge-Bibel verbessert wurde. Ausdrücke, die der heutige Mensch nicht mehr ohne Erklärung versteht und sich als sein eigenes Gebetswort nicht aneignen kann, wurden verdeutscht.

Karlsruhe, im Herbst 1935 Friedrich Hauß

VORWORT
des Herausgebers

Vieles von dem, was mein Vater in seinem Vorwort zum »Biblischen Gebetbüchlein« im Jahr 1935 geschrieben hat, trifft auch für unsere Zeit zu. Er hat damals das Buch seinen Kindern gewidmet. Darum sehe ich auch darin meine Aufgabe, die Idee dieses Buches und seinen wesentlichen Inhalt der heutigen Generation unter dem neuen Titel wieder zugänglich zu machen. Gewiß, es ist jetzt mit andern Voraussetzungen zu rechnen; vieles bedarf der Erklärung, wo früher mit einer gewissen Bibelkenntnis weiter Kreise gerechnet werden konnte. Darum habe ich die einzelnen Sachgebiete, vor allem in Teil III und IV, mit einem einführenden Begleittext versehen. Auch sprachlich mußte manches der heutigen Verständnismöglichkeit angepaßt werden. Für die Bibeltexte wurden die neu revidierten Ausgaben des Alten (1964) und des Neuen Testaments (1984) zugrundegelegt; gelegentlich wurde zum besseren Verständnis eine andere moderne Übersetzung herangezogen.

Die Einteilung des Buches wurde gestrafft, gelegentlich auch deutlicher gegliedert, besonders im IV. Teil, damit jeweils passende Gebete, den Anlässen entsprechend, leichter gefunden werden können. Doppelungen von angeführten Bibelstellen wurden vermieden. Auch wurde um der praktischen Anwendbarkeit dieser »Schule des Gebets« willen auf einige inhaltlich einander ähnliche oder nicht so prägnante Bibelstellen verzichtet.

Der vorliegende Band ist kein Buch *über* die Bibel, auch keine Sammlung von Berichten über Erfahrungen mit dem Gebet, sondern eine nach Personen und Themen geordnete Zusammenstellung der Aussagen der Heiligen Schrift zum Gebet. Es versteht sich darum als Lesebuch in einem doppelten Sinn: Es will zunächst einen Überblick geben über die Aussagen der Bibel zum Gebet, und zwar durch die Ordnung biblischer Textauszüge nach speziellen, das Gebetsleben betreffenden Fragestellungen. Und es will ein Buch für den dauernden Gebrauch sein, in dem man immer wieder lesen und in dem man nachschlagen und suchen kann – ein Lesebuch als Hilfe für den einzelnen Christen, wenn das Beten müde, das Lob Gottes dürftig geworden ist und wenn Nöte des Glaubens und Schwierigkeiten des Lebens das Beten erstickt haben, gerade, wenn man es eigentlich bräuchte. Darum ist es auch ein seelsorgerliches Buch.

Dann ist es auch eine Hilfe für Mitarbeiter in der Gemeinde, in Gemeinschaften, in Hauskreisen oder in Heimen, die passende Gebete oder Worte der Bibel zu einem Thema des Gebetes suchen. Diesem Zweck dient das detaillierte Inhaltsverzeichnis.

Zwei Einstiege für den Leser bietet diese Sammlung an. *Der erste* findet sich in den Teilen I und II. Diese beiden Teile orientieren sich an den Menschen des Alten und Neuen Testaments, die Gott in ihrem Gebet verzweifelt oder vertrauensvoll gesucht oder die mit ihrem Gebet auf Gottes Reden geantwortet haben. Diese Geschichte der Beter der Bibel ist fast so etwas wie die Geschichte der göttlichen Zuwendung zu uns Menschen auf dem Weg des Volkes Gottes im Alten und im Neuen Bund. Ihre Erfahrungen, von denen die Bibel berichtet, sind auch Grundlage der Erfahrungen, die wir heute mit dem Beten machen können. Sie können uns (auch in der Gemeinschaft mit anderen) Mut machen, auf die Verheißungen Gottes zu bauen. Dieser Zugang eignet sich besonders für alle unter den Lesern, die, unzufrieden mit der äußeren Geschäftigkeit oder der Resignation in den Gemeinden, durch Bibel und Gebet eine persönliche Verbindung mit Gott suchen. Sie werden entdekken, daß sich diese persönliche Verbindung mit Gott im Gebet erfahren und festhalten und zur Grundlage des Lebens machen läßt. Dann kann Gott den Platz der Mitarbeit in der Gemeinde Jesu zeigen.

Einen zweiten Einstieg bieten die Teile III und IV: Sie sind eine kleine »Schule des Gebets« im wörtlichen Sinn. Sie zeigen an den Themen der biblischen Gebete, wie reich das Gebet des einzelnen und das Beten einer Gemeinschaft von Christen sein kann, was die Bibel uns an Ausdruck und Form der nötigen Ehrerbietung vor Gott lehrt, was demütig, vertrauensvoll und kindlich beten heißt und wie durch die Anbetung die großen Taten Gottes und sein Wesen gerühmt werden.

Teil III zeigt dies, indem er die Anleitungen zum Beten, die die Bibel selbst gibt, ordnet und zusammenstellt. Wir werden zum Beten gelockt durch die Gebetsverheißungen, werden durch die Gebetsanleitungen der Bibel vor Fehlentwicklungen des Betens und vor falschem Beten bewahrt. Durch die Gebetsermahnungen der Bibel können wir von einem zur bloßen Sitte und Routine entarteten, ermüdeten und erschlafften Beten wegfinden.
Die *Sammlung von Gebeten aus der Bibel* im IV. Teil des Buches ist gegliedert entsprechend den sieben Bitten und dem Lobpreis des Vaterunser-Gebets, so daß sie die weiten Möglichkeiten, die zu diesen Bitten gehören, mindestens in Ansätzen darstellen kann. Mein Vater hat sich dabei an die Auslegung Martin Luthers zum Vaterunser gehalten. Diese gibt die Zielrichtung und die Weite der jeweils unter dem Thema der einzelnen Vaterunser-Bitte zusammengefaßten biblischen Gebete an. Die erklärenden Texte in der Einleitung zu diesen Abschnitten wurden erweitert oder neu gefaßt.

Die Zusammenfassung von Gebeten unter den vielen Themen in diesem Buch, die die Vaterunser-Bitten nahelegen, öffnet auch Wege durch das in der Bibel thematisch nicht geordnete Hintereinander von Psalmen. Deren Vielfalt hilft dem Leser, sich ins Nachdenken zu vertiefen über seine Situation und die Möglichkeiten Gottes und dies mit seinem persönlichen Anliegen zusammen vor Gott auszusprechen.

Wenn einmal das Beten kümmerlich wird, die Gebetsworte nicht mehr mit dem wirklichen Leben zusammenhängen und das Herz nicht mehr bewegt wird, dann versuche man es doch öfter mit dem sinnenden Nachbeten ausgewählter Psalmen und biblischer Gebete. Sie können uns helfen, unsern Gott und seinen lieben Sohn, Jesus Christus, unsern Herrn, »mit dem Herzen« wieder bei uns gegenwärtig zu sehen. Sie können in uns – wie übrigens auch neue und alte geistliche Lieder – das Licht des persönlichen Betens wieder anzünden.

Königsfeld-Buchenberg, im Herbst 1989 *Martin Hauß*

HERR, LEHRE UNS BETEN!
Heilsgeschichte und Gebet

Das Gebet in der Heiligen Schrift ist Antwort des Menschen auf Gottes Offenbarung. Vom Gebet der Heiden unterscheidet sich das Beten der Menschen in der Bibel dadurch, daß es sich nicht auf menschliche Sehnsucht, menschliche Wünsche, menschliche Gedanken und Vorstellungen gründet, sondern auf das, was Gott von sich selbst, von seinem Wesen, von seinem Verhältnis zu den Menschen und seinem Ziel für sie offenbart hat. Das Gebet ist nicht ein Schrei ins Leere, den der Mensch ausstößt in der ungewissen Erwartung einer Antwort, sondern es ist selbst Antwort auf das Wort Gottes. Der Glaube des Menschen ist Gottes Werk, ist von Gottes Anruf bewirkte oder mindestens herausgeforderte Antwort des Menschen. Indem der Glaube also Antwort ist auf Gottes Reden, ist er eigentlich ganz und gar Gebet (Luther). Die Beter, von denen die Bibel berichtet oder die sich in ihr selbst äußern, sind Menschen, die Gott angeredet hat.

Wenn man sich mit den Betern der Bibel befaßt, bestätigt sich dies. Ihr Gebet ist Antwort und Reaktion auf Gottes Anrede. Das *Alte Testament* erzählt von den Menschen der Urzeit wie von den *Erzvätern* Abraham, Isaak und Jakob und ihren Nachkommen: Sie lebten ihrer Berufung entsprechend so in der Gegenwart Gottes, daß das Hören seiner Stimme wie auch das Antworten auf Gottes Anrede eine Ausdrucksform ihres Lebens war.

Mose betete nach seiner Berufung zu dem Gott, der mit den Erzvätern geredet und ihnen geholfen hatte. Gott redete mit Mose, und Mose rief Gott an, der ihm nun auch persönlich Auftrag und Verheißung gegeben hatte. Später erinnerte man sich in Notzeiten an die Wunder Gottes in der Geschichte Israels, besonders an die großen Taten Gottes beim Auszug aus Ägypten. In der Zeit der langsamen Entwicklung eines Volksbewußtseins, als *Richter* durch ihre Rechtsprechung das Volk zusammenführten und lenkten, brachte die immer wieder hereinbrechende Not die Stämme Israels dazu, gemeinsam und einhellig zu Gott zu beten. Sie taten Buße für ihre Untreue und erinnerten sich selbst und Gott daran, wie er als *ihr* Gott sich am Sinai offenbart hatte. Die Berichte schildern deutlich, wie gerade die Untreue des Volkes gegenüber Gott die Überfälle und die Fremdherrschaft durch die Nachbarvölker zur Folge hatte.

Wie einst *Sara*, die Ehefrau Abrahams, bewegt war von der Not ihrer Kinderlosigkeit, so betete *Hanna* von ganzem Herzen zu Gott um ein Kind und wurde daraufhin Mutter des *Samuel* (= Gott erhört). Samuel wurde ebenfalls ein Beter, als er – von seiner Mutter für den Dienst Gottes in der Stiftshütte geweiht – gelernt hatte, auf den Anruf Gottes zu antworten. Er nahm bewußt die Überlieferung aus Moses Zeit wieder auf und ließ sich vom Geist Gottes bei seinem Handeln führen. So wurde er zu einem großen Segen für das Volk, das zu seiner Zeit einen wichtigen Schritt zur Glaubensgemeinschaft und zu gemeinsamem Handeln getan hat.

Der *König David* wurde durch den tiefen Zwiespalt zwischen seinem Auftrag und der über ihm stehenden Verheißung einerseits und der Not des Kampfes auf dem Weg zu ihrer Erfüllung andererseits in das Beten hineingeführt. Viele der Psalmen drücken diesen Zwiespalt aus und klagen ihn Gott. Wiederum geleiten viele dieser Psalmen die Nachbeter zum Frieden mit Gott oder zum Durchbruch des Glaubens an die Macht und Herrlichkeit Gottes. Die folgenden Könige, von denen Gebete überliefert sind, hielten sich an die Gebote und Führungen Gottes in der Geschichte Israels und folgten den Grundlinien und Anregungen der Gebete des Psalmenbuches. Gerade die vielfach tägliche Übung des Psalmgebets prägte in der Folgezeit die *Frommen Israels*. Buße, Vertrauen und Freude an Gott in ihrem Gebet beruhten auf dem Bund Gottes mit seinem Volk und damit auch auf den Grundzügen der Selbstoffenbarung Gottes, die dieses Volk erlebt hatte.

Die *Propheten* beteten, weil sie von Gottes Anrede überwältigt und in ihren schweren Dienst gerufen worden waren. Ihren Gehorsam und ihre Hingabe, ihre Anfechtungen und ihr Leiden sprachen sie in ihren Gebeten aus. Sie standen wegen ihres Auftrags und aufgrund ihrer prophetischen Erkenntnis oft ganz allein gegen die Massen, die Könige, die geistlichen Leiter und die falschen Propheten. Gott war ihr einziger Verbündeter. Vor ihm schüttete Jeremia sein Herz aus, wenn ihm die Last zu schwer wurde.

Im Zentrum der Gebete des *Neuen Testaments* steht das Beten *Jesu*. In allem, was er sagte und tat, stand er mit dem Vater in engster Verbindung. Ihm stellte er die Situation dar, fragte, erhielt Weisung und befolgte sie.

Die Jünger beobachteten sein Gebetsleben; sie wußten um die Nächte und frühen Morgenstunden, in denen er in der Einsamkeit mit seinem Vater im Himmel sprach.

Sein Beten, auch in Gegenwart seiner Jünger, war in seiner Sohnschaft und in seinem Auftrag begründet. Es war ein Ausdruck des gehorsamen Lebens und Dienstes des Sohnes Gottes. Das Psalmengebet gehörte zu seinem persönlichen Leben, wie auch das gemeinsame Beten der Psalmen zusammen mit den Jüngern im Tageslauf zur Lebensform im Jüngerkreis gehörte.

Die *Jünger* lernten von Jesus die sachgerechte Antwort auf die Begegnung mit Gott. Sie riefen nach Jesu Erhöhung den Namen des Herrn Jesus Christus an, weil sie in ihm den zur Rechten Gottes erhöhten Messias, also die lange verheißene, letztgültige Offenbarung Gottes erkannt hatten. Wie wir aus den Briefen der Apostel erkennen können, beteten und zitierten sie Psalmworte. Das Psalmengebet in den ersten Gemeinden führte zu neuen christlichen Psalmen, von denen wir Teile in den Apostelbriefen finden.

Für die *Urgemeinde* war das Beten ein Lebensbedürfnis. Viele konnten sich am gemeinsamen freien Gebet beteiligen. Es war Folge des Ergriffenseins von der Botschaft von Jesus Christus und vom Heiligen Geist; es war Antwort auf die Gabe des Heiligen Geistes, der jedem die Gotteserkenntnis und die Liebe zu Jesus Christus ins Herz legte. So erfüllte sich die alte Verheißung der Propheten Jeremia und Hesekiel vom neuen Bund und seinen Wirkungen. An manchen dieser überlieferten Gebetsworte von der Apostelgeschichte bis hin zur Offenbarung des Johannes kann man das Wirken des Heiligen Geistes erkennen, der in und durch Menschen den Vater und den Sohn ehren und die Gläubigen zum Lob Gottes fähig und willig machen will.

So ist das Gebet in der Bibel fast immer Antwort auf Gottes Offenbarung, ja, es ist Erlaubnis und noch mehr: es ist Geschenk Gottes. Der Seher Johannes sah es in Offenbarung 8,3 so: Das Gebet der Menschen, die ihr Leben Gott ganz geöffnet haben (der »Heiligen«), kommt vom himmlischen Altar her, auf dem das Feuer brennt. Wie Räucherwerk vom Himmel wird es auf die Erde gestreut. Von da steigt es wie Rauch auf zu Gott.

So ist auch *unser Beten* kein religionspsychologisches Phänomen, auch nicht nur eine allgemein-religiöse Äußerung frommer Seelen, sondern es hat seinen Ursprung im Wort Gottes und in Gottes Handeln. Gottes Wort gibt uns den Grund, die Richtung und den Rahmen für unser Beten. Dieses Beten wird aber auch in uns erweckt, weil Gott selbst durch seinen Geist mit uns redet, wie es auch in der Bibel von den Betern dort beschrieben ist. So fügen wir uns ein in die Schar der Beter, wir lernen von ihnen, und einer ist dabei unser Meister: Jesus Christus.

I.
Die Beter des Alten Testaments

Kain und Abel

Gott hat sich auch nach dem Sündenfall dem Menschen offenbart. Er wollte die Trennung nicht als das letzte Wort gelten lassen. Sein Erbarmen leuchtet durch das Gericht hindurch.

Die Geschichte von Kain und Abel zeigt zunächst, wohin die Trennung von Gott führte: zum Brudermord. Aber selbst hier wird deutlich, daß der gefallene Mensch auf irgendeine Weise die Verbindung mit Gott suchte. Gott hatte ja geredet und dem Menschen seinen Platz auf dem Feld der Mühsal zugewiesen. Ob Gott nochmals reden würde? Die beiden Brüder Kain und Abel machten den Versuch, sich unter den jetzigen Gegebenheiten Gott zu nahen. Was die Herzen nicht vermochten, sollte der aufsteigende Rauch schaffen: eine Verbindung mit Gott herstellen. Die Gabe, die da für Gott verbrannt wurde, sollte darstellen, daß sie sich Gott unterordnen wollten, eben unter den Umständen, zu denen sie verurteilt waren. Die beiden Opfer waren ganz persönliche Gaben und führten ein Gottesurteil herbei, welche Art Opfer Gott von den in Sünde lebenden Menschen annehmen würde: das geschlachtete Lamm, das sein Leben hingeben mußte, oder die Feldfrüchte?

Gott zeigte, daß lediglich das geopferte Leben – gewissermaßen stellvertretend in dem Lamm dahingegeben – eine Brücke über den Abgrund der zerbrochenen Verbindung zu Gott darstellen könnte. Es war ein *Vorentwurf der Offenbarung des künftigen Heils* durch das Opfer des Gottessohns, das als Grundstruktur in der ganzen Botschaft der Bibel durchscheint. Die Feldfrüchte konnten ein Dankopfer sein, so wie das später auch in Israel angeordnet war. Nur damals wurde ein solches Opfer weder der Situation gerecht, noch war Kains Wesen mit der Absicht eines Dankopfers vereinbar.

Kains eingeschränktes Bemühen um Gottes Wohlwollen war gestört durch die Eifersucht seinem Bruder gegenüber.

Das war offensichtlich, als er taub war für die Warnung Gottes (1. Mose 4,7), als er seinen Bruder erschlug und die Ausrede gebrauchte: »Soll ich meines Bruders Hüter sein?« (1. Mose 4,9) Erst als Gottes Richterspruch ihn zum lebenslangen Flüchtling machte, fing er an, auf Gott zu hören und damit seine Wirklichkeit unter Gott zu erkennen. Er konnte weder im Trotz verharren noch fliehen. Nun konnte er das Gebet beten, das Gott erhört hat: »Meine Sünde ist größer, als daß sie mir vergeben werden könnte. Ich muß mich vor deinem Angesicht verbergen und muß unstet und flüchtig sein auf Erden. So wird mir's gehen, daß mich totschlage, wer mich findet.« (1. Mose 4,13) Gott stellte ihn daraufhin mitten im Gericht unter seine bewahrende Gnade durch das »Kainszeichen«. Das war ein Schutz und Eigentumszeichen Gottes für ihn, vermutlich an der Stirn, vielleicht ähnlich dem, das in Hesekiel 9,4 geschildert ist. So war Kain gebrandmarkt und geschützt zugleich.

Das Gebet Abels aber konnte durch seine Ermordung nicht zum Schweigen gebracht werden. Denn das Blut des ersten Menschen, der um der Gerechtigkeit willen Verfolgung litt, schrie weiter zu Gott: »Die Stimme des Blutes deines Bruders schreit zu mir von der Erde« (1. Mose 4,10), bis es übertönt wurde vom Blut Jesu Christi, das »besser redet als das Blut Abels« (Hebr. 12,24). Nur aufgrund des Opfers Christi kann sich die Tür der Gnade Gottes für Kain noch geöffnet haben.

Henoch

Von Henoch heißt es: »Er wandelte mit Gott« (1. Mose 5,22). Weiter lautet die geheimnisvolle Kunde aus der Überlieferung Israels, daß Gott ihn deshalb »hinwegnahm« und er nicht mehr gesehen wurde. Dies erscheint wie ein urzeitlicher Bericht von der Erwartung ewigen Lebens in der Gemeinschaft mit Gott. Jedenfalls blieb diese Botschaft bedeutungsvoll bis zum Hebräerbrief im Neuen Testament, der Henoch unter den Zeugen besonderen Glaubens aufzählt (Hebr. 11,5). Er führte ein Glaubensleben, das Gott gefiel, war ein Mensch, der in der

Gegenwart Gottes sein Leben führte. Was sollte das anders sein als ein Hören auf Gott, als ein Reden mit ihm in Antwort und Gebet und als ein Gehorchen!

Noah

Nach der Überlieferung war Noah einer der späteren Nachkommen von Henoch. An der Namensgebung (Noah heißt auf deutsch: Tröstung) wird sichtbar, wie stark Noahs Vater die Last des Gerichtes Gottes und die Sünde der Menschen empfunden hatte. Die biblische Deutung des Namens könnte auf die Erwartung eines Helfers oder Erlösers hinweisen: »Der wird uns trösten in unserer Mühe und Arbeit auf dem Acker, den der Herr verflucht hat.« (1. Mose 5,29) Sein Name und die von seinem Vater gehegte Erwartung mögen Noah wachgehalten haben für das, was Gott zu seiner Zeit und womöglich durch ihn tun würde. So suchte er Gnade bei Gott und fand sie: »Noah fand Gnade vor dem Herrn« (1. Mose 6,8). »Er wandelte mit Gott wie Henoch« (1. Mose 6,9). Weil er demnach hörend und betend in der Nähe Gottes blieb, konnte Gott zu ihm reden, ihm das Kommen des Flutgerichts offenbaren und den Plan zur Rettung mitteilen.

Das erste, was Noah nach erfolgter Rettung tat, war, daß er einen Altar baute und Gott Brandopfer brachte von den mit ihm und seiner Familie geretteten Tieren. Daraufhin segnete der Herr Noah mit seinen Söhnen. Er schloß mit ihnen einen Bund, in dem die Bosheit des Menschengeschlechts durch das Recht eingedämmt und die Erhaltung der Lebensmöglichkeit auf der Erde garantiert wurde, solange sie besteht (1. Mose 8,21-22; 9,1-17).

Man macht sich die Tragweite der Geschichte um Noah selten ganz klar. Der Mann, der »mit Gott wandelte«, in Gebet und Hören auf Gottes Stimme ihm ganz zur Verfügung stand, bildete mit Gottes Hilfe die Brücke von der Schöpfung über den Sündenfall und das vernichtende Gericht hin zum jetzt noch bestehenden Zeitalter der Selbstverpflichtung Gottes, in dem er der Menschheit die Lebensmöglichkeit auf der Erde versprach bis zum Ende der Welt. So einfach schildert die Bibel Menschen, die Gott für seine Ziele gebraucht.

DIE ERZVÄTER ALS BETER

In den folgenden Abschnitten in der Geschichte des Gebets beschreibt uns das Alte Testament die Menschen viel deutlicher, zeigt ihr persönliches Leben und ihre Erfahrungen auf dem Weg des Glaubens. Die erste Gruppe unter ihnen sind die sogenannten »Erzväter«. Gemeint sind mit diesem Wort die Urväter des persönlichen Verhältnisses des Menschen zu Gott, also die Vorbilder späterer Generationen, aber auch die Urväter in der Stammesgeschichte des Volkes Israel. Die Offenbarung Gottes, die sie jeweils in ihrer individuellen Lage erfahren haben, ist eine der Grundlagen unserer Gotteserkenntnis aus der Bibel – auch dessen, was Jesus und die Apostel über Glauben und das Leben in der Verbundenheit mit Gott gesagt haben.

Abraham

Durch die freie Wahl Gottes, ohne sein Zutun, empfing Abraham das Wort des Herrn. Dieses Wort befahl ihm, sich aus seinem Familienverband zu lösen und eine neue Sippe zu gründen. Er empfing die Verheißung, daß Gott ihn und seine Nachkommen segnen wolle. Diese Verheißung erforderte um so mehr Glauben, als er kinderlos war. Er glaubte und zog aus. Da er auf die Erfüllung der Verheißung warten mußte, lernte er glauben und beten. Denn die Erfüllung der Verheißung konnte nur von Gott her kommen, nicht von seinen eigenen Bemühungen. Seine erste Tat nach dem Einzug ins verheißene Land war, daß er dem Herrn, der ihm erschienen war, einen Altar baute (1. Mose 12,7). Dieses Altarbauen (1. Mose 12,8;

13,18) weist darauf hin, daß er die tiefe Erkenntnis der Urzeit hatte: Der sündige Mensch kann sich Gott nur durch Opfer betend nahen. Gott ließ sich zu Abrahams Gebet herab, zeigte ihm, daß Gott zu haben der größte Lohn ist: »Ich bin dein Schild und dein sehr großer Lohn!« (1. Mose 15,1).

Als Abraham seine Bitte vorbrachte: »Was willst du mir geben? Ich gehe dahin ohne Kinder«, bestätigte Gott seine Verheißung, indem er ihm den Sternenhimmel zeigte: »So zahlreich sollen deine Nachkommen sein!« Auf dieses ihm von Gott gedeutete Bild aus der Schöpfung glaubte Abraham dem Herrn. Die nächste Frage und einfältige Bitte Abrahams ging um ein Zeichen, das ihm bestätigen sollte, daß seine Nachkommen dieses von Gott versprochene Land besitzen würden. Gott ging darauf ein und ließ ihn ein Opfer aus allen opferfähigen Tieren herrichten, das Gott annahm und mit seiner Zusage feierlich bestätigte (1. Mose 15,9ff.). Dabei offenbarte ihm Gott die kommende Geschichte seines Stammes, obwohl noch gar kein Sohn da war.

Abraham hat durch den betenden Umgang mit Gott seinen Geist und sein Wesen offen gehalten für ihn. Deswegen hat er auch die Umformung seines Geistes durch Gottes Geist erfahren. Auf dem schwierigen Lebensweg, den ihm Gott zumutete, lernte er, mehr an Gott zu hängen, als abhängig zu sein von den äußeren Gegebenheiten. Das war die Grundlage, die ihn zum »Vater der Glaubenden« werden ließ.

Darüber hinaus verhalf ihm diese intensive Gemeinschaft mit Gott, den innersten Sinn des Geistes Gottes selbst in sich aufzunehmen: Abraham, der so viel für sich selbst zu beten hatte, konnte inständig Fürbitte für die Erhaltung der Städte Sodom und Gomorra tun, deren Bevölkerung in tiefer Sünde lebte. Dieses Gebet war wie ein Zwiegespräch in Gott selbst, gewissermaßen zwischen Gottes Geist in Abraham und Gott, wie ein Vorentwurf des Werkes Christi, der kommen sollte, nicht um die Seelen der Menschen zu verderben, sondern sie zu retten. Abrahams Fürbittegebet glich wohl einem Handel, aber nicht zu seinem eigenen Vorteil, sondern es war ein Ringen um Rettung der Gottlosen um der paar Gerechten willen in der Stadt, wozu sich der richtende Gott freundlich herabließ. In gleicher Weise zeigte sich Gott im Erleben des Propheten Jona, als es um die Stadt Ninive ging (Jona 4,11).

Wir können von diesem Beten des Abraham lernen: »Abraham blieb stehen vor dem Herrn« (1. Mose 18,22), d.h., er ließ nicht ab, in dieser Sache zu beten. Abraham berief sich dabei auf das Erbarmen Gottes: »Wolltest du dem Ort nicht vergeben um fünfzig Gerechter willen?« (1. Mose 18,24) Und Abraham behielt die Demut: »Ach, siehe, ich habe es gewagt, zu reden mit dem Herrn, wiewohl ich Erde und Asche bin.« Darum wurde sein Gebet von Gott beantwortet.

So schenkte Gott dem Abraham in seinem Gebetsumgang mit Gott eine Erkenntnis, die ihn mit dem Neuen Testament verbindet, daß nämlich Gott um des Einen willen, Jesus Christus, die Gottlosen verschonen und ihnen vergeben wird. Durch sein Gebet zitterte das Weh, daß Gott in Sodom keine Gerechten finden könnte.

Der schwerste Gang, den Abraham tat auf Gottes Geheiß, war der Gang mit dem verheißenen Sohn auf den Berg Morija, um ihn dort zu opfern. Dieser Opfergang sollte die tiefste Hingabe und Anbetung seines Lebens werden. Im Gebet gilt es, nicht sich Gottes zu bemächtigen, sondern einzugehen auf seinen heiligen Willen in der Bereitschaft zu letzter Hingabe.

Den Widerspruch zwischen Verheißung, Gabe und Opferbefehl Gottes löste Abraham durch den Glaubensgehorsam. Das ist die tiefste Anfechtung, wenn es uns scheint, als widerspräche Gott sich selbst. In dem Opfergang zum Morija bereitet sich die Grundstruktur vor für das Opfer Gottes, des Vaters, das er im Kreuzestod Jesu brachte, und gleichzeitig für die Hingabe des Sohnes Jesus Christus, der im Gebetskampf in Gethsemane sprach: »Mein Vater, ist es nicht möglich, daß dieser Kelch von mir gehe, ohne daß ich ihn trinke, so geschehe dein Wille!« (Matth. 26,42) Schon bei Abraham zeigen sich die Grundlinien der Heilsoffenbarung Gottes, die sich in den Liedern vom Gottesknecht beim zweiten Jesaja, aber auch in manchen Gestalten des Alten Testaments auffinden lassen. Es waren jeweils Menschen, die sich von Gott führen ließen, die dann im Gehorsam und im Leiden vorausweisende Träger der

Gottesherrschaft gewesen sind, Menschen, die eine große Verantwortung für Gottes Sache auf Erden getragen haben.

Gott sah Abrahams Glauben, er sah den Menschen, der mit ihm im Gehorsam eins war, und schenkte ihm seinen Sohn Isaak wieder. An seiner Stelle gab ihm Gott einen Widder als stellvertretendes Opfer. So erlebte Abraham in seiner tiefen Hingabe die größte Gebetserhörung seines Lebens. Er nannte den Ort: Der Herr sieht!

Betende Menschen im Umkreis Abrahams

Hagar

Zeitlich müssen wir vor die Geburt Isaaks zurückgehen, um die Geschichte der Magd Abrahams richtig einordnen zu können. Auch dieses Ereignis erzählt uns die Bibel, und damit wird Abraham in seiner Schwäche als ein Mensch seiner Zeit gezeichnet, aber auch in seiner zeitweiligen Ungeduld, die Gottes Verheißung vorgreifen wollte.

Hagar war die ägyptische Magd von Abraham. Auf den Rat Saras, der Frau Abrahams, nahm Abraham sie zur Nebenfrau, damit sie für Sara ein Kind zur Welt bringen solle. So wurde sie schwanger von ihrem Herrn, und weil ihre Herrin sie daraufhin verächtlich behandelte, hatte sie unter ihr viel zu leiden. Aber der Engel des Herrn begegnete ihr, als sie fliehen wollte und gab ihr eine wichtige Verheißung für den Sohn, den sie gebären würde (1. Mose 16,6-15). Hagar war sehr bewegt darüber, daß Gott sich um sie kümmerte, und nannte den Herrn: »Du bist ein Gott, der mich sieht«. Die Quelle, an der sie diese Begegnung hatte, nannte man später: »Brunnen des Lebendigen, der mich sieht«. Ihr Sohn Ismael lebte danach mit seiner Mutter im Haus Abrahams. Als nun Sara doch noch einen Sohn bekam, nämlich Isaak, verlangte Sara, daß Abraham Hagar mit dem Sohn Ismael entlassen und vertreiben solle. Abraham fiel das nicht leicht, aber Gott bestätigte die Bitte Saras. Auf dieser zweiten Flucht irrte Hagar durch die Steppe mit ihrem Sohn. Gott aber erbarmte sich ihrer und des Knaben und ließ sie einen Brunnen finden, in dessen Nähe sie bleiben konnten. Wieder redete Gottes Engel sie an, und sie erlebte, daß Gott mit dem Knaben war (1. Mose 21,8-21).

Elieser

Elieser war ein Knecht Abrahams, der sein Vertrauen besaß und Abraham auch persönlich nahestand. Abraham gab ihm den Auftrag, für seinen Sohn Isaak in Abrahams Heimat die rechte Frau zu finden. Dort angekommen, betete Elieser zu Gott um Weisung, damit er den Auftrag recht ausführen könne (1. Mose 24,12ff.). Ehe sein Gebet zu Ende war, hatte Gott es schon erhört. Als Elieser sah, daß sich in der eigentlich zufällig scheinenden Begegnung mit Rebekka am Brunnen alles so wunderbar bestätigte, worum er gebetet hatte, verneigte er sich und betete den Herrn an, der ihn sichtbar erhört hatte (1. Mose 24,26).

So haben von dem Beter Abraham Magd und Knecht beten gelernt, und Gott hat sich dazu bekannt.

Isaak

der verheißene Sohn Abrahams, konnte von Jugend an miterleben, was Gott seinem Vater bedeutete; und dies nicht nur, als er, von seinem Vater zum Opfer gebunden, sich auf den Altar legen mußte. Der damaligen Verschonung durch Gott verdankte er sein Leben. In dieser Erfahrung der Abhängigkeit von Gott wurde auch er ein Beter und lernte von seinem Vater, mit Gott zu leben. Sonst hätte sich Gott später nicht als Gott Abrahams, Isaaks und Jakobs bekanntgemacht (z.B. bei Mose). Er war der »Gott der Väter«. Ganz Israel wußte, was damit gemeint war.

Aus den Berichten über Isaak kann man schließen, daß er zum Gebet die Stätten aufsuchte, wo Gott sich offenbart hatte. So kam er vom »Brunnen des Lebendigen und Sehenden«, als ihm Elieser seine künftige Ehefrau Rebekka brachte. Gottes

Segen für die Nachkommenschaft war den Erzvätern wichtig, erlebten sie es doch selbst, daß Nachkommen ein besonderes Geschenk Gottes sind und keine Selbstverständlichkeit. Als Rebekka offensichtlich keine Kinder bekommen konnte, bat Isaak den Herrn für seine Frau und wurde erhört (1. Mose 25,21). An mehreren Stellen wird berichtet, daß Isaak von Gott gesegnet wurde um seines Vaters Abrahams willen, »weil Abraham meiner Stimme gehorsam gewesen ist« (1. Mose 26,5). Der betend gesprochene Segen über seine Söhne Esau und Jakob war die entscheidende Tat seines Lebens, eine tiefgreifende Vorherbestimmung für die Söhne und für die aus ihnen hervorgehenden Völker (1. Mose 27).

Jakob

Von Jugend an war es der leidenschaftliche Wunsch Jakobs, den Erstgeburtssegen von seinem Vater Isaak zu empfangen. Der Grund dieses Wunsches war die Verheißung, die Gott seiner Mutter vor der Geburt der Zwillinge Esau und Jakob gegeben hatte. Zuerst wollte Jakob den Segen durch eine List erschleichen. Als er auf diesem Weg der Sünde scheiterte und vor seinem Bruder fliehen mußte, konnte Gott sich ihm zum ersten Mal offenbaren. Jakob machte auf diese Offenbarung hin einen ersten Versuch zu beten. Sein Gebet war ein Gelübde, das Gott Bedingungen stellte. »Wird Gott mit mir sein und mich behüten auf dem Weg und mir Brot zu essen geben und Kleider anzuziehen und mich im Frieden wieder heim zu meinem Vater bringen, so soll der Herr mein Gott sein« (1. Mose 28,20.21).

Ein rechter Beter wurde Jakob erst in der tiefsten Anfechtung, als der ganze, mit eigener Kraft errungene Segen in Frage gestellt wurde dadurch, daß Esau ihm mit vierhundert Mann in feindlicher Absicht entgegengezogen kam. Sein Gebet wurde ein Bußgebet: »Ich bin zu gering aller Barmherzigkeit und aller Treue, die du an deinem Knechte getan hast« (1. Mose 32,11). Bei seiner Bitte um Errettung stützte er sich auf das Wort der Verheißung: »Du hast gesagt: Ich will dir wohltun und deine Nachkommen machen wie den Sand am Meer« (1. Mose 32,13). Alle, die mit ihm zogen, schickte er voraus und blieb in dieser Nacht allein in der Gegenwart Gottes. In diesem Gebetskampf war es ihm, als ränge ein Mann mit ihm. Es war ein Kampf Gottes um ihn, in dem seine Selbstherrlichkeit zerbrach: »Das Gelenk der Hüfte Jakobs wurde über dem Ringen mit ihm verrenkt«. (1. Mose 32,26) Doch ließ Jakob nicht ab von Gott; sein weiteres Leben wollte er auf dem Segen Gottes aufbauen: »Ich lasse dich nicht, du segnest mich denn.« Jakob bekam mit einem neuen Namen, Israel, ein neues gesegnetes Leben von Gott.

Wir können sagen, daß der Geist Jesu Christi, der von Ewigkeit her beim Vater ist und der ja auch der Geist des Vaters ist (Joh.14,23-26), sich hier im Handeln Gottes durch den Engel so nahe und so sehr der Persönlichkeit des Jakob entsprechend ausgewirkt hat.

Auf Gottes Geheiß baute Jakob in Bethel Gott einen Altar, um dem zu danken, der »ihn erhört hat zur Zeit seiner Trübsal und mit ihm gewesen ist«. Die Einweihung war mit der Aufforderung zur Buße an sein Haus verbunden: »Da sprach Jakob zu seinem Hause und zu allen, die mit ihm waren: Tut von euch die fremden Götter, die unter euch sind, und reinigt euch, wechselt eure Kleider und laßt uns aufbrechen und nach Bethel ziehen, daß ich dort einen Altar errichte dem Gott, der mich erhört hat zur Zeit meiner Trübsal« (1. Mose 35,2.3).

In hohem Alter wurde Jakob von seinem Sohn Joseph, der in Ägypten zu hohen Ehren gekommen war, aus dem unter Hunger und Dürre leidenden Kanaan nach Ägypten eingeladen. Dort war der ganzen Großfamilie Siedlungsland in Gosen angeboten worden. Zweifellos hatte Jakob Angst und Sorge, ob das der rechte Weg sei. Jakob brachte Opfer dar »dem Gott seines Vaters Isaak«. Da heißt es weiter: »Gott sprach zu ihm des Nachts in einer Offenbarung: Jakob, Jakob! Er sprach: Hier bin ich. Und er sprach: Ich bin Gott, der Gott deines Vaters; fürchte dich nicht, nach Ägypten hinabzuziehen; denn daselbst will ich dich zum großen Volk machen. Ich will mit dir hinab nach Ägypten ziehen...« (1. Mose 46,1-4) So konnte Gott dem Beter Antwort geben.

Am Ende seines Lebens gab Jakob den empfangenen Segen betend und auf Gott hörend weiter an seine Söhne; Gott konnte den Hörenden leiten und inspirieren. So ist der Weitblick dieses Segensgebets erstaunlich. Der Beter sah aus Juda den Herrscher kommen, dem »die Völker anhangen« (1. Mose 49,10). Bei einem der Söhne sah er Not und Kämpfe voraus. Da drang noch einmal die Sehnsucht seines Lebens im Gebet zu Gott wie ein Seufzen und Hoffen mitten durch die Segensworte über seinen Söhnen: »Herr, ich warte auf dein Heil!« (1. Mose 49,18).

MOSE UND JOSUA

Mose

Mose lernt beten

Mose wurde als Kind vom Tode gerettet, der ihm aufgrund einer grausamen Anordnung des Pharao von Ägypten drohte. Dies geschah durch Glauben und Gebet und durch den daraus erwachsenden Mut seiner Eltern: »Durch den Glauben wurde Mose, als er geboren war, drei Monate verborgen von seinen Eltern...; und sie fürchteten sich nicht vor des Königs Gebot.« (Hebr. 11,23) Die Kinder Israel, die Nachfahren Jakobs, der auch Israel genannt wurde, und alle, die mitgekommen waren, um in Ägypten in der Landschaft Gosen zu siedeln, waren in große Bedrängnis gekommen und wurden zu schwerster Sklavenarbeit gezwungen. So lernten sie, sich an die Verheißungen, die den Vorfahren zuteil geworden waren, zu klammern und Gott anzurufen, zumal sie vor Menschen nicht über ihre Not klagen konnten: »Die Kinder Israel seufzten über ihre Knechtschaft und schrieen, und ihr Schreien über ihre Knechtschaft kam vor Gott. Und Gott erhörte ihr Wehklagen und gedachte seines Bundes mit Abraham, Isaak und Jakob.« (2. Mose 2,23)

Mose sah in seinem aufbrausenden Wesen den Weg darin, mit Gewalt seinen unterdrückten Brüdern zu helfen, scheiterte aber dabei. Erst auf der Flucht, in der Stille des Schafehütens, kam seine Feuerseele so weit zur Ruhe, daß Gott sich ihm offenbaren konnte. Gott zeigte dem an seiner Kraft und an der ausweglosen Lage seines Volkes verzweifelnden Mann, daß er der Gott der Erzväter war (2. Mose 3,6), zugleich aber der allmächtige Herr auch des Geschehens in Ägypten ist, unwandelbar ein persönlicher Gott: »Ich werde sein, der ich sein werde.« (2. Mose 3,1) Die ersten Gebete Moses sprechen das Widerstreben gegen Gottes Auftrag aus (2. Mose 3 und 4). Aber Gott überwand in einfühlsamer Geduld seinen Widerstand. Von da an glaubte Mose dem Wort Gottes bedingungslos. Nun betete er so, daß seine Gebete erhört werden konnten. Aus seinem Glauben an die Verheißung Gottes und aus der Not und Verantwortung seines Auftrags heraus hatte er reichlich zu beten. Mose war ein geplagter Mensch, mehr als alle Menschen auf Erden (2. Mose 17,4; 4. Mose 12,3). So war er auch ein Beter – mehr als alle anderen Menschen.

Moses Bitte um Weisung

Von Gott erbat sich Mose Weisung in allen entscheidenden Fragen, die er als Verantwortlicher für das Volk zu lösen hatte. Schon während der schwierigen Monate, in denen die Fürsprache Moses und Aarons vor dem Pharao zu keinem Erfolg führte, im Gegenteil die Last für das Volk immer schwerer wurde, trug Mose die ganze Not immer wieder zu Gott (2. Mose 5,22.23). Und Gott antwortete ihm. Gerade im Gebetsleben Moses wird deutlich, daß das rechte Gebet ein Zwiegespräch ist mit Gott, das mit Gottes Antwort und Fingerzeig rechnen kann. Allerdings erkennt man an seinem Ringen, daß das Gebet auch der Freunde Gottes keinen Automatismus hervorruft. In 2. Mose 6,1 und 10; 2. Mose 7,1 und vielen weiteren Stellen lesen wir: »Der Herr sprach zu Mose«.

Der Gehorsam gegen Gottes Auftrag brachte Nöte, die ohne Gottes Eingreifen unlösbar waren. So war Mose Schritt für Schritt auf das Gebet angewiesen. Selbst für seinen Todfeind Pharao gab es keinen anderen Ausweg, als die Fürbitte Moses in Anspruch zu nehmen: »Pharao sprach zu Mose und Aaron: Bittet den Herrn für mich« (2. Mose 8,4). Ebenso in 2. Mose 9,28: Die gottlosen Menschen, die die Frommen hassen, wissen in ihren Plagen oft keinen anderen Rat, als sie um ihre Fürbitte anzugehen, weil sie selbst nicht beten können.

In der größten Not, als das Volk Israel am Schilfmeer angekommen war und plötzlich die Streitmacht Pharaos hinter dem Volk auftauchte, überschütteten die Verzweifelten Mose mit Vorwürfen. Da schrie Mose zu Gott. Gott machte ihn durch den Glauben an seine erneute Zusage so getrost, daß er das Volk von seiner Angst abbringen konnte. Das Gebet seines Knechtes Mose war der Weg, auf dem Gott seine Herrlichkeit an seinem Volk hat offenbaren können.

Mose gehorchte, indem er im Glauben den Stab über das Meer erhob. Daraufhin teilte der Herr die Flut für den Durchzug des Volkes Israel und brachte alle heil hinüber. Der Schrecken vor dem gewaltigen Gott Israels und die zurückkehrende Flut vernichtete die Militärmacht der nachjagenden Ägypter. Mose hatte der Weisung Gottes entsprechend den Stab von der anderen Seite her wieder über das Meer erhoben. So zeigte Gott vor dem ganzen Volk seine Macht – was Israel als Grundlage seines Glaubens über all die Jahrhunderte festhielt (5. Mose 26,1-11) – und bestätigte gleichzeitig Mose als den Beter und Führer seines Volkes.

Als das Volk Durst litt in der Wüste Sin, da zankten sie mit Mose und murrten gegen ihn und gegen Gott: »Warum hast du uns lassen aus Ägypten ausziehen?«; Mose aber schrie zum Herrn (2. Mose 17,4), und Gott gab Wasser aus dem Felsen. – Während also der ungläubige Mensch in der Not nur murrt und an Gott und an seiner gnädigen Führung zweifelt (2. Mose 17,7: »Ist der Herr unter uns oder nicht?«), betet der Glaubende.

Im Kampf gegen die Amalekiter hielt Mose auf dem Berg, unterstützt durch die beiden Männer Hur und Aaron, die Arme fürbittend ausgestreckt, bis die Sonne unterging. Ein Nachlassen seiner Fürbitte bedeutete Niederlage für Israel. Ein neues Weiterbeten ließ Israel die Oberhand gewinnen und schließlich siegen.

Als sich Korah und seine Anhänger gegen Mose empörten, schwieg Mose gegenüber den Menschen, aber er fiel auf sein Angesicht und stellte seine Rechtfertigung Gott anheim (4. Mose 16,4). Bei Mose war demnach immer wieder der Glaube gefordert, der aus nichts anderem als aus seiner lebendig wirksamen Verbindung mit Gott und aus dem gehorsamen Hören auf ihn entstand und auch in Krisen Bestand hatte.

Moses Fürbitte für sein sündiges Volk

Mose, der für das ungläubige, bei jeder Not so schnell verzagende Volk immer wieder eintrat, bat auch für sein Volk, als es durch sein halsstarriges Wesen die Hilfe Gottes verscherzt hatte. In dieser Fürsprache für das sündige und dem Gericht verfallene Volk wirkte der Geist Christi, der am Kreuz betete: »Vater, vergib ihnen, denn sie wissen nicht, was sie tun!« (Luk. 23,34)

Mose bat den Herrn um Gnade für sein Volk, nachdem es das goldene Kalb angebetet hatte. Er wies Gott auf seine Ehre gegenüber den Ungläubigen hin und auf seine Verheißung, die den Vätern zuteil geworden war. Ja, er wollte selber nicht mehr bei Gott in Gnaden sein, wenn dieser sein Volk um seiner Sünde willen verwerfen würde: »Vergib ihnen ihre Sünde, wo nicht, so tilge mich auch aus deinem Buch.« (2. Mose 32,32) Ebenso trat Mose für die um ihres Murrens willen mit Aussatz bestrafte Mirjam ein: »Mose aber schrie zum Herrn und sprach: ›Ach Gott, heile sie!‹« (4. Mose 12,13)

Immer wieder wagte Mose, sich für das ungläubige, halsstarrige Volk einzusetzen, bei dem alle Wohltaten und Gebetserhörungen so schnell vergessen waren, indem er sich an die große Barmherzigkeit Gottes wandte. Und Gott hat sein Gebet erhört: »Ich habe es vergeben, wie du gesagt hast.« (4. Mose 14,20)

So vertrat Mose das Volk vor Gott und brachte seine Anliegen vor ihn. Er lehrte ihm die grundlegenden und aktuellen Weisungen des Herrn, wie Jethro ihm geraten hatte (2. Mose 18,19).

Nur einmal ging die Sünde seines Volkes über seine Glaubenskraft. Der Glaubensmann, der im Gebet Weisung empfangen hatte, daß Gott helfen wird, zweifelte wegen des Ungehorsams des murrenden Volks, ob Gott noch einmal diesen Sündern vergeben werde, und durfte deshalb nicht ins gelobte Land kommen (4. Mose 20,12).

Umgang des Mannes Mose mit Gott

»Der Herr redete mit Mose von Angesicht zu Angesicht, wie ein Mann mit seinem Freunde redet.« (2. Mose 33,11) Während das sündige Volk nicht zum Sinai kommen durfte, stieg Mose hinauf in die Gegenwart Gottes (2. Mose 19,3). Er hat damit etwas von dem priesterlichen Dienst vorgelebt und vorgezeichnet, der später für Israel unabdingbar geworden ist. In späteren Jahren hat sich das in den Anordnungen für die Stiftshütte (vor allem im 3. Buch Mose) fortentwickelt und schließlich im Tempel zu Jerusalem vollends verwirklicht.

An anderer Stelle heißt es, daß Mose hinzuging ins Dunkel, in dem Gott war (2. Mose 20,2), während das Volk sich fernhielt. Mose ging mitten in die Wolke der heiligen Gegenwart Gottes und blieb vierzig Tage und vierzig Nächte auf dem Berg.

Die Nähe Gottes erweckte in ihm das heiße Sehnen, das er betend aussprach, nicht nur das Reden Gottes zu vernehmen und seine Hilfe zu erleben, sondern wirklich einmal Gottes Herrlichkeit zu sehen (2. Mose 33,18). Gott ging in geheimnisvoller Weise auf diese Bitte ein: »Ich will vor deinem Angesicht all meine Güte vorübergehen lassen und will den Namen des Herrn laut vor dir aussprechen: Wem ich gnädig bin, dem bin ich gnädig, und wessen ich mich erbarme, dessen erbarme ich mich.« (2. Mose 33,19) Gott ist der völlig souveräne Herr, auch wenn er seine Güte offenbart. Es heißt dann, daß kein Mensch Gott in seiner Heiligkeit sehen kann. So breitete Gott seine

Hand über Mose, bis er vorübergezogen war, und Mose durfte hinter ihm hersehen. Dieser Umgang mit Gott bewirkte, daß »die Haut seines Angesichts glänzte«, weil er mit Gott geredet hatte (2. Mose 34,29).

Nach dem Bundesschluß am Sinai (2. Mose 24), in dem das Volk sich auf die Gebote Gottes und seine Weisungen verpflichtet hatte, besprengte Mose das Volk mit dem Blut der Opfer, die feierlich dargebracht worden waren. Danach stiegen Mose, Aaron und Älteste den Berg hinauf und hatten dabei ein wunderbares Erlebnis: Sie durften alle schauen, wie es unter Gottes Füßen war »wie ein schöner Saphir« und klarer Himmel. Darauf hielten sie ein sakramentales Mahl an dieser Stelle. Und »Gott reckte seine Hand nicht aus wider die Edlen Israels« (2. Mose 24, 9-11). Am Vollzug des Bundesschlusses wird wieder sichtbar, wie Hingabe des Volkes Gottes zum Gehorsam einerseits und das Opferblut andererseits eine Glaubensgemeinde heiligen, das heißt zu Gott passend machen. So wird eine intensive Gemeinschaft mit dem lebendigen Gott möglich. Die Grundstruktur einer Gemeinschaft mit Gott hat ihren Vorentwurf schon hier; sie wird beibehalten auch für den Neuen Bund. Das Blut der Opfer des Alten Bundes bekommt seine Wirksamkeit durch das Opfer Jesu Christi auf Golgatha.

Die Anbetung Gottes durch Mose

Nach der großen Errettung Israels am Schilfmeer fand die Anbetung Gottes ihren unmittelbaren Ausdruck in einem Lied, das Mose dem Herrn sang: »Ich will dem Herrn singen, denn er hat eine herrliche Tat getan; Roß und Mann hat er ins Meer gestürzt.« (2. Mose 15,1) Dieses Lied der Anbetung preist die Allmacht Gottes, die jedem Widersacher überlegen ist. Es klingt der Jubel des völligen Siegs Gottes über alle seine Feinde heraus. Als Mose den Namen des Herrn offenbart bekam als barmherzig, geduldig und von großer Gnade und Treue, der Missetat, Übertretung und Sünde vergibt und vor dem niemand unschuldig ist (2. Mose 34,7), da neigte er sich sogleich zur Erde und betete den an, der allein mächtig, allein gut ist.

So preist auch das Lied Moses den Namen Gottes mit großer Kraft: »Ich will den Namen des Herrn preisen. Gebt unserm Gott allein die Ehre! Er ist ein Fels. Treu ist Gott und kein Böses an ihm, gerecht und wahrhaftig ist er.« (5. Mose 32, 3.4) Die Geborgenheit dessen, der Zuflucht hat unter den ewigen Armen (5. Mose 33, 27), spricht der 90. Psalm aus, das Mose zugerechnete Gebet, das die Ewigkeit Gottes anbetet: Gott ist erhaben über den Strom der Vergänglichkeit. Die Vergänglichkeit ist sein Gericht, und alles Gute kommt von seiner Gnade! »Herr, Gott, du bist unsre Zuflucht für und für!« (Ps. 90,1)

Josua

Als Nachfolger Moses führte Josua sein Volk von Sieg zu Sieg, in ständiger Abhängigkeit vom Wort des Herrn, das ihm erstaunlich reichlich offenbart wurde. Das Geheimnis dieser ständigen Offenbarung Gottes lag in Josuas ständigem Gebetsumgang mit Gott.

In der Schule Moses wird Josua ein Beter

Josua sah als Diener Moses den Glanz seines Angesichts, wenn er vom Gebet kam. Die Gottesnähe, in der Mose lebte, zog ihn so an, daß er nicht von Mose wich (2. Mose 33,11). So erlebte er alle Gebetserhörungen Moses mit. Er errang den Sieg über die Amalekiter, während Mose auf dem Berge betete. Dieser Anschauungsunterricht, der ihm zeigte, daß höchste Verantwortung für das Volk zum Gebet treibt, machte auch aus ihm einen Beter. Betend übertrug ihm Mose durch Händeauflegen seine Vollmachten (4. Mose 27,22.23). »Da redete Josua mit dem Herrn« (Jos. 10, 12) mitten in der Schlacht, und Gott half ihm auf wunderbare Weise zum Sieg. Und der Herr sprach zu ihm und gab ihm genaue Weisungen (Jos. 1, 1-9; 7,10ff; 8,1).

Josuas Bußgebet nach der Niederlage seines Volkes

Nach der Niederlage bei Ai suchte Josua die Ursache des Unglücks in einer Schuld des Volks, die es von der göttlichen Hilfe schied. So tat er Buße für sein Volk, »zerriß seine Kleider und fiel auf sein Angesicht zur Erde vor der Lade des Herrn bis auf den Abend« (Jos. 7,6). Sein tiefgebeugtes Bußgebet führte auch die Ältesten in dieselbe Gebetshaltung. Er betete: »Was willst du denn für deinen großen Namen tun? – Da sprach der Herr zu Josua: Stehe auf!« (Jos. 7,9.10) Gott zeigte ihm den eigentlichen Grund für die Versagung seiner Hilfe, Achans geheimgehaltenen Diebstahl: »Es ist Gebanntes in deiner Mitte, Israel; darum kannst du nicht bestehen vor deinen Feinden, bis ihr das Gebannte von euch tut.« (Jos. 7,13) Nun konnte Josua handeln, und Gott konnte wieder Gelingen geben. Nach dem Sieg brachte Josua mit dem Volk Dank- und Brandopfer dar (Jos. 8,30).

So hielt Josua die Vollmachten, die Mose betend auf ihn gelegt hatte, betend, in tiefer Demut vor Gott fest – auch durch Mißerfolge hindurch. Sein Vorbild brachte auch das Volk zu verbindlicher Entscheidung für den Gehorsam gegenüber Gott (Jos. 24,22-24), solange die Generation lebte, die Josua durch sein Gebet und sein Wort geprägt hatte. »Und Israel diente dem Herrn, solange Josua lebte und die Ältesten, die noch lange Zeit nach Josua lebten und alle Werke des Herrn kannten, die er an Israel getan hatte.« (Jos. 24,31)

DIE BETER DER RICHTERZEIT

Die Stämme Israels wohnten in den Jahren, in denen sie sich in den zugewiesenen Landstrichen niederließen, in Siedlungsdörfern, die sie zum Teil befestigen mußten, um gegen Überfälle der Feinde geschützt zu sein. Sie waren auch nicht zu gemeinsamem Handeln zusammengeschlossen. So kam es immer wieder zur Vermischung mit den Religionen der Nachbarvölker und zur Verehrung ihrer Götter (Richt. 2,11-13). Durch diesen Abfall von Gott verloren die Stämme, Großfamilien und Ortschaften das bislang einzige Band ihrer Zusammengehörigkeit. Dennoch war noch so viel Erinnerung an die Offenbarung geblieben, die Gott einst den Vätern geschenkt hatte, daß das Volk in der schlimmsten Not Gott um Hilfe anrief (Richt. 3,9; 3,15; 4,3; 6,7). Gott half ihnen dadurch, daß er in seinem Erbarmen Menschen berief, die er durch den Heiligen Geist zum Hören auf Gott fähig machte und mit Tapferkeit und Klugheit, dazu mit einem Charisma von Führungsvollmacht und einem gehorsamen Herzen ausrüstete, so daß sie das Volk im Namen Gottes mitreißen konnten zur Umkehr und zu gemeinsamem Handeln (Richt. 2,16-18). Diese Hilfe brachte jeweils kurzzeitig ein Aufflackern der auf den Gott Israels bezogenen Frömmigkeit. So klingt z.B. das Preislied der Richterin Debora ähnlich wie das Siegeslied Mirjams und Moses. Sie war eine Prophetin; mit ihrer Hilfe hatte ihr Heerführer Barak einen wichtigen Sieg erfochten.

Gideon

Einer von diesen von Gott zur Rettung Israels Berufenen ist Gideon. Zuerst rief ein Prophet das Volk zur Einsicht seiner Sünde gegenüber Gott und zur Umkehr auf (Richt. 6,10). Dann sprach Gott zu dem Bauernsohn Gideon durch einen Engel und gab ihm den Auftrag, sein Volk von den Midianitern zu befreien. Gideon wehrte sich erst lange und stellte Bedingungen. Als er dann den Engel als bevollmächtigten Abgesandten des Herrn erkannte, geriet er in Furcht. »Aber der Herr sprach zu ihm: Friede sei mit dir! Fürchte dich nicht; du wirst nicht sterben. Da baute Gideon dem Herrn einen Altar und nannte ihn: Der Herr ist Friede.« (Richt. 6,23.24) Der Eifer zum Einsatz für Gott war da, aber den übermächtigen Feind zu besiegen, schien so ausgeschlossen, daß Gideon noch zweimal von Gott ein Zeichen erbat (Richt. 6,36-40). Da endlich glaubte er. Nun konnte Gott ihn zum Sieg führen. Gott gab ihm zugleich mit der Weisung zum Aufbruch gegen den Feind ein ganz persönliches Vorzeichen, das ihm die Gewißheit des Sieges verschaffte. Da betete er Gott an und befahl den Aufbruch (Richt. 7,15).

Nach dem Sieg gab er zwar Gott die Ehre (Richt. 8,23), aber mit dem Gold seiner Siegesbeute ließ er einen goldenen Behälter machen, den die Priester als Orakel benutzten. Ein Götzenbild war es wohl nicht, denn das Volk war in den folgenden Jahren Gott dankbar für seine Hilfe, aber das priesterliche Orakel ersetzte das direkte Reden Gottes. Die Gebete erstarrten zur Verehrung dieses goldenen Gebildes, das wohl gleichzeitig den Zweck erfüllen sollte, die religiöse Zentrale Israels an Gideons Heimatstadt Ophra zu binden. Der vermischte politisch-religiöse Zweck führte dazu, daß nicht mehr Gott, sondern der Mensch redete. So kam die Anbetung auch nicht weiter als zur Verehrung dieses Kultgegenstandes, den materiellen Niederschlag früherer Offenbarung Gottes.

Ist es unendlich schwer, ein ganzes Volk zur wahrhaftigen Anbetung Gottes zu bewegen, so ist es doch sehr leicht, ein Volk zum Götzendienst zu verleiten: »Ganz Israel trieb dort mit dem Efod Abgötterei. Und er wurde Gideon und seinem Hause zum Fallstrick.« (Richt. 8,27) Als dann Gideon nach vierzig Jahren starb, liefen die Kinder Israel wieder den Baalgöttern nach und machten Baal-Berith zu ihrem Gott. Sie dachten nicht mehr an Gott, der sie errettet hatte, und versagten auch der Familie Gideons den Dank für alles Gute, das er ihnen getan hatte (Richt. 8,34-35). Das halbe Entgegenkommen des Gideon dem götzenbilder-süchtigen Volk gegenüber war nur die Vorstufe zum völligen Abfall von dem unsichtbaren Gott Israels.

Simson

Schon vor seiner Geburt wurde Simson von einem Engel Gottes angekündigt: Er werde »ein Geweihter des Herrn« sein. Er werde »anfangen, Israel zu erretten aus der Hand der Philister« (Richt. 13,5). Gott war mit ihm, Gottes Geist trieb ihn um. Im Grunde führte er ein wildes Leben, blieb aber bei seinem Auftrag und hielt sein Geweihtsein für Gott fest, bis seine Sinnlichkeit ihn dazu führte, sein Geheimnis preiszugeben. So wurde er ein Sklave statt ein Herr der Philister. In seiner Not lernte er, Gott demütig anzurufen. Die Philister hatten ihm, dem einst ihnen allen überlegenen Mann, die Augen ausstechen lassen, um seiner sicher zu sein. Vor seiner letzten Tat, durch die er seine Lebensaufgabe noch einmal ergreifen wollte, rief er Gott an und sprach: »Herr, denke an mich und gib mir Kraft, Gott, noch dies eine Mal, daß ich mich für meine beiden Augen einmal räche an den Philistern«. (Richt. 16,28) Zwanzig Jahre war er Richter in Israel gewesen, und nun starb er mit vielen Philistern unter der Last der Trümmer der Halle, deren tragende Säulen er mit seinen neu erwachten Kräften zum Einsturz brachte.

An Simson kann man sehen, wie weit das Volk und selbst solch ein Geweihter Gottes entfernt waren von der Zeit und dem Vorbild der Menschen, die, wie es heißt, »mit Gott wandelten«. Das Richterbuch ist eigentlich insgesamt ein Schrei nach Gott, daß er sich seiner Herde selbst annehme (Hes. 34,11).

Hanna

Hanna betete in der Not ihrer Kinderlosigkeit, die doppelt schwer war, weil ihre Widersacherin Peninna – stolz über ihre eigenen Kinder – sie immer wieder kränkte und reizte. So war sie von Herzen betrübt und betete inständig vor der Stiftshütte (1. Sam 1,10). Sie schüttete ihr Herz vor Gott aus (1. Sam. 1,15). Unter den Frommen war ja die große alte Geschichte noch bekannt, wie Sara, die Frau Abrahams, nach langem Warten doch noch den Sohn Isaak bekam und wie Abraham im Gehorsam bereit war, ihn für Gott zu opfern. Diese wichtige Gotteserfahrung mag ihr Gebet angeleitet haben. So ist auch ihr Gebet geschehen auf der Grundlage von Gottes früherer Offenbarung.

Sie betete lange, ganz versunken und leise in ihrem Herzen. In ihrer Demut wollte sie nicht, daß andere ihr Gebet hörten. Vielleicht schämte sie sich auch vor anderen Menschen wegen ihrer so sehnsüchtigen Bitte. Aber Gott konnte sie ja alles sagen.

Es war eine Zeit geistlichen Niedergangs. Selbst Eli, der alte Priester des Volks an der Stiftshütte, konnte sich nicht vorstellen, daß jemand so lange und still, nur mit bewegten Lippen betet. Er hielt dieses Beten im Geist zunächst für Trunkenheit – ähnlich wie die Spötter am Pfingsttag später die Begeisterung der Jünger einschätzten. Immerhin hat Eli ihre Erklärung angenommen und gespürt, daß hier echter Glaube am Werk war. Er gab ihr die verheißungsvolle Zusage, daß Gott ihre Bitte erhören werde. Sie glaubte – und »sah nicht mehr so traurig drein« (1. Sam. 1,18).

Der Herr erhörte sie. Den Sohn, der ihr geschenkt wurde, nannte sie *Samuel* (Gott erhört), »denn ich habe ihn vom Herrn erbeten« (1. Sam. 1,20). Als er zum Knaben herangewachsen war, brachte sie ihn in die Stiftshütte zu Eli und opferte ein großes Brandopfer. Jetzt konnte sie ihm alles sagen: »Nun hat der Herr mir die Bitte erfüllt, die ich an ihn gerichtet hatte. Darum gebe ich ihn dem Herrn wieder – sein Leben lang, weil er vom Herrn erbeten ist.« (1. Sam. 1, 27.28)

Hannas Hoffnung und innere Festigkeit, die gegen allen äußeren Schein mit Gott rechnete, bewegte auch Elkana, ihren Mann. So stand er verständnisvoll zu seiner Frau, als sie den Knaben schließlich für immer in den besonderen Dienst Gottes zur Stiftshütte brachte.

In ihrer Anbetung preist Hanna den Herrn nicht nur in ihrer eigenen Sache, sondern sie sieht in ihrem Erleben die Grundsätze Gottes am Werk, der den Mächtigen und Stolzen Einhalt gebietet und seine Barmherzigkeit den Mühseligen und Beladenen schenkt: »Er hebt den Dürftigen aus dem Staub« (1. Sam.

2,8). Sie preist den Herrn, der bald erhöhen, bald stürzen kann, der richtet, um zu retten, der tötet und wieder lebendig macht.

In ihrem Beten offenbart sich die biblische Grundform der Anbetung Gottes, wie sie in den alttestamentlichen Psalmen und bis in die bekannten Worte der Anbetung im Neuen Testament, etwa Lukas 1,46-55 und Apostelgeschichte 4,24-31, zu finden ist. Wir können daraus nur lernen, weil uns gerade die von Herzen kommende Anbetung Gottes so schwerfällt.

Samuel

Samuel, den seine Mutter Hanna von Gott erbeten hatte, lebte zu einer Zeit, in der Israel seinem Gott und seinem Glauben entfremdet war. Es kam damals nur selten vor, daß der Herr zu einem Menschen sprach. Von Gott geschenkte Gesichte waren eine Ausnahme (1. Sam 3,1). Am Heiligtum selbst war die Frömmigkeit durch das Sündenleben der Söhne des Priesters Eli zuschanden gemacht worden. Sollte mit dem Knaben Samuel, der nun Gehilfe Elis in der Stiftshütte war, neues geistliches Leben erwachen?

Gott konnte sich schon dem Knaben Samuel offenbaren und ihn beim Namen rufen. Seine Treue stach von der Untreue des Hauses Eli ab. Gottes Volk faßte Vertrauen zu ihm. Der Gebetsgeist, der in seiner Mutter war, lebte auch in ihm. So wurde Samuel – ähnlich wie Mose – ein Beter für sein Volk.

In der Not der Israeliten unter den Übergriffen der Philister baten sie ihn: »Laß nicht ab, für uns zu schreien zu dem Herrn, unserm Gott, daß er uns helfe aus der Hand der Philister.« (1. Sam. 7,8) Da nahm, so wird berichtet, Samuel »ein Milchlamm und opferte dem Herrn ein ganzes Brandopfer und schrie zum Herrn für Israel, und der Herr erhörte ihn« (1. Sam. 7,9). Samuel betete nicht nur ein Gebet um Hilfe, sondern er betete im Bewußtsein der Schuld seines Volkes, die er mittrug. Darum begann er sein Gebet mit dem Sühneopfer. Gott bekannte sich zu diesem Gebet und gab ihm Antwort (1. Sam. 8,21.22; 9,17; 12,17.18).

Dieser Beter griff gewaltig ein in die Geschichte seines Volkes. Zwei Könige hat er nach langem Gebetsringen hintereinander gemäß der Weisung Gottes berufen und damit die Weichen gestellt für Jahrhunderte der Geschichte seines Volkes. Als König Saul nicht mehr Gott gehorchte, sondern ganz seinem Wesen folgte und damit die eigentliche Aufgabe Israels gefährdete, »schrie Samuel zum Herrn die ganze Nacht« (1. Sam. 15,11). Gott nahm Saul das Königsamt nicht sofort weg, aber Saul verlor ganz offensichtlich den Heiligen Geist. Saul war oft voll von Zorn und Schwermut. Gott ließ das Böse in ihm ausreifen, um ihm ganz bewußtzumachen, was er verloren hatte. Gleichzeitig hat Gott auf vielen notvollen und mühsamen Wegen den alsbald bestimmten Nachfolger Sauls, nämlich David, erzogen, besonders unter den Verfolgungen, die er von Saul erlitt. Samuel erlebte allerdings nicht mehr, daß David König wurde.

In seinem Abschiedswort, das er an das Volk gerichtet hatte, als Saul das Königsamt übernahm, hatte Samuel versprochen: »Es sei ferne von mir, mich an dem Herrn dadurch zu versündigen, daß ich davon abließe, für euch zu beten« (1. Sam 12,23). Das war Samuels Dienst bis an sein Ende: Fürbitte, auf Gott hören, seine Weisung ausführen da, wo Gott ihn brauchte.

KÖNIGLICHE BETER

David

David war einer der großen Beter des Alten Bundes. Er lernte beten in dem Zwiespalt zwischen seiner hohen Berufung und der äußeren Bedrängnis, als Saul ihn verfolgte. Sein Beten beruhte auf der göttlichen Berufung zum Königsamt, denn von dem Tag der Salbung an kam der Geist des Herrn über ihn (1. Sam. 16,13). Seine hohe dichterische Begabung stellte er in den Dienst Gottes. Er dichtete Gebetslieder und Psalmen, wenn auch möglicherweise nicht alle, die ihm zugeschrieben werden. Der größte Teil der Gebetslieder wurde von den späteren Sammlern der anfechtungsreichen Zeit zugerechnet, als Saul ihn verfolgte. Der Kampf zwischen dem irdischen Reich und der Gottesherrschaft spiegelte sich im Kampf Sauls gegen David wider. So haben die Psalmen Davids eine hohe Bedeutung für die Kämpfe des Reiches Gottes zu allen Zeiten. Darum hat auch Luther in seinen Kämpfen um die Erneuerung der Kirche den Psalter so geliebt.

Davids Gebete enthalten Lehre, Bitte um Rettung, Dank und Anbetung. Öfters beruft sich David auf seine Unschuld (Ps. 26). Erst nach seinem tiefen Fall lernte David das Bußgebet beten (Ps. 51).

Die Gebetsanlässe sind durch die vielen Entscheidungen gegeben, die David als Verfolgter und als König zu treffen hatte. So bat David um Weisung. Er fragte den Herrn (1. Sam. 23,10; 2. Sam. 2,1; 6,9). Er bat um Schutz vor seinen Feinden (Ps. 3; 5; 9; 11 usw.). Er betete um den Sieg und dankte für ihn (Ps. 54; 56; 57; 60 usw.).

Als sein im Ehebruch gezeugtes Kind erkrankt war, »suchte er Gott um des Knäbleins willen und fastete und lag über Nacht auf der Erde... Am siebenten Tag aber starb das Kind... Da stand er auf von der Erde und wusch sich und salbte sich und zog andere Kleider an und ging in das Haus des Herrn und betete an.« (2. Sam. 12,15ff.) So war in seinem Bittgebet Buße und Bereitschaft, sich auch als König zu beugen vor dem heiligen Gott, dazu die Kraft, schließlich Gottes Führung auch im Leid anzunehmen.

Als nach der Volkszählung ihm das Gericht durch den Propheten angesagt wurde für seinen Hochmut, weil er in Gefahr stand, Gottes Volk in orientalischer Manier als seinen Besitz zu betrachten, bat er in ergreifender Bußfertigkeit und Demut, daß Gott ihn selbst strafe und das Volk verschone: »Ich bin doch der Schuldige! Ich, der König, habe mich verfehlt, mein Volk hat nichts Böses getan. Darum strafe mich und meine Familie!« (2. Sam. 24,17) Hier erhob sich Davids Fürbitte zu der Höhe wie die von Mose für sein Volk. David baute einen Altar und opferte Brandopfer. So wurde der Herr mit dem Land versöhnt. Auch bei David ist also ein tiefes Wissen darum, daß wegen unserer Schuld unser Gebet nur um eines stellvertretenden Opfers willen erhört werden kann.

Voller Demut und Anbetung ist das Gebet Davids, als Nathan ihm die Verheißung brachte, daß sein Königreich ewiglich bestehen solle (2. Sam. 7,12): »Du, Herr, hast dir dein Volk zubereitet, dir zum Volk in Ewigkeit, und du, Herr, bist ihr Gott geworden.« (2. Sam. 7,24) Wie durch die Verheißung des Propheten Nathan, so schimmert auch durch das antwortende Gebet Davids (2. Sam. 7, 18-29) das Licht und die Hoffnung auf das messianische Heil, das mit einem seiner Nachkommen zur Welt kommen wird. Im gewiß noch unklaren Fernblick auf den Heilskönig, den Messias, nennt David ihn Herr (Ps. 110, 1; Matth. 22,44).

Ein tiefes Anbetungs- und Dankgebet ist von David in 1. Chronik 29 überliefert. Es zeigt seine Demut und Hingabe in der Linie der Väter des Glaubens. Als er die Baupläne und seine und des Volkes Spenden für den Tempelbau an seinen Sohn Salomo übergab, hat er vor der ganzen Gemeinde Gott für diese reichen Gaben gedankt und ihn gepriesen: »Von dir ist alles gekommen, und von deiner Hand haben wir dir's gegeben. Denn wir sind Fremdlinge und Gäste vor dir wie unsere Väter alle.« (1. Chron. 29,14.15)

Sein Gebet geht über in das Bitten, daß Gott dem Volk diesen Sinn erhalten und dem künftigen König Salomo ein rechtschaffenes Herz geben möge, Gottes Weisungen und Rechte zu halten und schließlich auch den Tempel als ein Haus für den Namen Gottes zu bauen. Danach forderte David die ganze Gemeinde auf, Gott zu preisen, und sie tat das, indem sie sich verneigte und vor Gott niederfiel. Mit großen, Gott dargebrachten Opfern und einem Freudenmahl des ganzen Volkes schloß die Regierung Davids.

Salomo

Davids Sohn Salomo stand unter der mächtigen Wirkung der Tradition seines Vaters und der Erziehung durch den Propheten Nathan. So war es gegeben, daß auch er betete. Doch war die reiche, ruhige Zeit seiner Regierung für ein tiefes Gebetsleben nicht günstig. Die Psalmen verstummten, und an ihre Stelle trat die Spruchweisheit.

Nur von zwei Gebeten Salomos hören wir. Das eine betete er, als er nach pomphaften Opfern sich an der Offenbarungsstätte Gibeon niederlegte, um eine Offenbarung Gottes zu empfangen, und der Herr ihm erschien. Er knüpfte in diesem Gebet an die Barmherzigkeit an, die seinem Vater geschehen war, und bat um Weisheit und Gehorsam: »Schenke mir ein Herz, das auf deine Weisung hört, damit ich dein Volk leiten und gerechtes Urteil sprechen kann.« (1. Kön. 3,9) Solches Gebet gefiel Gott wohl. Auch hier wird deutlich, daß das Gebet oft Antwort ist auf Gottes Offenbarung (1. Kön. 3,5).

Das zweite Gebet, das uns von Salomo mitgeteilt wird, betete er öffentlich vor allem Volk bei der Tempeleinweihung. Er ging bei diesem Gebet aus von dem Treuebund Gottes mit dem Heilsvolk. Er pries Gott, den alle Himmel nicht fassen, und bat ihn, der seinen Namen von nun an im Tempel wohnen lassen will, um Erhörung, wenn ein Gottesurteil erbeten wurde an der heiligen Stätte, wenn es nicht regnete, wenn bei Pest oder Hungersnot und im Krieg die Hilfe Gottes angerufen wurde (1. Kön. 8,23-53). Auch auf dieses Gebet gab ihm Gott Antwort: »Ich habe dein Gebet und Flehen gehört, das du vor mich gebracht hast, und habe dies Haus geheiligt, das du gebaut hast, daß ich meinen Namen dort wohnen lasse ewiglich; und meine Augen und mein Herz sollen da sein allezeit.« (1. Kön. 9,3) Gott wiederholte die Messias-Verheißung, die seinem Vater zuteil geworden war.

Asa

Asa, der Urenkel Salomos, hielt sich an das Gesetz Gottes, reinigte das Land vom Götzendienst und forderte sein Volk auf, Gott zu suchen und nach Gottes Gebot zu handeln. Während nach Salomo zwei Generationen seiner Nachkommen ohne ernsthaftes Gebet lebten, konnte Asa, weil er gehorsam war, sein Vertrauen auf Gott setzen und zu Gott beten.

Als sich der ägyptische Feind mit ungeheurer Übermacht nahte, rief Asa vor der entscheidenden Schlacht Gott an: »Herr, es ist bei dir nicht schwer, dem Schwachen gegen den Starken zu helfen. Hilf uns, Herr, unser Gott; denn wir verlassen uns auf dich, und in deinem Namen sind wir gekommen wider diese Menge. Herr, du bist unser Gott, gegen dich vermag kein Mensch etwas.« (2. Chron. 14,10) Im nächsten Vers wird berichtet: »Und der Herr schlug die Kuschiter vor Asa und vor Juda, so daß sie flohen.« Nach dem Sieg gab Asa Gott die Ehre, brachte Dankopfer dar und erneuerte den Bund mit Gott (2. Chron. 15,11.12).

Im Alter vertraute Asa mehr auf menschliche Klugheit, wollte das Nordreich durch ein Bündnis mit den Syrern, einer götzendienerischen Macht, niederzwingen, statt sich auf Gott zu verlassen, der ihm in seiner Jugend wunderbar geholfen hatte. Er verachtete das Wort des Herrn, der dieses Bündnis als Abfall von Gott strafte, und entzog sich dem Gehorsam dadurch, daß er den Propheten Hanani, der ihm die Botschaft Gottes überbrachte, ins Gefängnis warf. So konnte er, als er krank wurde, nicht mehr beten, sondern verließ sich nur auf die Ärzte (2. Chron. 16,12). Ein Beharren im Ungehorsam gegen das Wort Gottes erstickt das Gebet.

Josaphat

Der König Josaphat von Juda lebte in den guten Traditionen seines Vaters Asa. Er fürchtete Gott und wollte auf ihn hören. Doch sein Wunsch nach Vereinigung seines Landes Juda mit dem Nordreich Israel führte ihn dazu, sich mit Ahab, dem König des Nordreichs, zu verschwägern. Er entrann mit Mühe und Not einer Schlacht gegen die Aramäer, in die er als Verbündeter Ahabs eingewilligt hatte (2. Chron. 18). Vom Propheten Jehu mußte er sich sagen lassen, daß die Verbindung mit dem Gottlosen unter das Gericht bringt, das diesen früher oder später trifft (2. Chron. 19,1-3). Und Josaphat erkannte seinen Fehler.

Darum konnte er auch, als sich Kriegsnot erhob, den Herrn im Gebet suchen und das ganze Volk zum Gebet aufrufen. Er selbst betete vor dem Volk und mit dem Volk im Tempel. Bei diesem Gebet bezog er sich auf das Wort des Herrn bei der Tempeleinweihung: »Du hast gesagt, wenn ein Unglück, Schwert, Strafe, Pest oder Hungersnot über uns kommen, werden wir vor diesem Hause und vor dir stehen – und dein Name ist in diesem Hause – und zu dir schreien in unserer Not, und du wirst uns hören und helfen... Denn in uns ist keine Kraft gegen dieses große Heer, das gegen uns kommt. Wir wissen nicht, was wir tun sollen, sondern unsere Augen sehen nach dir.« (2. Chron. 20,8.9.12)

Sein Gebet fand Antwort durch die Worte des Propheten Jahasiel, auf den der Geist des Herrn mitten in der betenden Gemeinde fiel. Jahasiel sprach: »Ihr sollt euch nicht fürchten und nicht verzagen vor diesem großen Heer, denn nicht ihr kämpft, sondern Gott... Tretet nur hin und steht und seht die Hilfe des Herrn, der mit euch ist... Fürchtet euch nicht und verzagt nicht.« (2. Chron. 20,15.17) Nach diesem prophetischen Wort beugte sich Josaphat mit seinem Antlitz zur Erde und »ganz Juda und die Einwohner von Jerusalem fielen vor dem Herrn nieder und beteten den Herrn an« (2. Chron. 20,18).

Das Gebet des Königs hat hier das ganze Volk ergriffen und zu Gott hin mitgerissen. Vor der Schlacht zogen die Sänger vor dem Heer her mit Loben und Danken. So groß war das Vertrauen Josaphats, daß er schon vor dem Sieg Gott dankte. Nach dem Sieg, der ihnen durch die Uneinigkeit der Feinde leicht gemacht wurde, kamen sie zusammen im Lobetal, wo sie den Herrn lobten. (2. Chron. 20,26)

Usia

Nachdem vier Generationen lang seit der Verschwägerung mit dem Hause Ahabs das Gebet bei den Königen Judas in den Berichten nicht mehr erwähnt wurde, fing Usia unter dem Einfluß seines frommen Lehrers Sacharja wieder an, Gott zu suchen, und Gott half ihm. Das geschah, solange Sacharja lebte. Wegen seiner Erfolge wurde Usia hochmütig und vergaß den Abstand zwischen sich und dem heiligen Gott. Er wollte das von Gott eingesetzte Priestertum übergehen und sich selbst priesterliche Rechte anmaßen. Von den Priestern, die ihn warnten, ließ er sich nicht vom Eintritt in das Heiligtum abhalten und wurde mit Aussatz bestraft (2. Chron. 26.16-20). Auch das alttestamentliche Heilsvolk bedurfte als ein Teil der sündigen von Gott abgefallenen Menschheit selbst in seiner königlichen Spitze der priesterlichen Mittler, wenn es sich Gott nahen wollte, bis der eine Mittler kam, Jesus Christus, in dessen Namen wir alle den Zugang haben zum Vater.

Hiskia

König Hiskia lebte mit Gott, beseitigte den Götzendienst und richtete den Dienst im Tempel wieder ein (2. Chron. 29-31). In seiner Frömmigkeit stand er unter dem Einfluß seines gewaltigen Zeitgenossen, des Propheten Jesaja, wollte aber seine Politik nach den Gesichtspunkten menschlicher Klugheit betreiben und kam durch falsche Bündnispolitik in große Schwierigkeiten. Doch nun wandte er sich, als Sanherib heranzog, in der Erkenntnis, daß menschliche Mittel nichts mehr helfen konnten, zu Gott. Er bat Jesaja um seine Fürbitte (2. Kön. 19,1-4). Er selbst ging mit dem Drohbrief Sanheribs hinauf zum

Hause des Herrn, »breitete den Brief aus vor dem Herrn« und betete. In seinem Gebet stellte er sich auf den Boden der Offenbarung, daß Gott Schöpfer Himmels und der Erde ist, klagte die Gotteslästerung Sanheribs und bat um Hilfe aus der Hand des Assyrers, damit alle Königreiche auf Erden erkennen, »daß du, Herr, allein Gott bist« (2. Kön. 19,14ff.). Jesaja brachte ihm die Antwort auf dieses Gebet: »So spricht der Herr, der Gott Israels: Was du zu mir gebetet hast um Sanherib, ... das habe ich erhört... Er soll nicht in diese Stadt kommen... Ich will diese Stadt beschirmen, daß ich sie errette um meinetwillen und um meines Knechtes David willen.« (2. Kön. 19,20.32.34)

Als Hiskia krank wurde und das Wort des Herrn aus dem Mund des Propheten Jesaja ihm den Tod ankündigte, »wandte er sein Antlitz zur Wand und betete zum Herrn und sprach: Ach, Herr, gedenke doch, daß ich vor dir in Treue und mit rechtschaffenem Herzen gewandelt bin und getan habe, was dir wohlgefällt. Und Hiskia weinte sehr.« (2. Kön. 20,2.3) Wieder brachte ihm der Prophet Jesaja die Antwort Gottes, die ihm auf seinem Heimweg zuteil geworden war: »So spricht der Herr, der Gott deines Vaters David: Ich habe dein Gebet gehört und deine Tränen gesehen. Siehe, ich will dich gesund machen. Am dritten Tag wirst du hinauf in das Haus des Herrn gehen.« (2. Kön. 20,5). So kam es auch: Jesaja brachte ein Pflaster von Feigen. Das legten sie auf das Geschwür und Hiskia wurde gesund.

Manasse

Manasse lernte nichts von den Gebetserfahrungen seines Vaters noch von dem Wort seines Zeitgenossen Jesaja. Er ging verkehrte Wege und verführte sein Volk, daß sie noch heidnischer wurden als die Heiden (2. Kön. 21,9). Er kam dadurch in schwere Gerichte. Die Verehrer der Götzen, die er anbetete, besiegten ihn und nahmen ihn als Gefangenen mit nach Babel. In der Not der Gefangenschaft wachten die Lehren seines frommen Vaters und das Wort des Herrn, das ihm Jesaja gesagt hatte, auf. Er wandte sich zu Gott und fing an, zu ihm zu beten. »Da er in Angst war, flehte er zu dem Herrn, seinem Gott, und demütigte sich vor dem Gott seiner Väter. Und als er bat, ließ sich der Herr erbitten und erhörte sein Flehen und brachte ihn wieder nach Jerusalem in sein Königreich. Da erkannte Manasse, daß der Herr Gott ist.« (2. Chron. 33,12.13)

Manasse hätte nie mehr zu beten gewagt, wenn nicht das Wort Gottes gewesen wäre, das die Barmherzigkeit und Geduld Gottes pries und die Buße als Weg zur Vergebung der Sünden zeigte. Auch sein Gebet war Antwort auf Gottes Offenbarung, eine Antwort, die er erst in der Katastrophe des Gerichts gefunden hat. Manasses Gebet kann man im letzten Teil der Apokryphen lesen.

BETER AUS DER ZEIT NACH DEM EXIL

Gebete beim Wiederaufbau des Tempels

Die ersten Beter in der Zeit nach dem Exil sind Jeschua und Serubabel. Sie wollten das zerbrochene Volk aus Liebe zu ihm und im Bewußtsein der großen Stunde, die Gott ihm schenkte, wieder aufrichten. Wie sie den Niedergang als göttliches Gericht erkannt hatten, so nahmen sie den neuen Anfang als eine Gabe aus Gottes Bundestreue in tiefer Dankbarkeit an. Beide Männer hatten einen klaren Blick für die Sendung ihres Volkes und wußten: Ihr Volk wird Gottesvolk sein oder es wird nicht sein. Darum war ihre erste Tat die Wiederherstellung des Gottesdienstes und des gottesdienstlichen Gebets. Bei der Grundsteinlegung des Tempels wurden zum ersten Mal wieder von den Levitenchören die Gebetslieder Davids gesungen (Esra 3,10.11), und das ganze Volk jauchzte laut beim Lobe des Herrn.

Esra

Der Schriftgelehrte Esra fürchtete, daß das Volk durch Unkenntnis und Übertretung des Gesetzes das Gericht Gottes auf sich ziehe, das es in der Gefangenschaft so furchtbar hatte erdulden müssen. Als er nach seiner Ankunft in Jerusalem erfuhr, daß hinsichtlich der Mischehe mit heidnischen Frauen tatsächlich eine solche Gesetzesübertretung stattfand, betete er vor dem Volk und für das Volk ein ergreifendes Bußgebet, in dessen Sündenbekenntnis er sich selbst einschloß. Diese Buße wurde bewirkt durch das Gebot Gottes, durch das Gedenken an die Barmherzigkeit Gottes, durch die Errettung des Volks durch Cyrus und durch die Furcht, diese Errettung durch Ungehorsam aufs Spiel zu setzen. Esras Bußgebet rief auch beim Volk Buße hervor. Gottes Geist wirkte mit, so daß das ganze Volk von dem Gebet so ergriffen wurde, daß es zu Taten der Buße fähig wurde. So wurde Esra ein priesterlicher Beter, der in den Riß trat für sein sündiges Volk. Er hat damit, wie einst Mose, im voraus in der Grundstruktur des Geistes Jesu Christi gebetet (Esra 9,5-15).

Nehemia

Nehemia, Mundschenk des Königs Arthahsastha, war ein um das Wohl und das Glaubensleben seines heimgekehrten Volks besorgter Mann. Während er dem Perserkönig diente, war sein Herz mit dem Wiederaufbau der Stadt Gottes beschäftigt. Schlimme Nachrichten aus Jerusalem bewegten ihn so, daß er weinte und etliche Tage Leid trug. Als ein Mensch Gottes, der in der Schrift lebte, wußte er, wohin er sich mit seiner Not wenden konnte. Er fastete und betete (Neh. 1,4). Der im Wohlleben befindliche hohe Beamte konnte es sich nicht wohl sein lassen, wenn die Sache Gottes bedroht war.

Nehemia vermochte es auch nicht, sich abseits der Schuld seines Volks zu stellen. Er betete: »Ich bete vor dir Tag und Nacht für die Kinder Israel, deine Knechte, und bekenne die Sünden der Kinder Israel, die wir an dir getan haben; und ich und meines Vaters Haus haben auch gesündigt.« (Neh. 1,6) Er bat Gott, den König aller Könige, um Gehör bei seinem irdischen König, in der Gewißheit, daß Gott allein die Herzen lenkt. Ehe er auf die Frage des Königs antwortete, betete er zu Gott um das rechte Wort (Neh. 2,4). Und als der König seine Bitte erfüllte, reiste er unter Geleit nach Juda und ging sofort ans Werk.

Durch die Erzählung seiner Gebetserhörung gewann er seine entmutigten Volksgenossen für den Bau der Mauern Jerusalems. Als die Feinde das Werk verhindern wollten, vertraute er darauf, daß der Gott des Himmels es ihm gelingen lasse (Neh. 2,20). Als sie mit Waffengewalt den Bau gefährdeten, da betete Nehemia und stellte Wachen auf (Neh. 4,3). Sein Beten lähmte nicht seinen Willen, sondern klärte und stärkte ihn in seinem Werk. Während seine Hand bei der Arbeit war, war sein Herz im Gebet bei Gott. Seinen Bericht über die Arbeit an der Mauer und am Tempel unterbrach er mehrmals mit dem Gebetsatz: »Gedenke, mein Gott, um dessentwillen an mich und lösche nicht aus, was ich in Treue am Hause meines Gottes und für den Dienst in ihm getan habe!« (Neh. 13,14) Das letzte Wort seines Buches ist das Gebet: »Gedenke mir's, mein Gott, zum Besten!« (Neh. 13,31)

Nehemia tat seinen Dienst nicht, um Menschen zu gefallen, sondern um Ehre bei Gott zu finden. Der einsame Beter rang darum, das ganze Volk zum gemeinsamen Gebet und zum Leben nach Gottes Willen zu bewegen. Darum teilte er in Nehemia 9 der Gemeinde das Bußgebet mit, das im Gottesdienst gebetet wurde, und schilderte in Kapitel 12, wie er die Dankchöre bestellte, die im Wechselgesang auf der Mauer Jerusalems hin- und hergingen und Dankpsalmen sangen.

BETER IM TIEFSTEN LEIDEN

Hiob

Warum steht das Buch Hiob in der Bibel? Weil Gott auch denen, die ihm eng verbunden sind, Leid zufügen kann, dessen Sinn viele Tröster zu deuten versuchen und es nicht fertigbringen. Auch wenn Gott anscheinend schweigt, hütet er seinen Knecht in großer Sorgfalt und führt ihn schließlich zur Erkenntnis der Wege und Ziele Gottes, der nach dem Leiden wieder über alles Erwarten trösten kann.

Hiob betete regelmäßig, auch in den Tagen des Glücks. Er übte Fürbitte für seine Kinder. Er wußte, daß die Sünde von Gott trennt; darum betete er nach Familienfesten nicht nur, sondern brachte Brandopfer dar. Auch in der tiefsten Anfechtung konnte er sein Leid Gott als dem Herrn seines Schicksals klagen. In stetem Zwiegespräch mit Gott empfing er die Kraft, schwerste Last zu tragen. Nach dem Unglück, das ihn all seiner Kinder und seiner Habe beraubte, betete er Gott an und sprach: »Der Herr hat's gegeben, der Herr hat's genommen, der Name des Herrn sei gelobt!« (Hiob 1,21) Als die Freunde mit ihm redeten, um ihn zu trösten und ihn einer vermuteten Schuld zu überführen, setzte er seine Zwiesprache mit Gott fort und steigerte sie zu dem leidenschaftlichen Fragen nach dem Warum: »Warum gibt Gott das Licht dem Mühseligen?« (Hiob 3,20) »Warum blickst du nicht einmal von mir weg und läßt mir keinen Atemzug Ruhe?« (Hiob 7,19) »Verdamme mich nicht, lasse mich wissen, warum du mich vor Gericht ziehst.« (Hiob 10,2) »Ach, daß du mich im Totenreich verbergen wollest, bis dein Zorn sich legt« (Hiob 14,13).

Wir lernen daraus: Was man keinem recht erzählen kann, das darf man Gott getrost und kühn klagen. Der Leidende wird meist von niemand recht verstanden; vielleicht kann ihn niemand trösten. Nur Gott, der ihm das Schwere zufügt, kann ihm auch Trost und Kraft zum Leiden schenken. »Sei du selbst mein Bürge bei dir; wer will mich sonst vertreten?« (Hiob 17,3) Hier brach bei dem Leidenden ein wunderbares Ahnen auf, daß Gott zugleich richtet und begnadigt.

So steigerte sich Hiobs Gebet zu einem leidenschaftlichen Verlangen nach einer Antwort Gottes. »Ach, daß ich wüßte, wie ich ihn finden und zu seinem Thron kommen könnte ... und erfahren die Reden, die er mir antworten würde!« (Hiob 23,3.5)

Der einzige der Freunde Hiobs, der mit seiner Rede zurückhielt, bis die drei anderen geredet hatten, Elihu, wies in seelsorgerlicher Weise auf die eigentlich geistliche Lösung hin: Nicht jetzt sündigen durch den Aufruhr gegen Gott! Denn Gott ist der einzige, der aus dem Elend wieder heraushelfen kann: »Aber den Elenden wird er durch sein Elend erretten und ihm das Ohr öffnen durch Trübsal. So reißt er auch dich aus dem Rachen der Angst in einen weiten Raum, wo keine Bedrängnis mehr ist; und an deinem Tische, voll von allem Guten, wirst du Ruhe haben.« (Hiob 36,15.16). Elihu bereitete die Antwort vor, die Gott nachher selbst gibt, indem er auf die den Menschen unerreichbare Kraft und Weisheit des Schöpfers in vielen Beispielen hinwies (Hiob 37,5).

Als dann Gott selbst aus dem Wettersturm zu Hiob redete und demütige Unterwerfung unter seine letztlich allein sinnvolle Führung forderte, demütigte sich Hiob vor Gott. »Darum spreche ich mich schuldig und tue Buße in Staub und Asche.« (Hiob 42,5.6) Die Frage nach dem Warum des Leidens kann nur in demütiger Hingabe betend vor Gott gebracht werden, wenn sie je Antwort finden soll. Die Seelsorge darf in solchem Fall das Warum nicht einfach unterbinden mit Reden nur menschlich-frommer Weisheit, die wehtut, sondern sie muß helfen, aus dem Warum des Protestes zur Anerkennung der Größe Gottes zu kommen – wie es in Hannas Gebet schon anklang: »Er tötet und macht lebendig, führt hinab zu den Toten und wieder herauf.« (1. Sam. 2,6) Seelsorge soll helfen, den Gott nicht noch zu erzürnen, der allein wieder retten kann, sondern ihn als Herrn zu ehren unter allen Umständen, denn er ist unser Herr und Gott, der Vater Jesu Christi, der am Kreuz in letzter Hingabe betete: »Mein Gott, warum hast du mich verlassen?« und der über den Tod hinaus in seiner Hingabe an den Vater blieb.

Asaph

Als Dichter gewaltiger Gebetslieder betete Asaph Gott als den Allmächtigen an, dem der ganze Erdboden gehört, als den Richter über alle Menschen. Er sah in tiefer Demut, daß der Mensch Gott nichts schenken kann, was dieser ihm nicht zuvor gegeben hätte. Das Opfer, das Gott wohlgefällt, ist Dank und Gehorsam. Auf diesem Weg offenbart Gott sein Heil (Ps. 50).

Der 73. Psalm ist ein besonderes Zeugnis dafür, wie Gott sich diesem Beter offenbarte. Im tiefsten Leiden muß Asaph die Anfechtung überwunden haben, die im Glück der Gottlosen und im Unglück von Frommen ihn angegriffen hat. Dem Beter zeigte sich Gott in seiner Güte: Er lenkt ihm den Blick auf die Endlichkeit und das Ende der eben noch im Glücke Schwimmenden; dann lenkt Gott den Blick des Angefochtenen auf dieses ganz persönliche Erbarmen, das er von Gott erfahren kann, auf die Gemeinschaft mit Gott, die Gott ihm nicht aufkündigt, etwas, das viel wertvoller ist als der Reichtum der Gottlosen. So kommt Asaph zu dem herrlichen Dennoch des Glaubens, das seither schon so vielen geholfen hat: »Dennoch bleibe ich stets an dir; denn du hältst mich bei meiner rechten Hand« (Ps. 73,23). Er überwand die Anfechtung, indem er sich betend in die Arme Gottes warf: »Wenn mir gleich Leib und Seele verschmachtet, so bist du doch, Gott, allezeit meines Herzens Trost und mein Teil.« (Ps. 73,26)

DIE PROPHETEN ALS BETER

Elia

»Elia war ein schwacher Mensch wie wir; und er betete ein Gebet, daß es nicht regnen sollte, und es regnete nicht auf Erden drei Jahre und sechs Monate. Und er betete abermals, und der Himmel gab den Regen, und die Erde brachte ihre Frucht.« (Jak. 5,17.18) Das Geheimnis dieses Beters bestand darin, daß er »vor Gott stand« (1. Kön. 17,1), auf die Weisungen und Worte Gottes hörte und seine Befehle ausführte. So konnte er auch in den Nöten, denen er auf seinen Gehorsamswegen ausgesetzt war, auf Gott hören, in Gottes Sinn beten und der Erhörung gewiß werden. So war es, als er zu Ahab, dem tyrannischen König des Nordreichs Israel, ging oder an den Wüstenbach Krith und danach nach Sarepta zu der armen Witwe kam. Selbst als das Kind der Witwe starb, ließ er sich von der Not nicht bezwingen, sondern holte betend das Leben des Knaben zurück: »Er rief den Herrn an und sprach: Herr, mein Gott, tust du sogar der Witwe, bei der ich ein Gast bin, so Böses an, daß du ihren Sohn tötest? Und er legte sich auf das Kind dreimal und rief den Herrn an und sprach: Herr, mein Gott, laß sein Leben in dies Kind zurückkehren! Und der Herr erhörte die Stimme Elias.« (1. Kön. 17,20-22)

Er vertraute so unbedingt dem Wort des Herrn, daß er zum Gottesurteil auf dem Karmel auffordern konnte. Da zeigte sich im Beten der Baalspriester das heidnische Gebet, das nicht Antwort auf Gottes Offenbarung ist, sondern ein eigenwilliger Versuch, die Gottheit zu beeinflussen und durch Selbstpeinigung zu erweichen. Elia war der Erhörung so sicher, daß er, um jegliche Täuschung auszuschließen, noch Wasser über das Opfer gießen ließ, das doch durch eine überirdische Einwirkung entzündet werden sollte: »Herr, Gott Abrahams, Isaaks und Israels, laß heute kund werden, daß du Gott in Israel bist und ich dein Knecht und daß ich das alles nach deinem Wort getan habe! Erhöre mich, Herr, erhöre mich, damit dies Volk erkennt, daß du, Herr, Gott bist und ihr Herz wieder zu dir kehrst!« (1. Kön. 18,36.37) Als das Volk nun Gott die Ehre gegeben hatte, betete er um Regen und erwartete auch alsbald die Erhörung nach dem Wort des Herrn (1. Kön. 18,41ff.).

Einmal hat auch dieser »Felsen« gewankt, als nämlich selbst diese große Gottestat auf dem Karmel den König Ahab und dessen Frau Isebel nicht aus ihrer Verstockung gelöst hatte. Da nahm er die Zuflucht zum Gebet und klagte Gott seine Verzagtheit: »Er ging hin in die Wüste, setzte sich unter einen Wacholder und wünschte sich zu sterben, und sprach: Es ist genug, so nimm nun, Herr, meine Seele, ich bin nicht besser als meine Väter.« (1. Kön. 19,4) Nach diesem Gebet sprach Gott mit ihm durch einen Engel, und Elia bekam Kraft, zum Berge Horeb zu wandern, wo er eine wunderbare Gotteserscheinung erlebte. Dabei wurde deutlich, wie Gott den Propheten Elia in seinen Heilsplan einfügte. Elia ist ein weiterer Knotenpunkt in der Linie der Gottesoffenbarungen nach Mose. Wie Mose auf dem Berge Horeb (= Sinai) Gott schauen durfte, so wurde Elia dort das Wesen Gottes in dem »stillen sanften Sausen« offenbart (1. Kön. 19,11 ff.). Auf dem Horeb bekam er die Vollmacht, an verschiedenen Stellen die von Gott geplante Zukunft einzuleiten. Als er seine Aufträge ausgeführt hatte, wurde er auf geheimnisvolle Weise zu Gott aufgenommen (2. Kön. 2,1-12).

Elisa

Der Nachfolger Elias war Elisa, der allerdings nicht so wie Elia in die Geschichte des Glaubens des Volkes Israel eingegriffen hat. Aber er hat von ihm das Beten aus der Verbindung mit dem lebendigen Gott gelernt, wo ja auch die Prophetie ihre Quelle hat.

Seiner zeitweiligen Gastfamilie in Sunem (= Schunem) verhieß er den ersehnten Sohn. Dieser Sohn starb jedoch nach einigen Jahren, und Elisa wurde benachrichtigt. Er kam hin, schloß die Tür der Kammer zu und betete zu dem Herrn (2. Kön. 4,33). Der Knabe erwachte wieder zum Leben. Auch der Heide Naeman, der Feldhauptmann des Königs von Aram (dem heutigen Syrien), kam zu Elisa, um von seinem Aussatz geheilt zu werden. Als ihm von Elisa geholfen worden war, bekannte er sich zu dem lebendigen Gott Israels und wollte fortan nur noch ihn anbeten (2. Kön. 5,17).

Mit seiner prophetischen Sicht konnte Elisa auch seinem König im Kampf gegen die angreifenden Aramäer helfen. Diese aber, als sie das entdeckten, belagerten die Stadt, in der Elisa wohnte. Als sein Diener die Menge der Feinde sah und vor Angst verzagen wollte, hat Elisa bereits die Hilfe Gottes erkennen können. So betete er für ihn, daß Gott ihm doch die Augen öffnen möge. Da sah der Diener, daß – wie Elisa es gesagt hatte – »der Berg voll feuriger Rosse und Wagen um Elisa her« war (2. Kön. 6,17). In der Kraft dieser Erkenntnis hat Elisa die Feinde irregeführt und schließlich wie Gefangene nach Hause geschickt (2. Kön. 6,15ff.).

Jesaja

Jesaja wurde berufen, als er betend im Tempel den Herrn erblickte. Er sah, wie der Saum seines Gewandes den Tempel füllte und bekam einen ungeheuren Eindruck von der unnahbaren Heiligkeit Gottes. Er erkannte, daß er mit ungereinigten Lippen nicht vor dem heiligen Gott beten konnte: »Weh mir, ich vergehe!« Durch einen Engel, der mit einer glühenden Kohle vom Altar seine Lippen berührte, empfing er die Entsündigung und wurde dadurch bereitgemacht, der Bote Gottes zu werden (Jes. 6,1-8). Von da an war es Jesaja etwas ganz Ungeheures, sich Gott im Gebet nahen zu dürfen. In Jesaja 33,14 spricht er von dem großen Abstand zwischen Gott und den Menschen, der erkannt wird, wenn Gott sein Volk zur Gottesfurcht erweckt: »Wer ist unter uns, der bei einem verzehrenden Feuer wohnen kann? Wer ist unter uns, der bei der ewigen Glut wohnen kann?« Nur durch die Sündenvergebung ist es möglich, sich Gott zu nahen. »Kein Einwohner wird sagen: Ich bin schwach. Denn das Volk, das darin wohnt, wird Vergebung der Sünden haben.« (Jes. 33,24) In Jesaja 1,15 sagt der Prophet, daß das Erheben blutbefleckter Hände zum Gebet zwecklos ist: »Wenn ihr auch viel betet, höre ich euch doch nicht, denn eure Hände sind voll Blut. Wascht euch, reinigt euch, tut eure bösen Taten aus meinen Augen.«

Dieser tief gedemütigte Mann empfing das Wort Gottes als ein Wort von Gericht und Gnade für sein eigenes Leben und für sein Volk. Auf die Offenbarung des letztlich messianischen Heils baute sich dann seine Anbetung auf, die er in ergreifenden Psalmen herausjubelt: »Ich danke dir, Herr, daß du zornig gewesen bist über mich und dein Zorn sich gewendet hat und du mich tröstest. Siehe, Gott ist mein Heil, ich bin sicher und fürchte mich nicht. Denn Gott, der Herr, ist meine Stärke und mein Psalm und ist mein Heil.« (Jes. 12,1.2) »Herr, du bist mein Gott, dich preise ich. Ich lobe deinen Namen, denn du hast Wunder getan; deine Ratschlüsse von alters her sind treu und wahrhaftig... Denn du bist der Geringen Schutz gewesen, der Armen Schutz in der Trübsal, eine Zuflucht vor dem Ungewitter, ein Schatten vor der Hitze!« (Jes. 25,1.4)

Der zweite Jesaja

Von Jesaja 40 an erkennen wir eine neue geschichtliche Voraussetzung. Das Gericht Gottes ist nun auch über das Südreich Juda hereingebrochen. Die Bevölkerung Judas und Jerusalems ist verbannt nach Babylon und dort geknechtet; Jerusalem ist zerstört. Nun sind es die Verheißungen Gottes, die durch den Propheten dem Volk verkündigt werden. Die Befreiung steht in Gottes Plan schon fest: »Tröstet, tröstet mein Volk!« (Jes. 40,1) Allerdings lebte der Prophet besonders stark in der Spannung zwischen der Verheißung einerseits und der notvollen Lage der Gefangenen im fernen Land andererseits. Diese Not trug er in heißen Bittgebeten und in drängendem Sehnen nach Erlösung zu Gott. Keineswegs wollte er mit dem erhabenen Gott hadern (Jes. 45,9), der doch der Herr ist über die ganze Welt, darum auch über die Länder, in denen die Gefangenen Israels schmachten, und über alle Menschen, die er geschaffen hat und deswegen auch lenken kann (Jes. 45,1). Gerade in der Gefangenschaft im fernen Land und angesichts der in Gott ruhenden Verheißung, daß er das Volk dort befreien werde, befestigte sich der *Glaube an die Universalität Gottes*. Gott ist nicht nur stärker als die Götzen, er ist der allein wahre Gott, er ist auch der Herr über alle Völker und Länder der Erde.

Aber dann kommt wieder das Seufzen, zum Beispiel in Jesaja 45,15: »Fürwahr, du bist ein verborgener Gott, du Gott Israels, der Heiland.« Und in Jesaja 51,9.10: »Wach auf, wach auf, zieh Macht an, du Arm des Herrn! Wach auf, wie vor Zeiten, zu Anbeginn der Welt! Warst du es nicht, der das Meer austrocknete, der den Grund des Meeres zum Wege machte, daß die Erlösten hindurchgingen?« An diesem Gebet wird deutlich, wie der Beter aus der Geschichte der Wundertaten Gottes zur gläubigen Bitte den Mut nimmt. Sein Bittgebet war insofern auch Antwort auf die großen Taten Gottes: »So schau nun vom Himmel und siehe herab von deiner heiligen, herrlichen Wohnung. Wo ist nun dein Eifer und deine Macht? Deine große, herzliche Barmherzigkeit stellt sich hart gegen mich. Bist du doch unser Vater; denn Abraham weiß von uns nichts und Israel kennt uns nicht. Du, Herr, bist unser Vater; ›Unser Erlöser‹, das ist von alters her dein Name... Kehr zurück um deiner Knechte willen, um der Stämme willen, die dein Erbe sind! Kurze Zeit haben sie dein heiliges Volk vertrieben, unsere Widersacher haben dein Heiligtum zertreten. Wir sind geworden wie solche, über die du niemals herrschtest, wie Leute, über die dein Name nie genannt wurde. Ach, daß du den Himmel zerrissest und führest herab..., daß dein Name kund würde unter deinen Feinden!« (Jes. 63,15-64.1) So steigerte sich das Bittgebet des Propheten zur höchsten, geradezu endzeitlichen Spannung, die das Eingreifen Gottes herbeisehnte. Dieser Gebetsschrei ist wie eine Parallele zum neutestamentlichen Gebet: »Amen, ja komm, Herr Jesus!« (Offb. 22,20)

Unter dieser Spannung wurde der Boden vorbereitet für die sogenannten Gottesknechtslieder (Jes. 42; 49; 50; 52 und 53). Diese blicken über den letztlich von Gott gesandten weltlichen Befreier Cyrus, den König von Persien, hinaus zu dem mit dem Geist Gottes gesalbten Messias, dem Heiland der Welt (Jes. 61). Andererseits stellen diese Gottesknechtslieder den Höhepunkt des stellvertretenden Leidens des Gottesknechts zur Erlösung der in Sünde gefallenen Menschheit in einer geheimnisvollen Weissagung dar (Jes. 53). So hat das Exil und Gottes Eingreifen durch einen Perserkönig dem Propheten den Blick geöffnet für die weltweite Wirksamkeit Gottes und das Heil für die ganze Welt, das Gott in seinem Sohn schenken will. In diesen widersprüchlichen Extremen, vor Gott und vor der schlechten geschichtlichen Wirklichkeit zu stehen, vermag nur ein hörender Beter und ein betender, demütiger Hörer, der in seiner Betroffenheit weitgehend die Reflexion des kritischen Verstandes hintanstellt, um gehorsam sein zu können – ein Prophet Gottes.

Jeremia

Jeremia wurde durch das Wort des Herrn zum Propheten berufen (Jer. 1,4ff.). Seinen anfänglichen Widerstand gegen die Berufung hatte Gott überwunden (Jer. 20,7). Er mußte schreckliche Gesichte über den Untergang seines Volkes sehen und seinem Volk das Gericht verkündigen. Da er ein feinfühliger Mann war, brach er fast zusammen unter der Last des Gerichtswortes. Er betete für sein Volk, das seiner Botschaft nicht glaubte und unaufhaltsam seinem Verhängnis entgegeneilte. Dann wurde es ihm von Gott ausdrücklich verboten, für sein Volk Fürbitte zu tun. Der Gerichtsruf war nun keine Warnung mehr, sondern kündigte den Vollzug des Gerichts an: »Du sollst für dieses Volk nicht bitten und sollst für sie weder Klage noch Gebet vorbringen, sie auch nicht vertreten vor mir. Denn ich will dich nicht hören.« (Jer. 7,16) Und in Jeremia 11,14: »Du aber bitte nicht für dieses Volk und bringe für sie kein Flehen noch Gebet vor mich; denn ich will sie nicht hören, wenn sie zu mir schreien in ihrer Not.« Jeremia seufzt: »Du hast dich mit einer Wolke verdeckt, daß kein Gebet hindurch konnte.« (Klagel. 3,44)

Unter dem Ringen, vom Mitbetroffenen zum Gegenüber für dieses Volk zu werden, dem er das Gericht für seinen Ungehorsam ankündigen mußte, erfüllte sich Gottes Zusage für ihn: Jeremia wurde zur »ehernen Mauer« (Jer. 1,18).

Wie in einem schweren Ungewitter Schlag auf Schlag kommt, so traf ihn das Wort des Herrn. Seine wunde Seele schrie auf in Stoßseufzern zu Gott. Sein Gebet war Klage, persönliches Bußgebet, Bitte um Licht, wenn die Nacht des Gerichts zu undurchdringlich war: »Ach, Herr, siehe, wie bange ist mir, daß mir's im Leib davon weh tut!« (Klagel. 1,20) – »Gedenke doch, wie ich so elend und verlassen, mit Galle und Wermut getränkt bin.« (Klagel. 3,19) »Züchtige mich, Herr, doch mit Maßen und nicht in deinem Grimm, auf daß du mich nicht aufreibest.« (Jer. 10,24)

In ergreifender Weise bekannte er sich im Gebet zur Sünde seines Volks: »Ach, Herr, unsere Missetaten haben's ja verdient. Aber hilf doch um deines Namens willen! Denn unser Ungehorsam ist groß, damit wir wider dich gesündigt haben.

Du bist der Trost Israels und sein Nothelfer; warum stellst du dich, als wärest du ein Gast im Lande?« (Jer. 14,7.8) Er betete in seiner Angst: »Wir heißen nach deinem Namen, verlaß uns nicht« (Jer. 14,9). »Heile du mich, Herr, so werde ich heil. Hilf du mir, so ist mir geholfen.« (Jer. 17,14)

Dennoch rang er sich immer wieder durch zu völligem Vertrauen auf Gott: »Herr, du bist meine Stärke und Kraft und meine Zuflucht in der Not.« (Jer. 16,19) In diesem Vertrauen konnte er auch die Verleumdungen, die Mißhandlungen, die Gefangenschaft und schließlich die Verschleppung nach Ägypten ertragen. Der, dem er klagen konnte, hat ihn stark gemacht, daß er sein Prophet und Zeuge auch unter den bedrückendsten Umständen blieb bis zum Ende (Jer. 20,11).

Hesekiel

Hesekiel gehörte zu der im Jahr 599 weggeführten geistigen Oberschicht der Juden und erlitt das Elend der Gefangenen am Fluß Kebar. Dort hatte er die ersten Gesichte von der Herrlichkeit Gottes und den himmlischen Gestalten, die ihm dienen. Dann hörte er auch Gott zu sich reden; es war seine Berufung zum Propheten: »Die Kinder, zu denen ich dich sende, haben harte Köpfe und verstockte Herzen. Zu denen sollst du sagen: ›So spricht der Herr!‹ Sie gehorchen oder lassen es – denn sie sind ein Haus des Widerspruchs –, dennoch sollen sie wissen, daß ein Prophet unter ihnen ist. Und du, Menschenkind, sollst dich vor ihnen nicht fürchten.« (Hes. 2,4-6)

An Hesekiel wird die Schwere des Prophetenamtes erneut deutlich. Nicht seine Meinung, nicht sein Klagen war gefragt; er hatte nur zu reden, was Gott ihm in dieser Gerichtssituation auftrug. So wurde er als Wächter über Israel bestellt (Hes. 3,17ff.; 33,1-9). Nur in diesem Dienst und im Auftrag Gottes sollte er reden. In diesem Sinne ist es zu verstehen, daß Gott ihn eine Zeitlang stumm werden ließ: »Wenn ich aber mit dir reden werde, will ich dir den Mund auftun, daß du zu ihnen sagen sollst: ›So spricht der Herr!‹ Wer es hört, der höre es; wer es läßt, der lasse es; denn sie sind ein Haus des Widerspruchs.« (Hes. 3,27)

Er sah den Untergang Jerusalems als einer, der aufgeschreckt und wach geworden war. Er sah in einem Gesicht den Vollstrecker des Gerichts Gottes alles niederschlagen, angefangen beim Heiligtum, bis Hesekiel allein übrigblieb. Er betete für das Volk: »Ich fiel auf mein Angesicht, schrie und sprach: Ach, Herr Herr, willst du denn den ganzen Rest Israels verderben, daß du deinen Zorn so ausschüttest über Jerusalem?« (Hes. 9,8) Aber seine Fürbitte wurde von Gott abgewiesen. Gott hatte keinen gefunden, der für das Land in die Bresche treten würde. Hesekiels Warnungen im Auftrag Gottes fanden kein Gehör bei Hohen und Niederen; ja, falsche Propheten traten auf, wahrsagten Lügen unter dem Siegel: »So spricht der Herr!« Gott zeigte Hesekiel die geheimen Götzenverehrer, die Sünde der Fürsten und der Priester. So hören wir kein Rufen im Gebet mehr aus dem erschütterten Herzen des Wächters, der nun den Untergang seines Volkes mitansehen und miterleiden mußte. Kein Zwischenruf, keine Klage unterbrach mehr das Wort des Herrn.

Um so mehr Gewicht verleiht dieser Umstand den herrlichen Heilsweissagungen, die mitten im Zorn Gottes Hesekiel von Gott gegeben wurden. Schon in Hesekiel 11, 14-21 machte Gott einen Unterschied zwischen den in Gefangenschaft Geführten, über die er sich erbarmen werde, und den Selbstgerechten und Götzendienern, die noch in Jerusalem wohnten. Noch mehr aber dringt von Hesekiel 33,11 an die Heilsbotschaft durch: »So wahr ich lebe, spricht Gott, der Herr: Ich habe kein Gefallen am Tode des Gottlosen, sondern daß der Gottlose umkehre von seinem Wege und lebe.« – »Meine Schafe sind zerstreut, weil sie keinen Hirten haben... Siehe, ich will mich meiner Herde selbst annehmen und sie suchen... Ich will das Verlorene wieder suchen und das Verirrte zurückbringen und das Verwundete verbinden und das Schwache stärken, und, was fett und stark ist, behüten.« (Hes. 34,5.11.16) In diesen Worten zeigt Gott sein Erbarmen in seelsorgerlicher Zuwendung zum einzelnen – je nach seiner Lage.

So wird der Blick auf den kommenden Messias frei: »Ich will ihnen einen einzigen Hirten erwecken, der sie weiden soll, nämlich meinen Knecht David.« (Hes. 34,23) Dies wird in diesem Zusammenhang verbunden mit der Schau auf den kommenden Neuen Bund, über den Jeremia – wohl noch im belagerten und verwüsteten Jerusalem – ganz ähnlich redet. In Hesekiel 36 spricht Gott durch Hesekiel davon, daß er das Volk reinigen will von den Sünden, ihnen ein neues Herz und einen neuen Geist geben will, so daß sie dann die Gebote Gottes halten werden. »Nicht um euretwillen tue ich das, spricht Gott, der Herr« (Hes. 36,25-32; zit. V. 32).

In Kapitel 37 berichtet der Prophet vor unseren Augen über seine Vision von den Totengebeinen, die durch den Hauch Gottes wieder zu lebendigen Menschen werden: »Ich will meinen Odem in euch geben, daß ihr wieder leben sollt« (V. 14). Hesekiel darf also sehen, daß die Rückkehr des Volkes mit einer geistlichen Erneuerung, mit der Vergebung der Sünden verbunden ist und zu neuem Leben in der Kraft des Heiligen Geistes führen wird. So sehen wir den Sinn der Rückkehr in der Vorbereitung und im Warten auf den verheißenen Messias und damit auf die Ausgießung des Heiligen Geistes auf alle, die ihm glauben.

Das letzte Gesicht, das er erblickte, war der neue Tempel Gottes auf einem hohen Berg, von dem der Strom des Lebens ausging und gesundes, fruchtbares Land entstehen ließ, weit über die bisherigen Grenzen Israels hinaus (Hes. 40-47). Hesekiel sieht also – wie der zweite Jesaja – die weltweite Wirkung des neuen Heils Gottes. Mit dieser Schau des endzeitlichen Heils wird er zum Vorläufer dessen, was der Seher Johannes im Neuen Testament in Offenbarung 21 und 22 von Gott gezeigt bekam.

Hesekiel ist ein Prophet, der von Gott nur als Vermittler seiner Worte gebraucht wird. Er hat in seiner Demut und Beugung vor dem heiligen Gott von sich selbst geschwiegen, von seinen Qualen und Gebetskämpfen nichts erzählt. Aber die Offenbarung Gottes, die er empfing, hat im Neuen Testament und in den Erfahrungen der Christen bis hinein in die Offenbarung des Johannes zur Gotteserkenntnis und damit auch zu dem Gebet geführt, das Gottes Heiligkeit entspricht. Hesekiel lebte in seiner Botschaft. Sie füllte ihn aus gemäß seinem Berufungserlebnis – eine Botschaft, deren Zielpunkt ihn jedoch beglückt haben mag.

Daniel

Im babylonischen Exil war Daniel als junger Mann einer der persönlichen Diener des Königs Nebukadnezar. Seine Weisheit und die seiner Freunde überragte die der Ratgeber des Königs. In Gottesfurcht lebte er mitten unter den Heiden. Dazu hatte er prophetische Gaben von Gott (Dan. 1). Dreimal betete er jeden Tag an seinem Fenster in Richtung Jerusalem. Das tat er auch, als Darius aus Medien das Reich übernommen hatte und Daniel als Fürst zu hohen Ehren gekommen war. Die Ordnung in seinem Gebetsleben und die daraus erwachsene Gebetsgewohnheit waren die Geleise, in denen sich sein fester Glaube bewegte. Daniel löste alle Schwierigkeiten dadurch, daß er sie im Gebet vor Gott trug. So bewegte er auch seine Freunde zur Fürbitte, als der König Nebukadnezar alle seine Weisen brutal umbringen lassen wollte, die ihm seinen Traum nicht erzählen und deuten konnten. Als nun aber Gott dem Daniel den Traum des Königs und dessen Deutung in der Nacht offenbart hatte, lobte er Gott im Gebet: »Gelobet sei der Name Gottes von Ewigkeit zu Ewigkeit, denn ihm gehören Weisheit und Stärke ... Ich danke dir und lobe dich, Gott meiner Väter, daß du mir Weisheit und Stärke verliehen und jetzt offenbart hast, was wir von dir erbeten haben« (Dan. 2,20.23).

Die anderen Fürsten zur Zeit des späteren Königs Darius waren voll Neid auf Daniel und betrieben deswegen ein Gesetz beim König, alle, die zu einem anderen Gott als zum König selbst mit einer Bitte kämen, sollten einzeln in die Löwengrube geworfen werden. Daniel ließ sich nicht beirren und betete darüber zu Gott. Die Neider fanden ihn, verklagten ihn, und Daniel wurde in die Löwengrube geworfen. Daniel aber vertraute seinem Gott auch in der Löwengrube (Dan. 6,23.24).

Dieser treue Beter sah sich vor Gott zusammen mit seinem Volk und dessen Schuld und betete ein demütiges Bußgebet für sein Volk, indem er seine und des Volkes Sünde bekannte: »Wir haben gesündigt, Unrecht getan, sind gottlos gewesen« (Dan. 9,5) Er gründete sein Gebet auf die Treue Gottes und setzte sein Vertrauen auf Gottes Barmherzigkeit: »Du großer und schrecklicher Gott, der du Bund und Gnade bewahrst denen, die dich lieben und deine Gebote halten... Sieh an die Trümmer und die Stadt, die nach deinem Namen genannt ist. Wir liegen vor dir mit unserm Gebet und vertrauen nicht auf unsere Gerechtigkeit, sondern auf deine große Barmherzigkeit.« (Dan. 9,4.18)

Wie Hesekiel wurde auch Daniel mit einer umfassenden Vision der Endzeit von Gott beschenkt, die viele Geheimnisse, aber auch klare Sicht enthält vom Kommen des Menschensohns in den Wolken des Himmels und von der persönlichen Auferstehung der Toten zum Gericht und zum ewigen Leben.

Jona

Jona hat sich seinem Auftrag, die Weltstadt Ninive zur Buße aufzurufen, durch Flucht entziehen wollen. Auf dem Schiff aber konnte er während des starken Sturms nicht beten, weil er auf dem Weg des Ungehorsams war, während die Heiden zu ihren Göttern schrien. Diese spannende Geschichte zeigt die völlige Resignation dessen, der die Ferne von Gott gewählt hat. Erst in der Tiefe des Meeres und völlig verzweifelt lernte Jona wieder beten: »Ich rief zu dem Herrn in meiner Angst, und er antwortete mir. Ich schrie aus dem Rachen des Todes, und du hörtest meine Stimme. Du warfest mich in die Tiefe mitten ins Meer, daß die Fluten mich umgaben. Alle deine Wogen und Wellen gingen über mich... Aber du hast mein Leben aus dem Verderben geführt, Herr, mein Gott. Als meine Seele in mir verzagte, gedachte ich an den Herrn, und mein Gebet kam zu dir in deinen heiligen Tempel... Ich aber will mit Dank dir Opfer bringen. Meine Gelübde will ich erfüllen dem Herrn, der mir geholfen hat.« (Jona 2,3.4.7.8.10)

Jona wurde gehorsam. Gott hat ihn weitergeleitet in seine Heilsgedanken, die er auch mit seinen Geschöpfen hat, die im Unglauben leben. Deswegen muß auch ihnen der Weg zum Leben gepredigt werden.

Micha

Wie sein Zeitgenosse Jesaja kam auch Micha unter dem Gerichts- und Gnadenwort des Herrn, das an ihn erging, zur Anbetung Gottes. Diese Anbetung hat die Sündenvergebung und die Treue Gottes zum Thema: »Wo ist solch ein Gott, wie du bist, der die Sünde vergibt und erläßt die Schuld denen, die übrig geblieben sind von seinem Erbteil; der an seinem Zorn nicht ewig festhält, denn er ist barmherzig! ... Du wirst Jakob die Treue halten und Abraham Gnade erweisen (gemeint sind deren Nachfahren), wie du unsern Vätern vorzeiten geschworen hast.« (Micha 7,18.20)

Habakuk

In den erschütternden Kriegsnöten seiner Zeit, als das kleine Juda zwischen Ägypten und Assyrien, den beiden Großmächten, wie zwischen zwei Mühlsteinen der Vernichtung preisgegeben war, wandte sich der Prophet Habakuk im Gebet zu Gott: »Herr, wie lange soll ich schreien, und du willst nicht hören?« (Hab. 1,2) Er bat Gott um das Leben seines Volkes: »Aber du, Herr, mein Gott, mein Heiliger, der du von Ewigkeit her bist, laß uns nicht sterben; sondern laß die Feinde uns, o Herr, nur eine Strafe sein, und laß sie, o unser Fels, uns nur züchtigen!« (Hab. 1,12) Als er im Tempel betete, erlebte er die Herrlichkeit Gottes und schilderte sie in einem gewaltigen Psalm: »Der Herr ist in seinem heiligen Tempel, es sei stille vor ihm alle Welt!« (Hab. 2,20)

So leitete er über zur Anbetung Gottes: »Herr, ich habe die Kunde von dir gehört; ich habe dein Werk gesehen, Herr! Mache es lebendig in naher Zeit... Im Zorn denke an Barmherzigkeit... Des Lobes Gottes war der Himmel voll und seiner Ehre war die Erde voll. Sein Glanz war wie Licht; Strahlen gingen aus von seinen Händen. Darin war verborgen seine Macht.... Ich will mich freuen des Herrn und fröhlich sein in Gott, meinem Heil. Denn der Herr ist meine Kraft« (Hab. 3,2-4.18.19) So kann der Blick zu Gott als dem Herrn hinter allem Geschehen trotz des Anblicks der bitteren Wirklichkeit auf Erden lehren, voll Freuden seine Kraft zu loben und dabei selbst froh zu werden.

II.
Die Beter des Neuen Testaments

DIE BETER DES ADVENTS

Elisabeth

Elisabeth, die Frau des Priesters Zacharias, gab, als sie nach langer Zeit vergeblichen Wartens Mutter wurde, Gott die Ehre mit den Gebetsworten Rahels: »So hat der Herr an mir getan in den Tagen, als er mich angesehen hat, um meine Schmach unter den Menschen von mir zu nehmen.« (Luk. 1,25)

Zacharias

Als Zacharias nach seiner Stummheit wieder reden konnte, betete er voll Heiligen Geistes einen Psalm der Anbetung. Wie wenn ein Stauwehr hochgezogen wird und die Wasserfluten hervorstürzen, so jubelte der Mund des Stummgewesenen den Lobpreis Gottes hinaus: »Er hat besucht und erlöst sein Volk«, er hat die Weissagung, die er durch den Mund seiner Propheten geredet hat, erfüllt und den Treubund gehalten, den er den Vätern geschworen hatte (Luk. 1,68-79).

Maria

Der Lobgesang Marias ist ein Anbetungsgebet voll Zartheit. Im Anklang an das Dankgebet Hannas pries sie den Grundsatz Gottes, die Verachteten zu erhöhen und die Stolzen zu erniedrigen. Sie freute sich Gottes, ihres Heilands, pries sein Erbarmen und lobte seine Treue, die sich zu den Geringen neigte und die den Vätern gegebene Verheißung erfüllt hat (Luk. 1,46-55).

Die Engel

In jener wunderbaren Nacht der Geburt Jesu brach der Lobpreis der himmlischen Heerscharen ein in die diesseitige Welt, und die Hirten hörten, wie die Engel Gott lobten und sprachen: »Ehre sei Gott in der Höhe und Friede auf Erden bei den Menschen seines Wohlgefallens.« (Luk. 2,14)

Simeon

Simeon war ein Beter, der um die Erfüllung der Verheißung betete. Gott hatte auf sein Gebet geantwortet, er solle nicht sterben, ehe er den Heiland Gottes gesehen habe. Er war ein Mensch, der sich durch den Heiligen Geist leiten ließ, weil er betend in Verbindung mit Gott blieb. Darum führte ihn das Lauschen auf ihn zu der Stunde in den Tempel, als das Jesuskind dorthin gebracht wurde . Nun nahm er es auf die Arme und betete Gott an um seiner Gabe willen: »Herr, nun läßt du deinen Diener in Frieden fahren, wie du gesagt hast; denn meine Augen haben deinen Heiland gesehen, den du bereitet hast vor allen Völkern, ein Licht, zu erleuchten die Heiden, und zum Preis deines Volkes Israel.« (Luk. 2,29)

Hanna

Die Prophetin Hanna diente Gott mit Fasten und Beten Tag und Nacht. Sie gehörte zu den Stillen im Lande, die auf den Trost der Erlösung warteten. Sie pries Gott über dem Kind Jesus und bezeugte ihn vor der Schar derer, die wie sie auf das Heil Gottes warteten (Luk. 2,37. 38).

Johannes der Täufer

Johannes war seinem Vater während seines priesterlichen Dienstes im Tempel durch einen Engel verheißen worden: Sein ganzes Leben werde im Dienst Gottes stehen; er werde vor dem Herrn hergehen und ihm ein bereites Volk zurüsten (Luk. 1,15-17). In der knappen Berichterstattung der Bibel hören wir nirgends, daß Johannes der Täufer gebetet habe, aber weil er den Befehl des Herrn hören konnte, als er zu seinem Dienst berufen wurde (Luk. 3,2), war er gewiß ein Mann, der (wie Elia) vor Gott stand und im Gebet mit ihm verbunden war. Wir lesen auch, daß er seine Jünger beten lehrte, denn die Jünger Jesu erbitten von diesem später eine Gebetserziehung unter ausdrücklicher Berufung auf Johannes den Täufer: »Herr, lehre uns beten, wie auch Johannes seine Jünger lehrte.« (Luk. 11,1)

Der Heilige Geist, der Johannes von Kind an erfüllte, ist ja ein Geist des Gebets. In seinem Gebet bewegte Johannes das bevorstehende Heil Gottes. Wenn er sagte, der Mensch könne sich nichts nehmen, wenn es ihm nicht von oben gegeben werde (Joh. 3,27), so beweist das, daß seine Verkündigung und sein Tun nicht aus eigener Vernunft und Kraft entstanden sind, sondern daß er betend in Stille und Einsamkeit empfangen hatte, was er gab. Nur der ständige Gebetsumgang mit Gott hat ihm den Blick geöffnet, in Jesus das Lamm Gottes zu erkennen, das die Sünde der Welt trägt (Joh. 1,29).

Diese prophetische Gabe verschaffte ihm auch die Vollmacht, derartig gewaltig nicht nur das Volk in seiner Gesamtheit, sondern auch die einzelnen Stände (Soldaten, Zöllner usw.) zur Umkehr zu rufen. Die Taufe zur Umkehr, die ihm aufgetragen war, betraf ja jeden einzelnen Menschen. Somit ist auch das Seelsorgerliche in seinem Dienst etwas Neues, das auf den bevorstehenden neuen Bund hinweist, den die früheren Propheten schon angekündigt hatten.

Johannes der Täufer wurde schließlich von König Herodes ins Gefängis geworfen, weil er auch ihn auf seine Sünde aufmerksam gemacht hatte (Matth. 14,3). Tiefste Anfechtung muß den Gefangenen angesichts dieses ohnmächtigen Endes seines Wirkens befallen haben. Er rang mit Gott um die Bestätigung seines Platzes in der Heilsgeschichte als Vorläufer des Messias, der doch schon gekommen war. Aus diesem Ringen kam die Frage, die er durch seine engsten Freunde an Jesus richten ließ: »Bist du es, der da kommen soll, oder sollen wir auf einen andern warten?« (Matth. 11,3) Die seelsorgerliche Antwort Jesu an den Angefochtenen war der Hinweis auf seine von Gott bestätigten, offensichtlich messianischen Zeichen und Wunder.

JESUS CHRISTUS ALS BETER

Das Gebet ist des Menschen Antwort auf die ihm erkennbar gewordene Offenbarung Gottes. Mit Jesus Christus haben wir die Mitte der Bibel, den Höhepunkt der Offenbarung Gottes (Hebr. 1,2ff.) und damit auch den Höhepunkt einer möglichen Antwort unsererseits im Gebet. Was der Geist Gottes in den Betern des Alten Bundes vorbereitete und wo Spuren in den Gebeten der Alten auf Jesus hinwiesen, da war es schon damals der Geist des Vaters und des Sohnes, der das wirkte. Wir haben an den früheren Betern den Schimmer dessen, was kommt, entdecken können. Sie haben geantwortet auf Gottes Offenbarung in der Geschichte Gottes mit seinem Volk oder in dem, was der einzelne, dessen Geist für Gott offenstand, mit Gott erlebte. In Jesus haben wir nun beides: die Offenbarung Gottes in seiner Person – und die Antwort des Betenden, der mit dem Vater in seinem Gebetsleben innig verbunden war, unsern Erlöser und Herrn, der seine Gemeinde vor Gott vertritt.

Beten und Arbeiten bei Jesus

Der Auftrag vom Vater rief Jesus in eine unsagbar große, aber zeitlich begrenzte Arbeit, so daß er oft nicht Zeit hatte zum Essen. Es erbarmte ihn der vielen Menschen, die in ihren Nöten, ihrer Heillosigkeit wie Schafe ohne Hirten waren. Die Zeit seines Wirkens war kurz, das wußte er; darum mußte er »wirken, solange es Tag ist« (Joh. 9,4).

Dabei lebte er in völliger Gemeinschaft mit seinem Vater. Er wirkte »des Vaters Werke«; er konnte und wollte nichts tun, was er nicht den Vater tun sah (Joh. 5,19). Genauso sein Reden: er ließ sich vom Vater zeigen, was er reden sollte (Joh. 8,28; 12,49). Das Hauptmittel, diese Verbindung mit dem Vater aufrechtzuerhalten, war das Gebet. Nach einem arbeitsreichen Tag, an dem er bis in die Nacht hinein von hilfesuchenden

Menschen umlagert war, stand er vor Tagesanbruch auf und ging an eine einsame Stätte, um dort zu beten (Mark. 1,35). Jedermann suchte ihn, seine Jünger eilten ihm nach; doch zum Beten hatte sich der Herr durch frühes Aufstehen und Weggehen in die Einsamkeit die Zeit genommen, in der ihn niemand bei der Zwiesprache mit dem Vater stören konnte. So bekam er wieder Sicherheit über den Schwerpunkt seines Auftrags gegenüber all den Wünschen und Anforderungen, die die vielen Menschen an ihn stellten.

Vor großen Aufgaben (z.B. der Auswahl der Apostel aus seinem größeren Jüngerkreis, Luk. 6,12) blieb er über Nacht im Gebet zu Gott. In großer Versuchung, als das Volk ihn zum König machen wollte (Joh. 6,15), entwich er auf einen Berg, er ganz allein. Vor seinem letzten Gang nach Jerusalem ging er mit dreien seiner Jünger auf einen Berg, um zu beten (Luk. 9,28). Während dieses Gebets wurde er vor seinen Jüngern verklärt, sein Angesicht leuchtete wie die Sonne, und seine Kleider wurden weiß wie das Licht. Da hörten die Jünger Gott reden. Er bestätigte vor ihnen seinen Sohn, ähnlich wie er ihn auch bei seiner Taufe durch Johannes bestätigt hatte. Seinen schwersten Gebetskampf, der wieder mit der Mitte seines Auftrags zusammenhing, führte er zu Beginn der Leidensnacht in Gethsemane (Matth. 26,36ff.).

Die Gebetshaltung Jesu

Jesus betete in der Einsamkeit und wies uns auch in die Einsamkeit mit unserem Beten: »Wenn du betest, so gehe in dein Kämmerlein« (Matth. 6,6). Das intensive Gespräch mit Gott, dem Vater im Himmel, soll nicht zu einer meßbaren religiösen Leistung werden, die die Leute bewundern könnten. Jesus lehrte aber seine Jünger auch, im vertrauten Kreis gemeinsam zu beten (Matth. 18,19.20).

Mindestens gelegentlich, vielleicht sogar immer, betete Jesus laut. Wichtige Gebete Jesu wurden von den Jüngern überliefert. Wenn die Jünger da zuhören durften, bedeutet das, daß er sie erstaunlich offen ins Vertrauen zog und an seinem geistlichen Leben teilnehmen ließ. Dennoch gibt es Bibelstellen, aus denen hervorgeht, daß Jesus auch mitten unter seinen alltäglichen Aufgaben durch das Stehen vor Gott und die persönliche Verbundenheit mit dem Vater still gebetet haben muß, um dann im Handeln und Reden gewiß zu sein: So will es der Vater!

Jesus betete auch gern mit Gebetsworten des Alten Testaments, wobei er seine Jünger beteiligte. Nach dem Abendmahl zum Beispiel sprach er mit seinen Jüngern »den Lobgesang«, der nach jüdischer Sitte aus den Psalmen 113 bis 118, vermutlich in Auswahl, zusammengestellt wurde. In seiner tiefsten Not am Kreuz betete der Herr Worte aus dem 22. und 31. Psalm.

Er sah auf zum Himmel, wenn er für das Brot dankte (Mark. 6,41); dasselbe berichtet Johannes im 17. Kapitel, in dem er das Gebet Jesu wiedergibt, das dem Vater die Ausführung seines Auftrags berichtete und das die ergreifende Fürbitte für seine Jünger enthielt, die er nun auf der Erde zurücklassen mußte, und für die Menschen, die durch das Wort der Jünger an ihn glauben würden. Im Garten Gethsemane fiel er auf sein Angesicht und betete, auf die Erde hingestreckt, in tiefster Demut (Matth. 26,39).

Jesus zeigt: Beten ist Bitten

Gott war für Jesus nicht ein ehernes, unerbittliches Gesetz, auch nicht eine religiös-magische Größe, die man mit bestimmten Handlungsweisen für die eigenen Wünsche einspannen könnte. Gott war für ihn eine lebendige Persönlichkeit, eben der Vater, sein Vater. Jesus hat uns den Weg zum Vater eröffnet. Deswegen dürfen wir auch nicht anders denn als Kinder zu ihm kommen. Der Vater hört uns und gibt uns gute Gaben (Luk. 11,13). Er gibt uns, was wir für Leib und Seele nötig haben. Jesus lehrt uns, um das tägliche Brot, auch um Gesundheit zu bitten. Die Jünger sollten bitten, daß sie in der schlimmsten Not- und Verfolgungszeit nicht im Winter fliehen müßten. Wenn die Vorzeichen des Endes spürbar werden, sollten sie ihre Häupter erheben, weil ihre Erlösung nahe sei (Luk. 21,28). In Johannes 16,24 steht: »Bittet, so werdet ihr nehmen, daß eure Freude vollkommen sei.« Wir sollen im Bitten nicht nachlassen, sondern weiterbeten, bis Gott uns erhört oder eine Antwort gibt, die wir verstehen oder zumindest, weil sie von Gott kommt, in unserer Hingabe annehmen (Luk. 18,1).

Das wichtigste aber war für Jesus Christus die Speise für das geistliche Leben, die Stärkung in Gott, die im Gebet gewonnen werden kann. Gott war ihm das Element des Lebens, aus dem er Weisheit, Gnade und Kraft zog. Schon der Zwölfjährige sagte: »Muß ich nicht sein in dem, was meines Vaters ist?« (Luk. 2,49) Die beste Gabe war für ihn die Gemeinschaft mit dem Geber selbst, das wichtigste Anliegen, daß Gott geehrt werde, daß Gottes Name heilig gehalten werde, daß sein Reich komme und sein Wille geschehe.

Jesu Beten ist Fürbitte

Jesus betete für die Kranken und um die Vollmacht, ihnen zu helfen. Er hob seine Augen auf zum Himmel und seufzte bei der Heilung des Taubstummen (Mark. 7,34). Er betete laut vor den am Grab des Lazarus versammelten Leuten: »Vater, ich danke dir, daß du mich erhört hast. Ich weiß, daß du mich allezeit hörst; aber um des Volkes willen, das umhersteht, sage ich's, damit sie glauben, daß du mich gesandt hast.« (Joh. 11,41.42)

Er betete für seine Jünger und die zukünftige Gemeinde. Das als »hohepriesterliches Gebet« bezeichnete Gebet Jesu kurz vor seinem Leiden ist ein gewaltiges Zeugnis der Liebe zu seinem Vater und seinen Jüngern und schon auch zu denen, die durch den Dienst der Jünger zum Glauben kommen werden (Joh. 17). Er bat für seine Jünger, daß sie fest in der Gemeinschaft mit Gott erhalten werden und dadurch eins bleiben, daß sie seine Freude bekommen und daß sie vor dem Bösen bewahrt werden. Sie sollen, wenn er sie jetzt in die Welt sendet, in Wahrheit Gott hingegeben bleiben. Auch die später zum Glauben kommen, sollen eins sein. Und alle, die ihm nachfolgen und an ihn glauben werden, sollen einmal seine Herrlichkeit sehen können und dort sein, wo er ist. Ja, auch die Welt soll erkennen, daß Gott die liebt, die Jesus nachfolgen.

Jesus bat außerdem für einzelne Jünger. Überliefert ist, was er zu Petrus sagte (Luk. 22,32): »Ich habe für dich gebeten, daß dein Glaube nicht aufhöre.« Er bat für seine Feinde am Kreuz, als sie ihn marterten: »Vater, vergib ihnen; denn sie wissen nicht, was sie tun.« (Luk. 23,34) Die Heilige Schrift weiß von ihm, daß er der Hohepriester ist, der in Ewigkeit für uns eintritt. »Er lebt für immer und bittet für sie.« (Hebr. 7,25) Im ersten Johannesbrief steht: »Wir haben einen Fürsprecher beim Vater, Jesus Christus, der gerecht ist.« (Kap. 2,1)

Jesu Beten war ein Sich-Opfern und Hingeben

Als Jesus in der Wüste fastete und betete, hat er den Willen des Satans abgewiesen, der ihn am Leiden vorbeiführen wollte, und hat gehorsam des Vaters Willen als allein maßgebend anerkannt. Betend machte er sich bereit, seinen Leidensweg anzutreten (Luk. 21,37). Betend wurde er verklärt und empfing Aufschluß über seinen Leidensweg durch Mose und Elia. (Luk. 9,28.31) Aus diesem Beten erwuchs ihm die Kraft, seinen Jüngern sein Leiden und Sterben, aber auch das Leiden der ihm Nachfolgenden in großer Ruhe vorauszusagen (Luk. 9,18-27. u.a.).

Daß Jesu Beten ein Opfern war, wurde am deutlichsten in Gethsemane. Im Gebet hat er sich geopfert in den heiligen Willen Gottes hinein. Er betete: »Mein Vater, ist's nicht möglich, daß dieser Kelch an mir vorübergehe, ohne daß ich ihn trinke, so geschehe dein Wille!« (Matth. 26,42)

Jesu Beten war Anbetung

Jesus hat den Vater gepriesen über jeder Speise, die er aß, so daß seine Jünger ihn daran erkannten (Matth. 14,19; Luk.

24,31). Er hat den Vater gepriesen, als er ihm die Weisen und Klugen vorenthielt, als sich ihm die Hauptstädte seines Volkes verschlossen – so völlig eins war er mit dem Willen seines Vaters: »Ich preise dich, Vater und Herr des Himmels und der Erde, daß du dies den Weisen und Klugen verborgen hast und hast es den Unmündigen offenbart. Ja, Vater; denn so hat es dir wohlgefallen. Alle Dinge sind mir übergeben von meinem Vater; und niemand kennt den Sohn als nur der Vater; und niemand kennt den Vater als nur der Sohn und wem es der Sohn offenbaren will.« (Matth. 11,25-27) Das vorhin schon erwähnte hohepriesterliche Gebet enthält die demütige Anbetung des Vaters durch den Sohn, der seinen Auftrag, soweit er ihn vor seinem Leiden erfüllt hat, in die Hände des Vaters zurückgibt. Dieses Gebet ist ganz und gar geprägt von der Hingabe des Sohnes Gottes. Nichts von Selbstmitleid oder Klage; nein, der eingeborene Sohn Gottes wird sein Werk in der großen Liebe zwischen Sohn und Vater vollenden (Joh. 17).

Jesu Beten war anders als unser Gebet

Jesus war in einzigartiger Weise der Sohn Gottes. Darum sagte er: »mein Vater« (in Joh. 20,17 unterscheidet er zwischen »mein Vater« und »euer Vater«). Jesus macht in seinem Beten immer einen Unterschied zwischen sich und den Jüngern. Das Vaterunser war nicht sein Gebet, sondern das Gebet, das er die Jünger gelehrt hat. Er hat nie gebetet um Vergebung, weil er ohne Sünde war, nie bat er um Veränderung und Erneuerung seines Herzens durch den Heiligen Geist, weil der Vater ihn geheiligt und in die Welt gesandt hatte. Er hat nie der Fürbitte anderer bedurft oder dazu aufgefordert. Aber er selbst hat in der Fürbitte für andere gelebt. Sein Beten war ein vollmächtiges Beten, denn er wußte, daß er allezeit erhört wird (Joh. 11,42). Es waren ihm ja alle Dinge von seinem Vater übergeben. In seiner schwersten Stunde hat er darunter gelitten, daß seine drei besten Jünger nicht eine Stunde mit ihm wachen und beten konnten (Matth. 26,38-46). Es war die schlimmste Stunde der Versuchung, in der mit dem Gottessohn auch seine Jünger angegriffen werden konnten. Allein Jesu Ringen im Gebet hat die Beziehung zu Gott festgehalten, während die Jünger versagten. Ihnen mußte das Wort von der Versuchung und Anfechtung gesagt werden. Denn nun war die Stunde gekommen: Gott gibt seinen Sohn in die Hände der Sünder. Die Jünger sollten die wichtigste Stunde der Weltgeschichte und des Heils der Welt nicht verschlafen. Außerdem läßt sich denken, daß er diese drei Jünger wie auf dem Berg der Verklärung als Zeugen seines Gebets, seines Ringens in der Hingabe an Gott dabeihaben wollte. Ihre Nachfolge im Leiden sollte sich bald und erst recht später an dem Opfer, das er in diesem Gebet brachte, ausrichten können. War es nicht auch Fürsorge für seine Jünger, wenn er sie in dieser Stunde, wo der Böse zu triumphieren hoffte, so unvergeßlich traurig ermahnte, zu wachen und zu beten, damit sie in der bevorstehenden Prüfung Kopf und Herz bei Gott behalten könnten (Mark. 14, 41-42)?

Jesu Beten war so einzigartig, daß wir die Bitte der Jünger verstehen und mit ihnen unseren Herrn bitten: »Herr, lehre uns beten!« (Luk. 11,1)

WIE DIE HILFSBEDÜRFTIGEN JESUS GEBETEN HABEN

Der Aussätzige

warf sich vor Jesus nieder auf sein Angesicht (Luk. 5,12; Matth. 8,2). Das war ein Ausdruck der Huldigung und Unterwerfung. Seine Bitte bestand eigentlich aus dem Bekenntnis des Glaubens an die Vollmacht Jesu: »Herr, wenn du willst, kannst du mich reinigen.« (Matth. 8,2) An der körperlichen Gebärde ist aber die inständige Bitte abzulesen. Die ausschließlich Jesus geltende Bitte und die vertrauensvolle Demut, die es in Jesu Willen stellt, was er tun werde, darf nicht übersehen werden.

Der Hauptmann von Kapernaum

bat den Herrn in tiefer Demut und glaubensstarker Bescheidenheit: »Herr, ich bin nicht wert, daß du unter mein Dach gehst, sondern sprich nur ein Wort, so wird mein Knecht gesund.« (Matth. 8,8) Das Angebot des Glaubens kam hier vom Bittsteller. Bei der ähnlichen Geschichte vom königlichen Beamten (Joh. 4,46-54) war es Jesus, der den Bittenden zum Glauben herausforderte.

Die Antwort auf unser Bitten ist manchmal die Weisung, in völlig hoffnungsloser Lage einen Weg im Glauben zu gehen, ohne schon sehen zu können, was Gott tun wird. Diese »Antwort« sollte man sich aber nicht selbst einreden, sondern so handeln, wie es der Verheißung Jesu nach Matthäus 18,19 f. entspricht. So wird Jesu Antwort in der Gemeinschaft mit anderen besser gehört und verstanden, als wenn einer allein grübelt. Nur wer allein, etwa in Verfolgungszeiten, Jesu Antwort suchen muß, wird sie in wachsamer Nüchternheit und im Prüfen an Gottes Wort hörend und nachdenkend in der Hingabe an Jesus erkennen.

Zwei Blinde

folgten Jesus nach, schrien und sprachen: »Ach, du Sohn Davids, erbarme dich unser!« Sie gaben Jesus den messianischen Namen, hörten nicht auf zu rufen, als er sich ihrer nicht gleich erbarmte. Sie wagten es, sich ihm, als er heimkam, noch einmal zu nahen. Als dann Jesus zu ihnen sagte: »Glaubt ihr, daß ich das tun kann?«, sprachen sie zu ihm: »Ja, Herr.« (Matth. 9,27.28)

Jairus

hatte nach Markus 5,22 noch die Hoffnung, Jesus könne seiner Tochter, die in den letzten Zügen lag, die Hand auflegen, daß sie gesund werde. Die Verzögerung unterwegs führte dazu, daß das Kind starb. Jedoch ließ sich Jairus nicht von seinem Anliegen abbringen, als einer seiner Knechte ihm die Todesnachricht brachte; denn Jesus behielt die Zuversicht, auch jetzt noch helfen zu können, und sagte zu Jairus: »Fürchte dich nicht, glaube nur!« (Mark. 5,36) Er wurde wunderbar erhört.

Maria, die Mutter Jesu

sagte ihrem Sohn die Verlegenheit des Gastgebers bei der Hochzeit von Kana: »Sie haben keinen Wein mehr.« Sie war überzeugt davon, daß ihr Sohn in allen Sachen Rat wußte. Jetzt ging es allerdings nicht bloß um die äußere Hilfe, irgendwie Wein herzuholen, sondern Jesus muß gemerkt haben, daß jetzt Gottes Festgabe erwartet wurde, die Jesu Herrlichkeit vor seinen Jüngern und Freunden offenlegen konnte. So hat sich seine Mutter auch in strengem Ton sagen lassen, daß seine Stunde noch nicht gekommen war, das heißt, daß Jesus die Weisung Gottes erst erkennen mußte. Maria war bereit zu warten. Sie sagte aber vorsorglich den Dienern, daß sie Jesu Wort gehorchen sollten: »Was er euch sagt, das tut!« (Joh. 2,1-11)

Das ist die beste Ausfüllung der Wartezeit bis zur Erhörung

des Gebets, wenn wir uns Jesus so hingeben, daß wir zur rechten Zeit auch wirklich zum Gehorsam bereit sind.

Die Frau mit den schweren Blutungen

wagte ihre Bitte nicht in Worten auszusprechen. Sie wollte nur die Kleider Jesu anrühren und hatte den Glauben, daß sie dadurch gesund werden könne. So geschah es. Aber Jesus hatte es bemerkt. Darum fragte er nach diesem Menschen, der ihn in der Erwartung von Heilung angerührt hatte. Ängstlich fiel die Frau vor Jesus nieder und sagte ihm die ganze Wahrheit. Jesus darauf: »Dein Glaube hat dich gesund gemacht. Geh hin in Frieden! Du bist von deinem Leiden befreit!« (Mark. 5,25-34, zit. V.34)

Das verschämte Vertuschen eines Leidens, das man hat oder fürchtet, ist nicht etwa schon Demut. Es fördert auch nicht den Glauben, besonders nicht in der Gemeinschaft der Mitbetenden. Kindliche Offenheit ist der richtige Weg.

Die Frau aus dem heidnischen Kanaan

war aus der Gegend von Tyrus und Sidon, in die Jesus sich eine Zeitlang zurückgezogen hatte. Sie rief Jesus nach: »Ach, Herr, du Sohn Davids, erbarme dich meiner! Meine Tochter wird von einem bösen Geist übel geplagt!« Obwohl Jesus ihr nicht antwortete, ließ sie sich nicht abhalten. Jesus hielt sich daran, daß er »nur zu den verlorenen Schafen des Hauses Israel« gesandt war. Sie aber kam und warf sich vor ihm nieder und sprach: »Herr, hilf mir!« In der abweisenden Antwort Jesu, man könne doch nicht den Kindern das Brot wegnehmen und es den Hunden hinwerfen, sah sie noch einen kleinen Hoffnungsschimmer, nämlich die Möglichkeit, über alles Recht hinaus Barmherzigkeit zu erlangen. So bejahte sie in ihrer Antwort sehr fein, daß sie kein Recht habe, und gründete sich auf Barmherzigkeit. Wörtlich heißt es in der Bibel weiter: »Sie sprach: Ja, Herr, aber doch fressen die Hunde von den Brosamen, die vom Tisch ihrer

Herren fallen. Da antwortete Jesus: Frau, dein Glaube ist groß. Dir geschehe, wie du willst! Und die Tochter wurde zur selben Stunde gesund.« (Matth. 15,21-28).

Glauben ist ein Festhalten am Erbarmen Gottes, auch wenn man mitten im offensichtlichen Nein Gottes steht. Jesus muß am besonderen Glauben von Nichtjuden gemerkt haben, daß ihn hier Gott ansprach, gewissermaßen als Fingerzeig darauf, daß das Evangelium bald die ganze Welt ansprechen werde. (Ähnlich war es beim Hauptmann von Kapernaum.)

Die Mutter des Jakobus und Johannes

kam mit ihren Söhnen, die Jünger Jesu waren, und wollte ihn um etwas bitten. Als er sie nach ihrem Begehren fragte, sprach sie: »Laß diese meine beiden Söhne sitzen in deinem Reich einen zu deiner Rechten und den anderen zu deiner Linken.« (Matth. 20,20.21)

Groß ist das Gebet einer Mutter, die ihre Kinder zu Jesus bringt und darum bittet, daß er sie in sein Reich aufnimmt. Ungut war dabei der Wunsch dieser Mutter, ihre Söhne sollten die Ehrenplätze bekommen. Teilhaben an seinem Reich heißt auch teilhaben an seinem Leiden.

Die Sünderin

bat ohne Worte durch ihr Weinen und demütige, zeichenhafte Bezeugungen ihrer Liebe um Vergebung der Sünden. Sie wagte es nicht, in Gegenwart des Pharisäers Simon ihre Bitte mit Worten auszusprechen. Sie glaubte, daß Jesus durch diese Zeichen ihrer Verzweiflung, Sehnsucht und Liebe ihr Anliegen verstehe und daß er der ist, der allein ihr noch helfen kann. Jesus sagte zu ihr: »Dir sind deine Sünden vergeben.... Dein Glaube hat dir geholfen; gehe hin in Frieden!« (Luk. 7,36-50; zit. V. 48.50)

Der Herr versteht die wortlosen Klagen und Tränen der betrübten Herzen, die keine Mühe und »Ungehörigkeit« scheuen, zu Jesus zu kommen.

teilten durch einen Boten Jesus mit, daß ihr Bruder schwer krank sei: »Herr, siehe, der, den du lieb hast, liegt krank.« Obwohl Jesus die Geschwister in Bethanien besonders lieb hatte, war ihm die Absicht, die Gott in dieser Sache hatte, wichtiger: An dieser Krankheit sollte der Sohn Gottes verherrlicht werden. Jesus spürte wohl, er müsse mit seiner Hilfe warten, bis alle menschliche Hilfe ausgeschlossen war. Außerdem veranlaßte ihn dieser Hilferuf, seinen verhältnismäßig sicheren Aufenthaltsort im Ostjordanland zu verlassen und wieder in die Nähe Jerusalems zu kommen, wo seine Feinde ihm nachstellten. Aber auch diesen Zeitpunkt sollte sein Vater im Himmel bestimmen. So kam er erst, als Lazarus schon vier Tage im Grab lag. Die Schwestern konnten nun ihrem Herrn nur noch klagen. Ans Bitten dachten sie nicht mehr. Aber diese Klagen, voll Vertrauen ihm offen ans Herz gelegt, hörte Jesus. Er überwand das Weh ihres Herzens dadurch, daß er in ihnen den Glauben an ihn als den verheißenen Erlöser und als Herrn der Auferstehung und Überwinder des Todes erweckte. Als sie beide zuversichtlich ihn, ihren Herrn, handeln lassen wollten, schenkte er ihnen ihren Bruder wieder (Joh. 11,1-45). Maria dankte dem Herrn dadurch, daß sie ihm kurz vor seinem Leiden im Kreis der Jünger mit kostbarem Nardenöl die Füße salbte (Joh. 12,3).

In diesem Geschehen ging es um mehr als nur die Genesung des Kranken. Es war ein Höhepunkt der Offenbarung Gottes in seinem Sohn, der die Botschaft des Evangeliums von der Auferstehung der Toten aufleuchten ließ. Auch unser Herz soll Jesus erkennen und sich mit ihm verbinden, daß er uns die Herrlichkeit Gottes offenbaren kann. Und wenn uns echter Glaube mehr als äußere Hilfe schenkt, dann ist auch rechter Dank mehr als nur ein Dankeswort; er ist Hingabe unseres Lebens an den großen Helfer, den Herrn über unser Heil, über unseren Tod und unsere Ewigkeit.

Die Freunde des Gelähmten

konnten den Schwerkranken wegen der Menge der Menschen nicht unmittelbar zu Jesus bringen. Sie deckten deswegen das Dach ab über der Stelle, wo Jesus stand, und ließen ihn an Seilen hinunter vor Jesu Füße. Das war ihre Form einer dringlichen Fürbitte. Jesus erkannte an diesem Verhalten voll Liebe, Phantasie und Risikobereitschaft ihren Glauben. Sie haben nicht nur ein wenig geholfen, gelindert, getröstet, Mitleid gehabt, sondern haben zielgerichtet Ort und Zeit ausgenützt, um den Kranken direkt zu dem Helfer zu bringen, dessen göttliche Vollmacht sie erkannt haben mußten. So erhörte Jesus auch ihre wortlose Bitte. (Mark. 2,1-12)

Die Freunde des Taubstummen

brachten diesen zu Jesus und baten ihn daß er seine Hand auf ihn lege (Mark. 7,32). Fürsorge für einen Hilfsbedürftigen, die das Wesentliche tut, obwohl der nicht wiedervergelten kann, was andere für ihn tun, ist für Jesus ein wichtiges Zeichen von Liebe und auch von Glauben. Jesus erhörte ihre Fürbitte.

Die Freunde des Blinden

brachten ihn zu Jesus »und baten ihn, daß er ihn anrühre. Und er nahm den Blinden bei der Hand und führte ihn hinaus vor das Dorf, tat Speichel auf seine Augen, legte seine Hände auf ihn und fragte ihn: Siehst du etwas?« Er sah noch nicht richtig; da legte Jesus noch einmal die Hände auf seine Augen. »Da sah er deutlich und wurde wieder zurechtgebracht, so daß er alles scharf sehen konnte.« (Mark. 8,22-25)

Hier hat Jesus selbst die Verantwortung übernommen für die volle Heilung des Blinden.

Der blinde Bartimäus

als er hörte, daß Jesus vorüberging, fing er an zu rufen: »Jesus, du Sohn Davids, erbarme dich meiner!« Er gab, wie viele Hilfsbedürftige, Jesus den messianischen Namen. Das zeigt, daß seine Hoffnung auf Hilfe in der gläubigen Erwartung gründete, daß Jesus als der Messias sich der Armen erbarme. So ließ sich Bartimäus auch durch die Aufforderung der Leute, er solle still sein, nicht zum Schweigen bringen, sondern schrie noch viel mehr: »Du Sohn Davids, erbarme dich meiner!« Als nun Jesus stehenblieb und ihn rufen ließ, ermunterten ihn die Menschen, die Jesus nachfolgten: »Freu dich, steh auf! Er ruft dich.« Der Bettler warf alles von sich, was ihn behindern konnte, und kam schnell zu Jesus. Dieser fragte ihn nach seinem Anliegen. »Mein Meister, daß ich sehend werde!« (Mark. 10,46-52)

Jesus wollte die deutlich ausgesprochene Bitte aus dem Mund des Bettlers hören. Das sollen wir uns für unser Beten merken. Aber auch dies, daß das rechte Gebet eine Bewegung zu Jesus hin ist, bei der uns Ungläubige und Zweifler aufhalten, die Jesus für uns oder unser Anliegen nicht für zuständig oder die Zeit und die Voraussetzungen nicht für geeignet halten. Aber wer wirklich auf Jesus hört, kann uns ermuntern. Die Eile aber und das Ablegen alles dessen, was uns hindern könnte, Jesus selbst zu erreichen, ist die Sache eines jeden, der den Zuspruch hört: »Er ruft dich!«

Der Kranke am Teich Bethesda

wurde dort von Jesus vorgefunden, als er schon 38 Jahre dagelegen hatte. Jesus sprach ihn an: »Willst du gesund werden?« Der Kranke antwortete: »Herr, ich habe keinen Menschen, der mich in den Teich bringt, wenn das Wasser sich bewegt.« Jesus hat ihn geheilt: »Steh auf, nimm dein Bett und geh hin!« Sogleich wurde der Mann gesund, nahm sein Bett und verließ diesen Ort des Elends und der vielen vergeblichen Hoffnungen. Der Kranke hatte nur geklagt über sein Schicksal. Jesus hörte, obwohl die anderen nie auf den Kranken gehört hatten. Aber Jesus nahm sich nicht nur um seinen Leib an; ihm ging es um den ganzen Menschen. Darum warnte er ihn vor neuer Sünde: »Sündige hinfort nicht mehr, daß dir nicht etwas Schlimmeres widerfahre.« Dieser Hinweis für sein zukünftiges Leben zeigt, daß Jesus mit der Heilung der Krankheit ihm auch die Sündenschuld der Vergangenheit weggenommen hat (Joh. 5,1-15). Für Jesus Christus ist die äußere Hilfe ein Weg zur inneren Hilfe.

Die zehn Aussätzigen

standen ferne von Jesus in dem Abstand, zu dem sie durch ihre Krankheit gezwungen waren. Sie riefen laut: »Jesus, lieber Meister, erbarme dich unser!« Doch erlebten sie trotz der Zuwendung Jesu zu ihnen nicht sofort ihre Heilung. Sie mußten zuvor den Weg des Gehorsams gehen: »Geht hin und zeigt euch den Priestern!« Sie hatten also den Auftrag bekommen, sich bei der Gesundheitsbehörde zu zeigen, obwohl sie doch noch krank waren. Während sie diesen sonderbaren Weg gingen und damit Jesus gehorchten, wurden sie geheilt. Aber nur einer aus der Gruppe kam zu Jesus zurück, als er es merkte. Er pries Gott mit lauter Stimme, warf sich vor Jesus nieder und dankte ihm. Er war aber ein Samariter. Jesus fragte: »Wo sind die neun andern? Hat sich sonst keiner gefunden, der wieder umkehrte, um Gott die Ehre zu geben, als nur dieser Fremde?« Zu ihm sagte er dann: »Steh auf, geh hin; dein Glaube hat dir geholfen.« (Luk. 17,12-19)

Viele Beter begehren von Gott äußere Hilfe, sind ihm aber nur so lange gehorsam, bis sie die Hilfe erlangt haben. Später sind sie nicht bereit, Gott die Ehre zu geben, Jesus als ihren Heiland und Herrn anzunehmen und dadurch ganz heil zu werden, was nur in der lebendigen Verbindung ihres Lebens mit dem Sohn Gottes möglich ist. Der Samariter in jener Geschichte hat bei seiner Heilung auf dem Weg über seinen Retter Jesus die Verbindung mit dem lebendigen Gott gefunden.

Der Schächer am Kreuz

lernte erst in der letzten Stunde seines Lebens beten. Er lernte es mitten im Gericht für seine Taten, das er demütig als gerecht anerkannte. Die Unschuld Jesu war ihm klar in ihrem Gegensatz zur eigenen Schuldbeladenheit und zur teuflisch-hämischen, verbitterten Gehässigkeit des anderen Schächers. So wagte er es, den inmitten der Verbrecher gemarterten und verspotteten Jesus als zum Reich Gottes gehörig anzusprechen. Obwohl Jesus äußerlich nur ein Bild der Hilflosigkeit bot, bat er ihn: »Jesus, gedenke an mich, wenn du in dein Reich kommst.« Und Jesus hat es ihm sofort versprochen, noch ehe er sein Leben aushauchte. Beide Schächer mußten wohl schon früher von Jesus gehört haben. Die letzte Chance, doch noch zum Glauben zu kommen, hat nur einer ergriffen. Niemand, auch nicht der Allerunwürdigste, der seine Schuld einsieht und Jesus deswegen als Herrn anruft, setzt sein Vertrauen vergeblich auf das Erbarmen Jesu. (Luk. 23,39-43)

Die Jünger auf dem Weg nach Emmaus

schütteten ihr Herz dem unbekannten Weggenossen aus. Sie waren voll Trauer und hilflos angesichts des schrecklichen Endes ihres Herrn Jesus, von dem sie doch die Erlösung Israels erhofft hatten. Sie ließen sich von ihm zurechtweisen und die Voraussagen aus der Heiligen Schrift über das Leiden des Messias und seinen Sinn erklären. Als sie in Emmaus angelangt waren, wollte er weitergehen. Sie aber gaben dem Verlangen ihres von neuer Hoffnung brennenden Herzens nach und baten ihn: »Bleibe bei uns, denn es will Abend werden, und der Tag hat sich geneigt.« (Luk. 24,29) So konnte er sich ihnen als der auferstandene Herr offenbaren, als er ihnen das Brot brach. Dabei haben sie ihn erkannt.

Die hoffnungsvollen Weissagungen aus der Heiligen Schrift können uns zur Erkenntnis des Weges Gottes hinführen. Aber dann gilt es, an Jesus selbst ihre Erfüllung zu erkennen. In der persönlichen Erfahrung des »Für dich gegeben«, also der geschenkten Vergebung, erkennen wir am tiefsten die Kraft und Herrlichkeit unseres Herrn.

DIE BETER DER URGEMEINDE

Stephanus

Stephanus war ein Mann voll Gnade von Gott und voll Kraft in seinem Wirken unter den Menschen (Apg. 6,8). Darum war er auch ein Mann des Gebets. Er tat Wunder und Zeichen unter dem Volk. Seiner Weisheit und Fähigkeit, seinen Glauben mit der Heiligen Schrift zu belegen, waren seine jüdischen Gegner nicht gewachsen.

Als Stephanus vor dem Hohen Rat verhört wurde, machte Jesus, der erhöhte Herr, an ihm die Verheißung wahr, daß seine Zeugen in dieser Lage die ganze Kraft des Heiligen Geistes erfahren. Als Stephanus so erfüllt war mit dem Heiligen Geist, durfte er einen Blick in die unsichtbare Welt tun und verkündete allen, was er da sah: »Er sah auf zum Himmel und sah die Herrlichkeit Gottes und Jesus stehn zur Rechten Gottes.« (Apg. 7,55) Dieses Zeugnis über den erhöhten Jesus Christus wollten seine Ankläger und Richter nicht hören. Sie hielten sich die Ohren zu, »stießen ihn zur Stadt hinaus und steinigten ihn«. Er aber betete: »Herr Jesus, nimm meinen Geist auf!« (Apg. 7,58.59)

Sein Gebet zu Jesus stellt strahlend den Inhalt seines Glaubens heraus. Er sah nicht den Tod, er sah auch nicht auf sich, sondern seine Blickrichtung ging allein auf Jesus. Darum konnte er auch zuletzt noch für seine Feinde beten. Nur der Blick auf den treuen Herrn und dessen Sterben gab ihm die Kraft und den Willen, ihm auch im Tode nachzufolgen. So wie sein Herr am Kreuz für die Feinde gebetet hatte, so tat Stephanus es mit seinen Worten auch. Er kniete nieder unter den Steinwürfen und schrie laut: »Herr, rechne ihnen diese Sünde nicht an!« (Apg. 7,60) Diese Fürbitte wurde in der Berufung des Saulus (des späteren Apostels Paulus), der bei der Steinigung am Rande mitgewirkt hatte, wunderbar erhört.

Philippus

Von der Gemeinde war Philippus als einer von den sieben Diakonen vorgeschlagen und von den Aposteln unter Gebet zu seinem Dienst gesegnet worden. Er kam infolge der einsetzenden Verfolgung der Christen in Jerusalem nach Samaria und predigte dort von Jesus Christus. Die Zeichen und Wunder, die er tat, sowie sein vollmächtiger seelsorgerlicher Dienst an dämonisch Belasteten führten dazu, daß viele zum Glauben kamen und die ganze Stadt sich für die Botschaft zu interessieren begann (Apg. 8,5-8). Dieser Mann war ein Beter, demütig und gehorsam; darum konnte ihn Gott so bestätigen. Seine Demut bewies er auch darin, daß er den ergänzenden Dienst des Gebets und der Segnung der neuen Christen von den Aposteln in Anspruch nahm (Apg. 8,14-17).

Seine lebendige, den Alltag bestimmende Verbindung mit Gott zeigt die Geschichte von der Begegnung mit dem Kämmerer aus Äthiopien (Apg. 8,26-39). Frühmorgens erreichte ihn durch einen Engel die Weisung des Heiligen Geistes, zu einer bestimmten Straße aufzubrechen. Das ist der Sinn der Bereitschaft der Christen, auf Gott zu hören in der stillen Zeit am Morgen, daß sie sich für den vor ihnen liegenden Tag von Gottes Geist ansprechen lassen. Dieses Hören-Lernen kann dann mitten im Alltag entscheidend werden, wenn Gott uns für etwas braucht. So war es auch bei Philippus, als er auf dieser Straße dem Wagen des Äthiopiers begegnete: »Der Geist sprach zu Philippus: Gehe hin und halte dich zu diesem Wagen!« (Apg. 8,29) So kam an jenem Tag der Finanzverwalter der äthiopischen Königin zum Glauben an Jesus Christus – und als Folge davon wohl viele andere in diesem Land.

Cornelius

der römische Hauptmann aus der sogenannten Italischen Truppeneinheit, war ein frommer Mann, der mit seiner ganzen Familie dem jüdischen Glauben anhing. Es heißt von ihm: »Er betete immer zu Gott« (Apg. 10,2). Zur Gebetszeit am Nachmittag erschien ihm eines Tages ein Engel Gottes und brachte ihm genaue Weisung, wo er Simon Petrus finden könne und holen lassen solle. Auch Petrus war zur gleichen Zeit durch eine Offenbarung Gottes auf die neue Situation vorbereitet worden, zum seelsorgerlichen Dienst an Menschen bereit zu sein, die nicht zum Volk Israel gehörten. Petrus wurde von den Boten des Cornelius in der Stadt Joppe gefunden und kam mit. Bei Cornelius fand er eine Versammlung von Verwandten und Freunden vor, die begierig waren zu hören, was Petrus zu sagen hatte. Als nun Petrus, ermuntert durch diese deutliche Führung Gottes, ihnen das Wort von der Vergebung der Sünden durch den Glauben an Jesus Christus sagte, kam der Heilige Geist auf alle, die dem Wort zuhörten. Sie redeten – wie die Apostel an Pfingsten – in unbekannten Sprachen und priesen Gott.

Die rechte Anbetung ist ein Geschenk des Heiligen Geistes, genau wie der unmittelbare Durchbruch zum Glauben an Jesus Christus. Wie wir aber sahen, kann das dringliche Gebet dessen, der Gott ernsthaft sucht, Gottes Herz bewegen, nicht nur äußeres Wohlergehen, sondern die höchste Gabe zu schenken: Jesus zu finden und mit ihm Vergebung der Sünden, Heil und neues Leben. Auf diese Weise hat Gott Simon Petrus den Weg der Mission unter Heiden offenbart und gleich durch die Frucht seiner Predigt bestätigt.

Lydia

Lydia war Purpurhändlerin in Philippi, einer Stadt in Mazedonien. Sie hing als Nichtjüdin dem jüdischen Glauben an. Solche Menschen wurden »gottesfürchtig« genannt. Am Sabbat ging sie hinaus vor die Stadt an den Fluß, wo sich jüdische und »gottesfürchtige« Frauen zum Gebet versammelten (Apg. 16,13). Sie muß eine Frau gewesen sein, deren Beten ein echtes Suchen nach der Verbindung mit Gott war, nicht nur eine festgefügte religiöse Sitte. So konnte ihr Gott das Herz auftun, daß sie genau hinhörte auf das, was Paulus als Botschaft brachte. Sie ließ sich taufen mit ihrer Familie, und ihren Hausgenossen, nahm die Apostel in ihr Haus auf und schuf damit den ersten Sammelpunkt einer christlichen Gemeinde in einer europäischen Stadt.

Petrus

Das erste Gebet, das uns von Petrus berichtet wird, ist ein Bußgebet. Nach dem wunderbaren Fischzug erkannte er zugleich mit Jesu Herrlichkeit seine eigene Sündhaftigkeit: »Er fiel Jesus zu Füßen und sprach: Herr, geh weg von mir! Ich bin ein sündiger Mensch.« (Luk. 5,8)

Der Eindruck des Betens ihres Meisters auf die Jünger war so groß, daß sie, allen voran Petrus, der nicht selten der Sprecher der Jünger war, die Bitte an Jesus richteten: »Herr, lehre uns beten!« (Luk. 11,1) Zweimal nahm ihn Jesus mit, um ihn mit Johannes und Jakobus Zeuge seines Betens werden zu lassen. Auf dem Berg der Verklärung sah er, wie der Herr während seines Gebetes verklärt wurde (Luk. 9,29). In Gethsemane wurde er Zeuge des Gebetskampfes Jesu und mußte sich von ihm den Vorwurf machen lassen: »Simon, schläfst du? Vermochtest du nicht, *eine* Stunde zu wachen?« (Mark. 14,37) Unvergeßlich blieb ihm die anschließende Mahnung des Herrn: »Wachet und betet, daß ihr nicht in Versuchung fallt! Der Geist ist willig; aber das Fleisch ist schwach.« (Mark. 14,38)

Nach seinem tiefen Fall durch die Verleugnung war es gewiß sein größter Trost, daß der Herr zu ihm gesagt hatte: »Ich habe für dich gebeten, daß dein Glaube nicht aufhöre.« (Luk. 22,32) Der Grundton seines ganzen weiteren Apostelamts und darum auch seines Betens war, was er bei seiner Wiederannahme als Apostel zu dem Auferstandenen sagte: »Herr, du weißt alle Dinge, du weißt, daß ich dich lieb habe.« (Joh. 21,17)

Nach der Himmelfahrt Jesu gewann das Beten für Petrus und die anderen Jünger noch an Wichtigkeit. Es war für sie der Weg, sich auch jetzt der Anwesenheit Gottes und seines Sohnes zu vergewissern. So wird berichtet, daß die Apostel vor Pfingsten betend auf die Ausgießung des Heiligen Geistes warteten.

In der Apostelgeschichte wird erzählt (Kap. 9,40), daß Petrus am Totenbett der Tabea niederkniete und betete, nachdem er alle hinausgetrieben hatte. So bekam er Glaubenszuversicht und die Vollmacht, Tabea wieder ins Leben zurückzurufen. Auch für die neugewonnenen Christen in Samaria beteten Petrus und Johannes, daß sie den Heiligen Geist empfingen, und legten ihnen die Hände auf. »Da empfingen sie den Heiligen Geist.« (Apg. 8,17)

Petrus kannte offenbar feste Zeiten des Gebets. In Apostelgeschichte 3,1 wird berichtet, daß Petrus und Johannes »hinauf in den Tempel gingen um die neunte Stunde, zur Gebetszeit«. Bei der Bekehrung des Cornelius wird überliefert, daß Petrus »auf das Dach stieg, zu beten um die sechste Stunde« (Apg. 10,9). Wie wichtig ihm und den anderen Aposteln das Beten und die Verkündigung des Wortes Gottes war, erkennen wir auch daran, daß sie, um dafür genügend Zeit zu haben, sieben Männer für die eigentlichen diakonischen Aufgaben wählten, die sie unter Gebet und Handauflegung in ihren Dienst an der Gemeinde einsetzten (Apg. 6,1-6).

Der 1. Petrusbrief bezeugt, daß im Gebetsleben von Petrus Anbetung und Lobpreis großen Raum einnahmen. Er lobte Gott um seiner Barmherzigkeit willen, die uns durch Jesus Christus ganz und gar erneuert, wiedergeboren und mit einer lebendigen Hoffnung erfüllt hat durch die Auferstehung Jesu Christi von den Toten. Diese Erneuerung schließt die gewisse Erwartung des Erbes im Himmel ein (1. Petr. 1,3-12). Diese Gewißheit führte Petrus im Brief an die bedrückte Gemeinde zu dem fast jubelnden Zuspruch: »Der Gott aller Gnade, der euch berufen hat zu seiner ewigen Herrlichkeit in Christus Jesus, der wird euch, die ihr eine kleine Zeit leidet, aufrichten, stärken, kräftigen, gründen. Ihm sei die Macht von Ewigkeit zu Ewigkeit! Amen.« (1. Petr. 5,10.11)

Johannes

Johannes und sein Bruder Jakobus waren zunächst »Donnersöhne« genannt worden. In seinem Streben – so kann man vermuten – nach einer verbindlichen Gottesbeziehung, die ihm das Heil, die Überwindung der Sünde, bringen könne, fand er schon in jungen Jahren zu Johannes dem Täufer. Aus dem gleichen Eifer heraus wird dann sein Interesse an Jesus gekommen sein, auf den der Täufer hinwies mit den Worten: »Siehe, das ist Gottes Lamm, das der Welt Sünde trägt!« (Joh. 1,29) Gerade dieses Wort muß die beiden jungen Leute Johannes und Andreas dazu gebracht haben, sich mit Jesus in Verbindung zu setzen. Jesus gewann das Herz von Johannes; eine treue Liebe verband Johannes fortan mit seinem Herrn.

Wie Petrus, so war auch er in der besonderen Schule des Gebets bei Jesus. Er war auf dem Berg der Verklärung dabei, hat den Geist und Inhalt des Betens Jesu im sogenannten »hohepriesterlichen Gebet« festgehalten, und er erlebte Gethsemane mit. Auch war er bei den versammelten Jüngern, als sie beteten und die Ausgießung des Heiligen Geistes erwarteten.

In seinem Gebet hielt er die gleiche Ordnung wie Petrus. In seinen Schriften allerdings tritt die allgemeine Ermahnung zum Beten zurück. Dafür spricht er viel von der innersten Verbundenheit des Christen mit Gott: Er spricht vom Glauben, der das ewige Leben bringt, vom Bleiben in Jesus, von der Gemeinschaft mit dem Vater und dem Sohn. Im immerwährenden Bewußtsein der Verbindung mit Jesus und dem Vater, im stillen Gebet des Herzens, zeigt er die hörende und sich äußernde Verbindung des Betenden mit Gott. Es ist ein ständiges Offensein für Gott und ein häufiges Hindenken zu ihm, das aus der tiefen Hingabe an ihn hervorgeht. Nicht anders verstehen wir, was Johannes aus den Abschiedsreden Jesu behielt und aufschrieb über die Gemeinschaft Jesu mit seinen Jüngern durch das Wirken des Heiligen Geistes oder über das Innewohnen des Vaters und des Sohnes in den Menschen, die nach den Weisungen Jesu leben (Joh. 15,4-7; 14,23).

Aus dieser Gemeinschaft mit Gott merkte er – und diese Erkenntnis hielt er auch bei seinen Briefempfängern für möglich – ob eine Bitte dem Willen Gottes entsprach: »Das ist die Zuversicht, die wir haben zu Gott: Wenn wir etwas bitten nach seinem Willen, so hört er uns.« (1. Joh. 5,14) Johannes konnte auch die Grenze der Fürbitte beschreiben: Bei einer »Sünde zum Tode«, also einer Sünde, die den Tod bringt (zum Beispiel bei vollständigem Abfall von Gott, wo einer den Sohn Gottes und sein Erlösungswerk verflucht) wollte Johannes nicht zum fürbittenden Gebet ermuntern (1. Joh. 5,16).

So wie der Apostel Paulus im Gefängnis die wichtigen theologischen und seelsorgerlichen Briefe an seine Gemeinden schreiben konnte, so war es – nach weit verbreiteter Erkenntnis – Johannes beschieden, in der Verbannung auf der Insel Patmos die Zukunft des Reiches Gottes in einer Kette von Offenbarungen zu schauen. Der Inhalt des Buchs »Offenbarung des Johannes« ist die Klarheit des Sieges Gottes. Er sah ihn leuchten über den Wetterwolken der Gerichte, die über der Erde lasten. So will Gott durch Johannes die Christen in den Leiden und in den Kämpfen trösten: Denkt, was gleichzeitig droben ist; denkt an die uns beschiedene Wirklichkeit in der Herrlichkeit und in den Lobgesängen der Erlösten und der Diener Gottes (Offb. 4,9; 5,6; 7,9ff.). Die Gebete der Heiligen auf Erden, die Gott zuvor geschenkt hat, wirken mit bei der Vollendung des Geschehens (Offb. 8,3). Wie Weihrauch steigen sie auf von der Erde und kommen zu den himmlischen Lobgesängen und der Anbetung hinzu. In den Anbetungsworten der Offenbarung redet die Heilige Schrift ihre erhabenste Sprache. Und wir dürfen als Leser dieser Worte den Abglanz der Herrlichkeit der Vollendung schauen, soweit ihn Menschen überhaupt erkennen können, solange sie auf Erden leben.

Paulus

Der Beter im persönlichen Leiden

Der Apostel lebte von seiner Berufung und Umkehr an im Gebet. Im Gebet war er, als Ananias zu ihm gesandt wurde: »Siehe, er betet.« (Apg. 9,11) Seine Gebete bewegten sich danach meist um seine Gemeinde, selten nur um seine Person.

Um seine Person ging es ihm im Gebet gemäß seinem Bericht in 2. Korinther 12,8. Da bezeugt er, daß er dreimal um

Heilung seiner Krankheit gebetet hat. Er mußte den »Pfahl im Fleisch«, also sein körperliches Leiden, tragen, damit er nicht überheblich würde wegen der hohen geistlichen Erfahrungen und Visionen, die ihm Gott geschenkt hat. Auf seine Gebete um Heilung gab ihm der Herr diese Antwort: »Laß dir an meiner Gnade genügen; denn meine Kraft ist in den Schwachen mächtig.« (2. Kor. 12,9)

Es ist für uns hier wichtig zu sehen, daß Jesus, der Herr, auf ein ernsthaftes Gebet auch eine Antwort gibt. Er läßt seine Leute nicht vergeblich warten.

Alle Leiden, die er um Christi willen zu ertragen hatte, konnte Paulus in so sieghafter Freude und Zuversicht auf sich nehmen, daß er in Römer 8,37-39 den Brüdern und Schwestern in Rom auch als Trost für ihr künftiges Schicksal in der Verfolgung fast jubelnd schreiben konnte: »In dem allem überwinden wir weit durch den, der uns geliebt hat. Denn ich bin gewiß, daß weder Tod noch Leben, weder Engel noch Mächte noch Gewalten, weder Gegenwärtiges noch Zukünftiges . . . uns scheiden kann von der Liebe Gottes, die in Christus Jesus ist, unserm Herrn.« Er konnte auch, als er mit Silas zusammen in den Holzblock des Kerkers von Philippi eingeschlossen dalag mit den Wunden von der Auspeitschung, um Mitternacht laut beten und Gott loben (Apg. 16,23).

Der einsame Beter

Ohne Unterlaß bewegte Paulus das Reden mit Gott, in dessen Dienst er stand. Er nahm alle Verantwortung, die er trug, ausdrücklich aus Gottes Hand und konnte sie dann auch ebenso wieder Gott überlassen, wenn sein Auftrag ihn anderswo hinführte. Ein Mann, der mit seinem ganzen Leben nur eines wollte: Gott ehren und ihm gehorchen, steht auch mit seinem Beten ununterbrochen vor Gott, wie mit dem Hinhören auf ihn.

Die Zeit, die er vor seiner öffentlichen Wirksamkeit in Arabien zugebracht hat (Gal. 1,17), war sicher eine Zeit von anhaltendem einsamem Beten, in dem Gott ihm das Geheimnis des Kreuzes Christi offenbart hat. In Apostelgeschichte 22,17 erzählt Paulus, daß er zu Beginn seiner Aposteltätigkeit im Tempel zu Jerusalem gebetet und dabei in einer Erscheinung Jesus gesehen hat. In 1. Korinther 14,18 dankte er seinem Gott, daß er mehr in Sprachen des Geistes rede als alle anderen. Da aber Paulus das geistliche Gebet in anderen Sprachen vor der Gemeinde sehr einschränkte und, wenn keine Auslegung dabei war, es als unfruchtbar für den Gemeindegottesdienst ablehnte (1. Kor. 14,28), so weist auch diese Äußerung auf das einsame Beten des Apostels hin.

Betend hat Paulus sein Apostelamt geführt

Unter dem Gebet der Gemeinde von Antiochien wurde Paulus zum Heidenmissionar erwählt, und unter Gebet wurde er zu den Heiden ausgesandt (Apg. 13,3). Unter Gebet setzte er Älteste in den neu gewonnenen Gemeinden ein (Apg. 14,23).

Als er betend die Hände auflegte, kam der Heilige Geist auf die Neubekehrten (Apg. 19,6). Dem Apostel und seinem Begleiter wurden zu ihrem Verkündigungsdienst Zeichen und Wunder geschenkt, die unter ihren Händen und gewiß nach ernstem Gebet geschahen (Apg. 14,3; 20.10).

Als er sich auf seiner letzten Missionsreise von den versammelten Ältesten in Milet in einer ergreifenden Rede verabschiedete, »kniete er nieder und betete mit ihnen allen« (Apg. 20,36). In der Seenot auf der Reise nach Rom betete er als Gefangener mit der ganzen Schiffsmannschaft vor der Mahlzeit, zu der er sie ermuntert hatte (Apg. 27,35). Als er bei seiner Ankunft als Gefangener des Kaisers in Italien Brüder fand, fühlte er sich sehr ermutigt und dankte Gott (Apg. 28,15).

Dank und Anbetung bei Paulus

Beten und Danken waren Paulus so notwendige Lebensäußerungen, daß seine Briefe durchzogen sind von seinen Gebeten. Fast jeder Brief beginnt mit dem Dankgebet für das, was Gott an der Gemeinde, an die er schreibt, getan hat: »Ich danke meinem Gott allezeit euretwegen für die Gnade Gottes, die euch gegeben ist in Christus Jesus« (1. Kor. 1,4). An die Epheser schrieb er: »Ich höre nicht auf zu danken für euch« (Eph. 1,16). Den Philippern versicherte er: »Ich danke meinem Gott, sooft ich eurer gedenke« (Phil. 1,3). Sein Danken steigerte sich immer wieder zur Anbetung angesichts des Triumphs der Liebestat Gottes, die er verkündigte, von der er aber auch selbst lebte. Seine Freude darüber übersprang alle Grenzen. In 2. Korinther 1,3 jubelte er: »Gelobt sei Gott, der Vater unseres Herrn Jesus Christus, der Vater der Barmherzigkeit und Gott allen Trostes, der uns tröstet in aller unserer Trübsal.« Den Epheserbrief beginnt er (Eph. 1,3) mit dem Lobpreis: »Gelobt sei Gott, der Vater unseres Herrn Jesus Christus, der uns gesegnet hat mit allem geistlichen Segen«. Der Schwung seiner Anbetung setzt sich an dieser Stelle durch elf lange Sätze hindurch fort. Es zeigt sich, daß man als Jesu Zeuge den Glauben vor Christen und besser noch mit Christen zusammen fast nur anbetend bekennen kann.

Fürbitte bei Paulus

Paulus gedachte in seiner Fürbitte Tag und Nacht der Gemeinden und begleitete sie betend in ihrem Kampf. Er betete für die Gemeinden um Liebe, um Wachstum in der Erkenntnis der Wege Gottes, um eine Gestaltung ihres Lebens, die des Evangeliums würdig war. In Epheser 3,13-21 steht wohl das innigste Fürbittegebet des Apostels für seine Gemeinde. In Kolosser 1,3 sprach er aus, was ihn bewegte: »Wir danken Gott allezeit, wenn wir für euch beten.« Dort heißt es: »Wir lassen nicht ab, für euch zu beten und zu bitten, daß ihr erfüllt werdet mit Erkenntnis seines Willens« (Kol. 1,9).

Er gedachte aber auch der einzelnen, zum Beispiel des Timotheus und des Philemon: »Ich danke Gott, wenn ich ohne Unterlaß deiner gedenke in meinem Gebet, Tag und Nacht.« (2. Tim. 1,3) – »Ich gedenke deiner allezeit in meinem Gebet.« (Philem. 4) Auch die Grüße am Ende der Briefe und das persönliche Sorgen für einzelne Mitarbeiter zeigen, wie Paulus sie im Gebet umgab.

Paulus, der seine Gemeinden aufforderte zum Gebet ohne Unterlaß (1. Thess. 5,17), lebte selbst unablässig im Gebet für seine Gemeinden und seine Freunde und stand für sie vor Gott. Gott konnte geben, ändern und wachsen lassen, was er selbst aus der Ferne nicht vermochte.

Ergreifend war die Fürbitte für sein sich mehr und mehr gegen den christlichen Glauben verstockendes Volk: »Ich selber wünschte verflucht und von Christus getrennt zu sein für meine Brüder, die meine Stammverwandten sind nach dem Fleisch.« (Röm. 9,3) – »Ich flehe zu Gott für Israel, daß sie gerettet werden.« (Röm. 10,1)

Paulus selbst bedurfte der Fürbitte und ermahnte seine Gemeinden immer wieder, für ihn zu beten. Die Christen in Rom bat er, daß sie ihm helfen kämpfen sollten mit ihren Gebeten für ihn zu Gott, damit er vor den Ungläubigen in Judäa errettet werde (Röm. 15,30.31). In Epheser 6,18-19 ermahnte er die Christengemeinde, daß sie ernsthaft für ihn bitte, flehe und wache, damit er die Botschaft mit freiem Mut und Freudigkeit weitergeben könne, selbst wenn er jetzt in Ketten gefangen liege. So betete der große Apostel das Evangelium den Heiden ins Herz und predigte in der verhältnismäßig kurzen Zeit, die ihm blieb, mit solcher Vollmacht, daß auch sie fähig wurden zum Leiden um ihres Glaubens willen und zur Mission im ganzen Mittelmeerraum in den ersten Jahrhunderten nach Christus und später in ganz Europa und darüber hinaus.

Wieviel hat die Kirche, die die Bibel liest und den Apostel Paulus kennt, von diesem großen Beter zu lernen, gerade heute, wo viel guter Wille und viele machbare Aktivitäten oft nichts anderes sind als ein Jagen nach fortfliegenden Blättern im Herbstwind!

Jakobus

»Jakobus, ein Knecht Gottes und des Herrn Jesus Christus« (Jak. 1,1), war von Jugend auf zum Gebet erzogen. Wir kennen ihn nur durch seinen Brief. Was er da geschrieben hat, ist so einfach und echt aus der Praxis des Glaubenslebens und der Verantwortlichkeit für andere Gläubige dargestellt, daß man überall die eigene Erfahrung und die Erfahrung mit Gemeinden und die daraus folgende Erkenntnis herauslesen kann. Jakobus war, wie viele annehmen, wohl der leibliche Bruder Jesu, aber kein Jünger gewesen und hat sich erst nach Jesu Auferstehung der Gemeinde angeschlossen.

Seinen Worten nach war ihm das Glaubensgebet wichtig, um in allen Fragen die rechte Leitung von Gott zu erhalten (Jak. 1,6; 5,15). Die Ursache der inneren und äußeren Armut der Gemeinde erkannte er in der Gebetslosigkeit und im Ungehorsam, der für sich selbst lebt und nicht zu Gottes Ehre: »Ihr habt nichts, weil ihr nicht bittet; ihr bittet und empfangt nichts, weil ihr in übler Absicht bittet, nämlich damit ihr's für eure Gelüste vergeuden könnt.« (Jak. 4,2.3) Den Rhythmus des Lebens in Leid und Freude begleitete sein Gebet und sein Lobpreis: »Leidet jemand unter euch, der bete; ist jemand guten Mutes, der singe Psalmen.« (Jak. 5,13)

Den Kranken empfahl er, die Ältesten zu rufen, damit sie über ihnen im Namen Jesu beteten und sie mit Öl salbten zum Zeichen der völligen Übergabe in die Hand des Herrn. Das Sündenbekenntnis soll jedes Getrenntsein von Gott aufheben, damit der Gebetserhörung nichts im Wege steht (Jak. 5,14-16). Dabei war Jakobus der Prophet Elia mit seinem Glauben als Vorbild wichtig (Jak. 5,17). Von daher war er überzeugt, daß das Gebet des Gerechten viel vermag, wenn es ernstlich ist.

Einem alten Bericht zufolge soll Jakobus ständig für Israel gebetet haben, so daß man ihm den Beinamen »Burg des Volkes« gab.

Die erste Gemeinde

Die erste Gemeinde war eine betende Gemeinde. Vor Pfingsten waren die Apostel stets einmütig beieinander mit Beten und Flehen, mit den Frauen und Maria, der Mutter Jesu, und seinen Brüdern. In gemeinsamem Gebet warteten sie auf die Gabe des Heiligen Geistes, die ihnen Jesus verheißen hatte (Apg. 1,13.14). Wenn Menschen vorbehaltlos miteinander beten können, dann trennt sie nichts mehr untereinander. In solch einer Gemeinde kann Gott durch seinen Geist wohnen.

In wichtigen Dingen erbaten sie die Leitung durch den erhöhten Herrn. Betend wählten sie den Nachfolger für Judas: »Sie beteten und sprachen: Herr, der du aller Herzen kennst, zeige an, welchen du erwählt hast von diesen beiden, daß einer übernehme die (freie) Stelle dieses Dienstes und des Apostelamts« (Apg. 1,24.25). Es bleibt dem Bibelleser dabei schon die Frage, ob die Apostel mit dieser Alternativfrage Gottes Plan nicht vorgegriffen haben. Die Freiheit Gottes, keinen von den beiden für das Apostelamt zu erwählen, bestand nicht mehr, als sie das Los warfen.

Betend setzte die Gemeinde die Diakone in ihren Dienst ein: »Sie stellten sie vor die Apostel; diese beteten und legten die Hände auf sie.« (Apg. 6,6) Unter Gebet begann die Gemeinde von Antiochien die Heidenmission. Im Beten und Fasten empfing sie die Weisung des Heiligen Geistes, Barnabas und Saulus auszusenden: »Da sie aber dem Herrn dienten und fasteten, sprach der Heilige Geist: Sondert mir aus Barnabas und Saulus zu dem Werk, zu dem ich sie berufen habe.« (Apg. 13,2) Betend bereitete sie sich mit den beiden Missionaren auf deren Aussendung vor: »Da fasteten sie und beteten und legten die Hände auf sie und ließen sie ziehen.« (Apg. 13,3) In diesem Beten und Gehorchen war das alleinige Wirken Gottes so deutlich, daß die Schrift sagen kann: »Sie waren ausgesandt vom Heiligen Geist« (Apg. 13,4).

Das Gebet war eine Grundregel der ersten Christen, an der sie beharrlich festhielten, wenn sie zusammenkamen, und genau so im privaten Bereich. In Apostelgeschichte 2,42 steht die Grundregel, zu der sie wohl kein anderer treiben konnte als der Heilige Geist, der die Anbetung des Vaters und Jesu Christi und die Fürbitte für das jeweils Nötige ihnen ans Herz gelegt haben mag: »Sie blieben aber beständig in der Lehre der Apostel und in der Gemeinschaft und im Brotbrechen und in den Gebeten.« (wörtlich übersetzt)

Die Gemeinde lobte Gott in ihren Zusammenkünften für seine großen Taten: »Sie lobten Gott und fanden Wohlwollen beim ganzen Volk.« (Apg. 2,47) Als sie von dem Geistempfang der Heiden hörten, lobten die Apostel und die Gemeindeglieder aus Jerusalem Gott und sprachen: »So hat Gott auch den

Heiden die Umkehr gegeben, die zum Leben führt!« (Apg. 11,18) Als Paulus nach Jerusalem gekommen war und erzählte, was Gott unter den Heiden durch seinen Dienst getan hatte, lobten sie Gott (Apg. 21,20).

Die erste Gemeinde nahm das Gebet für die Apostel sehr ernst, besonders wenn sie verfolgt oder verhaftet waren. Als Beispiel seien hier zwei Berichte aus der Apostelgeschichte erwähnt: Als Petrus gefangen war, betete die Gemeinde »ohne Aufhören für ihn zu Gott« (Apg. 12,5). Es waren »viele beieinander und beteten« im Haus von Maria, der Mutter des Johannes Markus, bis tief in die Nacht hinein (Apg. 12,12).

Besonders deutlich wird die Art des gemeinsamen Betens der ersten Christen in dem Bericht von Lukas in der Apostelgeschichte über die Versammlung der Gemeinde nach der ersten Verhaftung der Apostel: »Sie erhoben ihre Stimme einmütig auf zu Gott und sprachen: Herr, du hast Himmel und Erde und das Meer und alles, was darin ist, gemacht. . . Wahrhaftig, sie haben sich versammelt in dieser Stadt gegen deinen heiligen Knecht Jesus, den du gesalbt hast, Herodes und Pontius Pilatus mit den Heiden und den Stämmen Israels (diese Zusammenstellung der an sich Verfeindeten gegen den Einen, Jesus, den Christus, offenbart viel!) zu tun, was deine Hand und dein Ratschluß zuvor bestimmt hatten, daß es geschehen solle. Und nun, Herr, sieh an ihr Drohen und gib deinen Knechten, mit allem Freimut zu reden dein Wort; strekke deine Hand aus, daß Heilungen und Zeichen und Wunder geschehen durch den Namen deines heiligen Knechtes Jesus.« (Apg. 4,24.27-30) Ihre Fürbitte wurde augenblicklich erhört. »Da sie gebetet hatten, erbebte die Stätte, wo sie versammelt waren; und sie wurden alle vom Heiligen Geist erfüllt und redeten das Wort Gottes mit Freimut.« (Apg. 4,31)

Wir können Lukas danken, daß er das Beten von damals in einer für uns so vorbildlichen Weise zusammengefaßt und überliefert hat. Das Gebet einer verfolgten jungen Gemeinde bekümmert sich um Jesus, jammert nicht über die eigene Situation, klärt sie vielmehr nüchtern innerhalb der biblischen Voraussagen – und bittet um die Hilfe Gottes zu weiteren Siegen.

III.
Gebetsermahnungen, Gebetsverheißungen, Gebetsanleitungen der Heiligen Schrift

DIE ENTWICKLUNG DES BETENS IN DER BIBEL

Die Gebete der Bibel sind keine religiösen Leistungen von Frommen; sie sind vielmehr Antwort auf göttliche Offenbarung. Darum gibt es hier auch eine wachstumsmäßige Entwicklung entlang der Offenbarung Gottes.

Opfer und Gebet im Alten Bund

Schon bei Kain und Abel, Noah, Jakob sehen wir die selbstverständliche Verbindung von Opfer und Gebet, Dank und Preis; aber auch Bitte und Sühne sind die ersten Anlässe für die Menschen des Alten Testaments mit einem Opfer dem Heiligen Gott zu antworten und mit ihm in Verbindung zu treten. Die Opfer zeugen von dem Abstand, der sich zwischen Gott und Menschen auftat, als Gott begann mit Menschen, die er dafür erwählt hatte, zu reden. Abstand und *dennoch* Verbindung, das ist das Urgeheimnis des Betens und der Art zu beten.

Als Israel ein Volk wurde, wurde die Verbindung von Opfer und Gebet den Priestern aufgetragen, die stellvertretend für das Volk an einem heiligen Ort die Verbindung mit Gott aufrechterhalten sollten. Da lesen wir von der Stiftshütte, später vom Tempel. In der Zeit als Richter, später dann Samuel, das Volk zu führen hatten, war noch nicht so sehr der heilige Ort, als vielmehr der von Gott berufene und erkennbar begnadete, prophetisch begabte Mann befugt, die Sache Gottes zu vertreten. Diese Linie blieb in Israel verborgen oder offen erhalten bis zur Zeit der Propheten. In der Zwischenzeit aber bauten sich die Priesterschaft und die gottesdienstliche Ordnung für den Opferdienst sowie die dafür zuständigen Heiligkeitsvorschriften weiter aus. Auch das waren Antworten auf die Erfahrungen mit dem lebendigen Gott. Vom Neuen Testament wurden diese Ordnungen später als der vorausgeworfene Schatten der zukünftigen Erlösung durch das Opfer Jesu am Kreuz erkannt (Kol. 2,17; Hebr. 10,1).

So durfte z.B. der Hohepriester nur, nachdem er geopfert hatte für seine und des Volkes Sünde, einmal im Jahr das Heiligste betreten (3. Mose 16,2). Selbst Könige wurden bestraft oder zumindest getadelt, wenn sie sich selbst zu diesem priesterlichen Dienst ausnahmsweise als befugt ansahen. Geopfert werden durfte nur ein fehlerloses, reines Tier. Die Verbindung zwischen Opfer und Gebet hält die Grundstruktur unseres Glaubens wach, daß Sühne bzw. Vergebung für den notwendig ist, der sich Gott naht. Auf diese Weise entstand in Israel eine Gebetsordnung, die den Tag und das Jahr mit seinen Festen begleitete. Nach 2. Könige 3,20 wurden morgens und abends Opfer dargebracht. Da das versammelte Volk mitbetete, während der Priester in das Heilige zum Räucheraltar ging, gab es bestimmte Zeiten, an denen man »zu beten pflegte« (Luk. 1,10; Apg. 3,1).

das hatte seinen guten Sinn

Im Bereich der alttestamentlichen Prophetie und der Psalmen

Der reiche Gottesdienst Israels war durch Ungehorsam entleert worden. Darum verkündigten die Propheten das Gericht über den Gottesdienst, der nicht in der Übergabe des Herzens an Gott besteht. Der Prophet Amos verkündigte bei einem der prunkvollen Herbstfeste: »Ich bin euren Feiertagen gram und verachte sie und mag eure Versammlungen nicht riechen«. (Amos 5,21)

Feiern um der Feste Willen nicht um Gottes Willen

Jesaja rief in den Tempel hinein: »Bringt nicht mehr dar so vergebliche Speisopfer! Das Räucherwerk ist mir ein Greuel! ... Und wenn ihr auch eure Hände ausbreitet, verberge ich doch meine Augen vor euch; und wenn ihr auch viel betet, höre ich euch doch nicht; denn eure Hände sind voll Blut. Wascht euch, reinigt euch, tut eure bösen Taten aus meinen Augen, laßt ab vom Bösen! Lernt Gutes tun, trachtet nach Recht«. (Jes. 1,13-17)

In den Psalmen sind manche Gebetsweisungen im Sinne dieser Prophetenworte ausgesprochen, so zum Beispiel: »Die Opfer, die Gott gefallen, sind ein geängsteter Geist; ein geängstetes, zerschlagenes Herz wirst du, Gott, nicht verachten«.

(Ps. 51,19) »Schlachtopfer und Speisopfer gefallen dir nicht, aber die Ohren hast du mir aufgetan. Du willst weder Brandopfer noch Sündopfer. Da sprach ich: Siehe, ich komme; im Buch ist von mir geschrieben: Deinen Willen, mein Gott, tue ich gern, und dein Gesetz habe ich in meinem Herzen«. (Ps. 40,7-9)

Auch ohne Beteiligung am Tempelopfer übertrug der Fromme den Vorzug und die Hilfe bestimmter Gebetszeiten am Morgen und am Abend in seinen Alltag, wie es an verschiedenen Psalmgebeten ersichtlich ist.

Jes genauso getan

Bei Jesus Christus

Jesus nimmt die prophetischen Gebetsweisungen auf. Das Gebet muß aus einem demütigen Herzen kommen. Gott soll die erste Stelle in unserem Leben einnehmen. Wahrhaftigkeit im Reden vor dem heiligen Gott ist Voraussetzung, und zwar Wahrhaftigkeit gegenüber sich selbst und gegenüber Gott. Der Gehorsam des hörenden Herzens übertrifft alle kultische Fülle und Regelgerechtigkeit. Und doch läuft die Linie der priesterlichen Heiligkeit und des Opferdienstes in dieses sein Leben und Vorleben der Hingabe hinein, indem er sich selbst als das endgültige Opfer hingab, das alle, die an ihn glauben, mit Gott versöhnt. Erst als er am Kreuz starb, zerriß der Vorhang vor dem Allerheiligsten im Tempel. Jesus brachte und war die letztgültige Offenbarung Gottes für unsere Antwort im Gebet.

Zum Inhalt der Gebete

Wenn auch die Gebete der Bibel bereits Wirkungen des Heiligen Geistes und ein Geschenk Gottes sind, so gibt es doch auch Hinweise zum Inhalt der Gebete. Es waren oft besondere Anlässe, etwa Not, Anfechtungen und Freudenjubel, die den Menschen, der mit Gott verbunden lebte, zum Beten trieben.

Das Gebetsleben des Volkes Israel war durch den Gottesdienst geordnet und hatte im Gottesdienst sein Vorbild. Im

Gottesdienst Israels nahm die Anbetung den größten Raum ein. Denn das große Geschenk der Nähe und Erfahrbarkeit des unsichtbaren und mächtigen Gottes forderte von der damit beschenkten Gemeinde Lobpreis und Dank. Das Buch der Psalmen war das gottesdienstliche Gebetbuch, das in die Häuser und Familien hineinwirkte. Da lesen wir manche Aufforderung zum Danken und Loben, die wohl Chöre einander zuriefen, um die Gemeinde in die Anbetung hinein mitzureißen. Viele Anbetungsworte der Schrift sind unmittelbar mit der göttlichen Hilfe oder der prophetisch erkannten Zusage der Hilfe Gottes geschenkt worden. So das Lied am Roten Meer, der Lobgesang von Hanna, von Zacharias und von Maria, wie auch der Lobpreis von Jesus Christus in Matthäus 11.

In vielen Bitt- und Klagepsalmen ist festzustellen: Gegen Ende geschieht ein gewaltiger Umschwung zum zuversichtlichen Glauben, ja sogar zum Lobpreis; oft wird dabei durch die Formulierung deutlich, daß der Beter die Antwort Gottes zu seiner Rettung von Gott geschenkt bekommen hat. Die Lobpreisgebete von Paulus im Gefängnis zu Philippi um Mitternacht werden alte Psalmen und neu entstandene Lieder der christlichen Gemeinde gewesen sein. Dazu kam aber auch der durch den Heiligen Geist inspirierte Lobpreis infolge der den beiden Gefangenen persönlich gewiß gewordenen Nähe Gottes gerade in dieser eigentlich verzweifelten Lage.

Darüber hinaus zeigt die Praxis des Gebetes von einzelnen, daß sich Israels Gebetsschule in den Häusern der Gläubigen vollzog, stets genährt vom Gebet der Gemeinschaft. Die Lebenshaltung des Stehens und Wandels der Alten vor Gott war das Vorbild, das in die persönliche Sphäre des einzelnen Heranwachsenden hineinwirkte. In guten Zeiten formte die Gottesfurcht das Leben in den Familien und gestaltete damit das Wesen des einzelnen, der sein Leben unter der Hand Gottes wußte.

Auch das Leben der Jünger Jesu war durchsetzt mit Gebet. Sie lernten es von ihrem Herrn und Meister. Darum haben sie später auch wie er die besondere Stille gesucht, um mit Gott über alles reden und vor ihm nachdenken zu können (Matth.

6,6; Apg. 10,9). Auch ihr gemeinsames Gebet war keine Demonstration für die Öffentlichkeit (Luk. 11,1-3; Apg. 4,24-31; Apg. 12,12-16).

Wenn wir von Jesus wie die Jünger das Beten lernen wollen, werden wir auf die Gebetsermahnungen der Bibel achten müssen. Unsere Gefühle oder religionswissenschaftliche Erkenntnisse über das Beten in den Religionen der Menschen oder Ratschläge, die nur psychologische Effekte hervorrufen sollen, sind schlechte Lehrmeister.

GEBETSERMAHNUNGEN DER BIBEL

Ermahnungen zum Danken

Die Bibel zeigt in einer Weise die Lust und die Fähigkeit zum fröhlichen Dankgebet und Danklied, wie wir das weitgehend verlernt haben. Es ist in unserer Zeit bei uns doch so: Der Arbeiter verlangt seinen Lohn, und er hat ein Recht darauf; der in einem sozial geordneten Staatswesen lebende Mensch erwartet seine Versorgung und verficht seine Rechte; der Kranke hat ein Recht auf beste ärztliche Kunst und erwartet die Wirksamkeit seiner Medikamente. Versagt eines von beiden, ist er der Ankläger. Das irdische Leben muß alles hergeben, was an Möglichkeiten in ihm steckt, darum ist Sehnsucht nach ewigem Leben nur selten anzutreffen. Das Fehlen von Gewißheit in Glaubensdingen führt kaum zu echten Fragen. Selbst Christen leben oft zweigleisig in dieser Hinsicht: »Trostreiche Worte« fallen in ein wehmütig aufgewühltes Gemüt, doch sie sind bald vom Leben verdrängt. Ganz anders in der Bibel: Da wird aufgerufen zum Danken in jeder Hinsicht, – für irdisches Glück, Speise und Trank, Rettung vom Tod, Bewahrung in Gefahren, Trost Gottes in schwerer Anfechtung, für die Hand des Herrn, die im Tod uns nicht losläßt und einen Platz bereitet zum Bleiben im Frieden Gottes.

Danken soll das Volk, das Gott in seiner Geschichte wunderbar führte, und die Gottesgemeinde, die Gott in eine herrliche Zukunft des Heils zu führen verheißen hat. Danken ist für die, welche Gott kennen, eine selbstverständliche Weise ihrer Ehrerbietung vor Gott. Sie bezeugen und bestätigen damit ihre Abhängigkeit von Gott, dem Schöpfer und Erlöser, dessen Güte sie täglich erfahren. Danken hilft zum Nachdenken; und Nachdenken führt zum Danken, wenn auch nur ein kleiner Anteil einer Beziehung zu Gott besteht.

Die Aufforderungen zum Danken gehen von vielen Psalmliedern an die Gemeinde, sie sind aber gleichzeitig selbst ein Dankgebet zu Gott hin, in das die Gemeinde »mit Herz und

Mund und Händen« einstimmen soll. Deswegen haben sprachlich so gestaltete Aufforderungen zum Danken oft den gleichen Sinn wie die ausdrücklichen Dankgebete.

Einige von vielen Bibelstellen dieser Art:

Laßt uns mit Danken vor sein Angesicht kommen.
Psalm 95,2

Ihr Gerechten, freut euch des HERRN und dankt ihm und preist seinen heiligen Namen! Psalm 97,12

Danket dem HERRN; denn er ist freundlich, und seine Güte währet ewiglich. So sollen sagen, die erlöst sind durch den HERRN, die er aus der Not erlöst hat, die er aus den Ländern zusammengebracht hat von Osten und Westen, von Norden und Süden.
Die irregingen in der Wüste, auf ungebahntem Wege, und fanden keine Stadt, in der sie wohnen konnten,
die hungrig und durstig waren und deren Seele verschmachtete,
die dann zum HERRN riefen in ihrer Not, und er errettete sie aus ihren Ängsten
und führte sie den richtigen Weg, daß sie kamen zu der Stadt, in der sie wohnten konnten:
Die sollen dem HERRN danken für seine Güte und für seine Wunder, die er an den Menschenkindern tut,
daß er sättigt die durstige Seele und die Hungrigen füllt mit Gutem.
(Noch viele Anlässe zum Danken sind hier genannt)
Psalm 107,1-9

Sagt Dank Gott, dem Vater, allezeit für alles, im Namen unseres Herrn Jesus Christus. Epheser 5,20

Laßt eure Bitten im Gebet und Flehen mit Danksagung vor Gott kundwerden! Epheser 4,6

Mit Freuden sagt Dank dem Vater, der euch tüchtig gemacht hat zu dem Erbteil der Heiligen im Licht. Kolosser 1,12

Tut alles im Namen des Herrn Jesus und dankt Gott, dem Vater, durch ihn. Kolosser 3,17

Denn obwohl sie von Gott wußten, haben sie ihn nicht als Gott gepriesen noch ihm gedankt, sondern sind dem Nichtigen verfallen in ihren Gedanken, und ihr unverständiges Herz ist verfinstert. Römer 1,21

Ermahnungen zum Loben und zur Anbetung

Das Lob Gottes entsteht aus dem Dank. Während das Danken vor allem die Taten des gütigen und gewaltigen Gottes nennt und Gott deswegen preist, wird das Lob Gottes besonders die Eigenschaften nennen, die er dem Menschen zu erkennen gegeben hat, Eigenschaften, die dem Menschen so wohltun und ihm zum Heil helfen.

Das Lob Gottes war meistens ein Bekenntnis vor der Gemeinde, oder es entsprang aus einer allen Versammelten mitgeteilten Gotteserfahrung. Lied und Musik waren Ausdrucksmittel gesteigerter Freude an Gott und sollten Gott losgelöst von den persönlichen Schranken des Beters besonders ehren und gleichzeitig die andern Beter mitreißen. Der Heilige Geist, der in der versammelten Gemeinde auch schon im Alten Testament wirkte, hat das Interesse, Gottes Namen groß und seine Ehre bekannt zu machen. Darum fordert die Heilige Schrift gerade in den Psalmen die Gemeinde zum Lob Gottes auf. An manchen Stellen klingt es wie eine Proklamation des Sieges Gottes über die Widerstände und Anfechtungen, die vor den Betern liegen; und dies soll klingen und gelten bis über die Völker der Heiden hin. Das jauchzende Bekenntnis zu Gott ist die Antwort der Gemeinde, die das Heil Gottes erfahren und im Glauben für sich angenommen hat. So ist das Bekenntnislied, das Loblied und das gebetete Gotteslob ein Teil des Gottesdienstes Israels.

Die Anbetung ist die höchste Steigerung des Lobes Gottes. In ihr wirft sich der Betende in Hingabe und Auslieferung seiner ganzen Existenz nieder vor Gott. So war das offensichtlich im alten Volk Israel von der körperlichen Gebärde des Kniens und Niederfallens begleitet; doch ist sicher nicht von der Hand zu weisen, daß dies auch schon damals als ein rein geistlicher Vorgang ohne den körperlichen Vollzug verstanden wurde. Auch wer seine Anbetung Gottes – heute – nicht in dieser körperlichen Gebärde ausdrücken kann oder will, wird nicht umhinkönnen, sich im Geist vor Gott so zu beugen und damit seine eigene Niedrigkeit und Unterwerfung vor Gottes erhabener Majestät und Heiligkeit zu bezeugen. Wortwahl, Ton und Gestik sind gewiß auch davon mitgestaltet.

Anbetung kann aus innigem Dank, aus der stillen, bedenkenden Betrachtung des Wesens Gottes, aus dem Staunen kommen; sie kann aber auch aus einer ganz großen Begeisterung und Freude an Gott, an Gottes Sohn und am Heiligen Geist, an seinen rettenden Taten und helfenden Wundern entstehen. Auch das wird Wortwahl, Ton und Gestik bestimmen. Aber sie wird nie zu Selbstherrlichkeit und Stolz des Menschen führen können oder gar theatralische Effekte hervorrufen wollen.

An den nun folgenden ausgewählten biblischen Zeugnissen wird sichtbar: Das Lob Gottes hat zum Gegenstand seine Schöpferherrlichkeit und Allmacht, seine gnädige Erwählung des Heilsvolks, seine barmherzige Herablassung zu den Geringen, sein Helfen in der Not, seine vergebende Gnade und Barmherzigkeit. Wer die Gnade Gottes durch den Glauben erfährt, kann nicht anders als Gott loben. Und dazu sind wir da, daß wir etwas seien zum Lob seiner Herrlichkeit (Epheser 1,12).

Wer Gott die Anbetung versagt, neigt dazu, sich selbst über Gott zu erheben oder einem sich selbst vergottenden Menschen kritiklos hörig zu werden. So aber wird er vom Satan für seine Zwecke mißbraucht und vollzieht – vielleicht in der Meinung, er sei frei und folge allein seinen Idealen – blind dessen teuflisches Werk. Wer dem Widergöttlichen sein Denken und Wollen ausliefert, ist sein Gefangener, kann großen Schaden anrichten und verfällt dem göttlichen Gericht.

Singet dem HERRN ein neues Lied, / denn er tut Wunder. Jauchzet dem HERRN, alle Welt, / singet, rühmet und lobet! Lobet den HERRN mit Harfen, / mit Harfen und mit Saitenspiel! Psalm 98, 1, 4-5

Jauchzet dem HERRN, alle Welt! / Kommt vor sein Angesicht mit Frohlocken!
Geht zu seinen Toren ein mit Danken, zu seinen Vorhöfen mit Loben; / danket ihm, lobet seinen Namen! Psalm 100, 1. 2. 4

Lobe den HERRN, meine Seele, / und was in mir ist, seinen heiligen Namen! Lobe den HERRN, meine Seele, / und vergiß nicht, was er dir Gutes getan hat! Psalm 103, 1-2

Singet und spielt ihm, / redet von allen seinen Wundern! / Rühmet seinen heiligen Namen.« Psalm 105, 2-3

Lobet, ihr Knechte des HERRN, / lobet den Namen des HERRN! Gelobt sei der Name des HERRN / von nun an bis in Ewigkeit! Psalm 113, 1-2

Lobet den HERRN, alle Heiden! / Preiset ihn, alle Völker! Denn seine Gnade und Wahrheit / waltet über uns in Ewigkeit. Halleluja! Psalm 117, 1-2

Lobe den HERRN, meine Seele! / Ich will den HERRN loben, solange ich lebe, / und meinem Gott lobsingen, solange ich bin....
Der Recht schafft denen, die Gewalt leiden, / der die Hungrigen speiset.
Der HERR macht die Gefangenen frei. / Der HERR macht die Blinden sehend. / Der HERR richtet auf, die niedergeschlagen sind. / Der HERR liebt die Gerechten. / Der HERR behütet die Fremdlinge und erhält Waisen und Witwen.
Psalm 146, 1. 2. 7-9

Halleluja! Lobet im Himmel den HERRN, / lobet ihn in der Höhe! / Lobet ihn, alle seine Engel, / lobet ihn, all sein Heer! / Lobet ihn, Sonne und Mond, / lobet ihn, alle leuchten-

den Sterne! / Lobet ihn, ihr Himmel aller Himmel / und ihr Wasser über dem Himmel!
Die sollen loben den Namen des HERRN; / denn er gebot, da wurden sie geschaffen. / Er läßt sie bestehen für immer und ewig; / er gab eine Ordnung, die dürfen sie nicht überschreiten.
Lobet den HERRN auf Erden, / ihr großen Fische und alle Tiefen des Meeres, / Feuer, Hagel, Schnee und Nebel, / Sturmwinde, die sein Wort ausrichten, / ihr Berge und alle Hügel, / fruchttragende Bäume und alle Zedern, / ihr Tiere und alles Vieh, Gewürm und Vögel, / ihr Könige auf Erden und alle Völker, / Fürsten und alle Richter auf Erden, / Jünglinge und Jungfrauen, / Alte mit den Jungen!
Die sollen loben den Namen des HERRN; / denn sein Name allein ist hoch, / seine Herrlichkeit reicht, so weit Himmel und Erde ist.
Er erhöht die Macht seines Volkes. / Alle seine Heiligen sollen loben, / die Kinder Israel, das Volk, das ihm dient. Halleluja!

Psalm 148

Singet dem HERRN ein neues Lied; / die Gemeinde der Heiligen soll ihn loben.
Sie sollen loben seinen Namen im Reigen, / mit Pauken und Harfen sollen sie ihm spielen. / Denn der HERR hat Wohlgefallen an seinem Volk, / er hilft den Elenden herrlich.
Die Heiligen sollen fröhlich sein und preisen / und rühmen auf ihren Lagern.

Psalm 149, 1.3-5

Halleluja! Lobet Gott in seinem Heiligtum! / lobet ihn in der Feste seiner Macht! / Lobet ihn für seine Taten, / lobet ihn in seiner großen Herrlichkeit!
Lobet ihn mit Posaunen, / lobet ihn mit Psalter und Harfen! / Lobet ihn mit Pauken und Reigen, / lobet ihn mit Saiten und Pfeifen! Lobet ihn mit hellen Zimbeln, / lobet ihn mit klingenden Zimbeln!
Alles, was Odem hat, lobe den HERRN! / Halleluja!

Psalm 150

Kommt, laßt uns anbeten und knien / und niederfallen vor dem HERRN, der uns gemacht hat. / Denn er ist unser Gott, / und wir das Volk seiner Weide und Schafe seiner Hand.

Psalm 95, 6-7

Erhebet den HERRN, unsern Gott, betet an vor dem Schemel seiner Füße; / denn er ist heilig.
Erhebet den HERRN, unsern Gott, und betet an auf seinem heiligen Berge; / denn der HERR, unser Gott, ist heilig.

Psalm 99, 5.9

Ermuntert einander mit Psalmen und Lobgesängen und geistlichen Liedern, singt und spielt dem HERRN in eurem Herzen.

Epheser 5,19

Betet an den, der gemacht hat Himmel und Erde und das Meer und die Wasserquellen! Offenbarung 14, 7

Aber es gilt auch: Wenn jemand das Tier anbetet und sein Bild und nimmt das Zeichen an seine Stirn oder an seine Hand, der wird von dem Wein des Zornes Gottes trinken.

Offenbarung 14,9-10

Ermahnungen zum Bitten

Das Gute und die Versorgung des Menschen, der doch durch den Sündenfall von Gott getrennt ist, ist auf Erden keine Selbstverständlichkeit. Die Unordnung in der Welt kann man nicht Gott zum Vorwurf machen, wie es so oft geschieht. Denn Gott will der Vater all derer sein, die sich wie Kinder ihm nahen, ihn bitten und ihm dann auch danken wollen.

Alle Not darf und muß Gott gesagt werden. Die Hilfe Gottes muß erbeten werden, weil auch Jesu Jünger ohne ihren Herrn nichts tun können (Joh. 15,5). Dabei geht es nicht nur um äußerliche Not. Ohne Gottes schützende Macht unterliegen wir schnell in den Anfechtungen und listigen Versuchen Satans, uns von Gott abzubringen. Darum werden wir auch in dieser Hinsicht von der Heiligen Schrift sehr ernsthaft zum Bittgebet ermahnt.

Der *Unglaube* sieht die Not für größer an als den Helfer. Er rechnet zunächst mit den eigenen Möglichkeiten und sieht sich bei deren Versagen lediglich einem allgewaltigen Schicksal gegenüber, »gegen das man nichts machen kann«. Allenfalls richtet er den Protest gegen das unglückliche Ergehen dann an den Gott, »den die Christen gütig nennen«. Nie hat Jesus seine Jünger gescholten außer wegen ihrer Wunschträume, die sich gelegentlich den Strukturen der Welt anpaßten, und wegen ihres Kleinglaubens.

Die *Trägheit*, die die Fürbitte für den Nächsten in dessen Not unterläßt oder, wenn Gott nicht gleich erhört, aufgibt statt anhaltend weiterzubeten, bis Gott antwortet, wird dazu führen, daß mögliche Hilfe Gottes ausbleibt.

Zum ernsten Beten muß man sich Zeit nehmen. Ohne *Beharrlichkeit* wird das geistliche Ringen nicht zum Ziele führen.

Den *Kampf* Gottes um die Rettung von Menschen gilt es im Bittgebet zu begleiten. Gelegentlich kann dabei zum Beten das *Fasten* geboten sein. Wer sich heute dazu gerufen weiß, soll zuvor den Rat erfahrener Beter einholen. Es ist ein Sich-sammeln auf das Eine, das not ist. Bewußt gelöst von irdischen Bedrängnissen und Wünschen will man ganz für Gott und das Ringen im Gebet da sein. Nur geheiligte und durch Vergebung gereinigte Beter können auf Gottes Seite an den Kämpfen seines Reiches teilnehmen und ziehen die Siege in ihre eigene Umgebung herein.

Deshalb warnt das Neue Testament vor der *Schläfrigkeit*, die die Macht des Versuchers und die kritische Situation der Anfechtung unterschätzt. Die im Gebet stets erneuerte Verbindung des Beters zu Gott wird ihm trotz des Wirkens der Finsternismacht das geistliche Leben erhalten.

Jesus ermahnt uns zu bitten. Für Kinder Gottes, die ihren Vater im Himmel lieben, ist das vertrauensvolle Bitten ein Vollzug des Kindseins. So wird sich auch der Vater im Himmel als ein guter Vater erweisen, gegenüber dem irdische Väter nur eine matte, manchmal verzerrte Nachbildung darstellen. Jesus verbürgt sich dafür, daß seine Jünger um seinetwillen vom Vater gehört werden (Joh. 16,27).

Der Heilige Geist wird nach der Erhöhung Jesu dessen Vollmacht zur Rechten Gottes offenbaren. Wir werden erkennen, daß der Vater in Jesus ist wie Jesus im Vater. Der Heilige Geist wird Jesus verherrlichen, das heißt ihn vor unsern Augen und Herzen in göttlicher Herrlichkeit zeigen (Joh. 16,14). Darum beten wir auch zu Jesus Christus, dem Sohn Gottes, unserm Herrn.

Aufforderung zum Bitten

Rufe mich an in der Not, so will ich dich erretten, und du sollst mich preisen. Psalm 50,15

Suchet den Herrn, solange er zu finden ist; rufet ihn an, solange er nahe ist. Jesaja 55,6

Bittet den Herrn, daß es regne zur Zeit des Spätregens, so wird der Herr, der die Wolken macht, euch auch Regen genug geben für jedes Gewächs auf dem Felde. Sacharja 10,1

Laßt uns unser Herz samt den Händen aufheben zu Gott! Klagelieder 3,41

Bittet, so wird euch gegeben; suchet, so werdet ihr finden; klopfet an, so wird euch aufgetan. Matthäus 7,7

Wenn jemandem unter euch an Weisheit mangelt, so bitte er Gott, der jedermann gern gibt und niemanden schilt; so wird sie ihm gegeben werden. Er bitte aber im Glauben und zweifle nicht; denn wer zweifelt, der gleicht einer Meereswoge, die vom Winde getrieben und bewegt wird. Ein solcher Mensch denke nicht, daß er etwas von dem Herrn empfangen werde. Jakobus 1,5-7

Beharrlichkeit im Bittgebet

Jesus sagte ihnen ein Gleichnis darüber, daß sie allezeit beten und nicht nachlassen sollten. Lukas 18,1

Seid beharrlich im Gebet. Römer 12,12

Betet ohne Unterlaß! 1. Thessalonicher 5,17

Fürbitte

So ermahne ich nun, daß man vor allen Dingen tue Bitte, Gebet, Fürbitte und Danksagung für alle Menschen, für die Könige und alle Obrigkeit. 1. Timotheus 2,1-2

Ist jemand unter euch krank, der rufe zu sich die Ältesten der Gemeinde, daß sie über ihm beten und ihn salben mit Öl in dem Namen des Herrn. Jakobus 5,14

Bekennt also einander eure Sünden und betet füreinander, daß ihr gesund werdet. Jakobus 5,16

Fürbitte im Kampf um Gottes Sache

Bittet den Herrn der Ernte, daß er Arbeiter in seine Ernte sende.
Matthäus 9,38

Diese Art fährt nur aus durch Beten und Fasten.
Matthäus 17,21

Ich ermahne euch, . . . daß ihr mir kämpfen helft durch eure Gebete für mich zu Gott, damit ich errettet werde von den Ungläubigen. Römer 15,30.31

Betet allezeit mit Bitten und Flehen im Geist und wacht dazu mit aller Beharrlichkeit im Gebet für alle Heiligen und für mich, daß mir das Wort gegeben werde, wenn ich meinen Mund auftue, freimütig das Geheimnis des Evangeliums zu verkündigen. Epheser 6,18.19

Betet für uns, daß das Wort des Herrn laufe.
2. Thessalonicher 3,1

Wachen und Beten

Wachet und betet, daß ihr nicht in Anfechtung fallt! Der Geist ist willig; aber das Fleisch ist schwach. Matthäus 26,41

Seht euch vor, wachet! denn ihr wißt nicht, wann die Zeit da ist. Markus 13,33

Selig sind die Knechte, die der Herr, wenn er kommt, wachend findet. Lukas 12,37

Seid nüchtern und wacht; denn euer Widersacher, der Teufel, geht umher wie ein brüllender Löwe und sucht, wen er verschlinge. 1. Petrus 5,8

GEBETSVERHEISSUNGEN

Die Gebetsverheißungen der Bibel wollen uns ermuntern zum Beten. Gott will uns damit locken, daß wir uns ihm anvertrauen mit unsern Nöten. Auf diese Weise will er uns näher zu sich ziehen und will auch mit uns reden, so daß wir seine Gedanken in unserem Herzen erkennen. Er möchte mit uns lebendige Gemeinschaft haben.

Wir haben nicht einen »Wunderglauben«, sondern einen Verheißungsglauben. Die Verheißungen sollen unsern Glauben wecken. Diesen Glauben bewähren wir im Gebet, wenn wir uns auf Gottes Zusagen berufen. Die Spannung, die der Erfüllung zueilt und sich danach sehnt, nimmt der Geist Gottes auf und verbindet sie mit der im Herzen des Beters wachsenden Frucht der Geduld, die nun auf Gott wartet, nicht nur auf die Erfüllung der Bitte.

Die Verheißungen Gottes bereiten auch den Weg für das Gebet der Kinder Gottes und sammeln ihr Interesse im Heilsplan Gottes, der nicht nur ewige Ziele hat, sondern jedes einzelnen Menschen Schicksal einschließt. So ist ja auch dem Kommen des Herrn Jesus Christus jahrhundertelang die Verheißung vorangegangen und hat die Erwartung und Sehnsucht der Gläubigen wachgerufen und so auch die Gebete und Hoffnungen bestimmt. Diese hat Gott in den Herzen der Beter bestätigt und gewiß gemacht, bis dann eines Tages die Erfüllung kam.

Das Gebet um die Vergebung der Sünden, die wir bekennen, steht unter der ganz festen Zusage der Erhörung kraft des Neuen Bundes, den Jesus Christus durch seinen Opfertod und seine Auferstehung denen, die an ihn glauben, eröffnet hat. Deswegen kann hier im Auftrag Jesu von den Jüngern Jesu auch heute wie damals denen, die ihre Sünden bekennen, die Vergebung persönlich zugesprochen werden (Joh. 20, 22.23).

Ein in unserer Zeit wieder gelegentlich problematisch gewordenes Thema bedarf einer besonderen Betrachtung:

Das Gebet des Glaubens

Das Gebet des Glaubens, der zuversichtlich und kindlich vertraut, daß Gott helfen kann, bekommt die Verheißung der Erhörung. Es ist ein Gebet, das aus der Verbindung der Herzen mit dem lebendigen Gott entsteht.

Wie aber entsteht *der auf das betreffende Anliegen bezogene Glaube*? Durch Einwirken des Heiligen Geistes entsteht oft bei ganz an Gott hingegebenen Betern die Gewißheit: Dies Gebet will Gott so haben, oder dieses Gebet wird von Gott erhört. Es kann sogar sein, daß Gott einem Beter in der Stille eine Sache vor Augen stellt, die fast wie ein ferner Traum erschienen war und nun zum Anliegen vor Gottes Thron wird. Es gibt Gebete, die er »über Bitten und Verstehen« erhört (Eph. 3,20).

Gelegentlich entsteht aber auch bei den ernstlich und beharrlich Betenden die Erkenntnis, daß Gott die Angelegenheit anders führen will. Wer dabei mit Gott innig verbunden bleibt, erfährt, wie *das Anliegen von Gottes Geist verändert* wird und wie das eigene Herz mit Gottes Ziehen mitgeht. Gott nimmt die Gebete derer in sein Herz auf, die bereit sind, sein Eigentum zu bleiben unter allen Umständen und ihn lieben. Er sorgt für sie in seiner Weisheit. Ohne Demut vor dem heiligen Gott wäre ein »gläubiges Beten« der Versuch, Gott zu zwingen. Diese Art von »Glauben« käme einer religiösen Selbsttäuschung gleich; und in der Fürbitte etwa bei Kranken, die in einem autoritären, menschlich eifernden Zuspruch der Erfüllung gipfelt, wäre es ein suggestives Aufzwingen, das oft genug mit Enttäuschungen endet.

Wir bleiben in unserem Glauben – Bittende. Jesus hört uns und befaßt sich mit der Sache; dessen sind wir gewiß. Aber was er tun wird und wie er in der Zeit des Betens und Hoffens an uns handelt, das geht unter Umständen auf Ziele zu, die zu erkennen für uns vorläufig noch nicht möglich ist. Erkenntnis einer Erhörung, ehe sie eingetreten ist oder einzutreten beginnt (1. Kön. 18,44), bedarf der prophetischen Gabe, und deren Aussage soll geprüft werden können in der Gemeinde (1. Kor. 14,29); denn auch unser Erkennen kann »Stückwerk« sein (1. Kor. 13,9.12).

Das Gebet der Demütigen

Nicht nur aus den Gebetsermahnungen, sondern gerade auch aus den Gebetsverheißungen geht hervor, welches Gebet Gott gern hört: Gott hört gern das Gebet der *Demütigen*, die nicht fordern, sondern wirklich bitten und schließlich voll Staunen und Dank empfangen und spüren, daß sie dieser Hilfe nicht wert sind.

Gott erhört das Beten derer, die den andern *vergeben haben*; er erhört gerne das Gebet derer, die *miteinander eins geworden* sind in ihren Anliegen, die sie gemeinsam vor Gott bringen wollen.

Menschen, die ihren Willen und ihr Wesen Jesus Christus als ihrem Herrn übergeben haben, sind seine Jünger und seine Freunde. Diesen erlaubt er, *in seinem Namen zu bitten*. Ihre Bitten werden so sein, daß sie von Jesus, ihrem Herrn, vertreten werden können. Sie bleiben als seine Jünger auch bei ihm, wenn er ihre Bitten nach seiner Weisheit nicht erfüllen will. Er wird ihnen Antwort geben, wie Paulus das im 2. Korintherbrief, Kapitel 12 beschreibt, und wird ihnen zeigen, daß sie auf jeden Fall ihn, ihren Herrn, bei sich haben. Im Namen Jesu beten, als Freund Jesu vor Gott treten, versöhnt durch das vergossene Blut Jesu und durch die empfangene Vergebung, das ist das Vorrecht der Jünger Jesu, bis ihr Herr wiederkommt. Wer es in Anspruch nimmt, weiß, daß die Worte »im Namen Jesu« keine magische Hilfe für größere Erhörbarkeit eines Gebetes sind.

aber wir haben das Vorrecht so zu Bitten

Biblische Verheißungen für das Gebet

Beten im Glauben

Wer da bittet, der empfängt; und wer da sucht, der findet; und wer da anklopft, dem wird aufgetan.
Wer ist unter euch Menschen, der seinem Sohn, wenn er ihn bittet ums Brot, einen Stein biete? Oder, wenn er ihn bittet um einen Fisch, eine Schlange biete?

Wenn nun ihr, die ihr doch böse seid, dennoch euren Kindern gute Gaben geben könnt, wieviel mehr wird euer Vater im Himmel Gutes geben denen, die ihn bitten! Matthäus 7,8-11

Demütiges Beten

Der HERR ist nahe denen, die zerbrochenen Herzens sind, und hilft denen, die ein zerschlagenes Gemüt haben. Psalm 34,19

Wirf dein Anliegen auf den HERRN; der wird dich versorgen. Psalm 55,23

Er liebt mich, darum will ich ihn erretten; er kennt meinen Namen, darum will ich ihn schützen. Psalm 91,14

So spricht der Hohe und Erhabene, der ewig wohnt, dessen Name heilig ist: Ich wohne in der Höhe und im Heiligtum und bei denen, die zerschlagenen und demütigen Geistes sind, auf daß ich erquicke den Geist der Gedemütigten und das Herz der Zerschlagenen. Jesaja 57,15

Du nahtest dich zu mir, als ich dich anrief, und sprachst: Fürchte dich nicht! Klagelieder 3,57

Gott, sei mir Sünder gnädig! Lukas 18,13

Einssein im gemeinsamen Gebet

Wahrlich, ich sage euch auch: Wenn zwei unter euch eins werden auf Erden, worum sie bitten wollen, so soll es ihnen widerfahren von meinem Vater im Himmel. Matthäus 18,19

Denn wo zwei oder drei versammelt sind in meinem Namen, da bin ich mitten unter ihnen. Matthäus 18,20

Im Namen Jesu beten

Was ihr bitten werdet in meinem Namen, das will ich tun, damit der Vater verherrlicht werde im Sohn. – Was ihr mich bitten werdet in meinem Namen, das will ich tun.

Johannes 14,13-14

Wenn ihr in mir bleibt und meine Worte in euch bleiben, werdet ihr bitten, was ihr wollt, und es wird euch widerfahren.

Johannes 15,7

Wahrlich, wahrlich, ich sage euch: Wenn ihr den Vater um etwas bitten werdet in meinem Namen, wird er's euch geben.

Johannes 16,23

Bisher habt ihr um nichts gebeten in meinem Namen. Bittet, so werdet ihr nehmen, daß eure Freude vollkommen sei.

Johannes 16,24

Das ist die Zuversicht, die wir haben zu Gott: Wenn wir um etwas bitten nach seinem Willen, so hört er uns.

1. Johannes 5,14

GEBETSANLEITUNGEN IN DER HEILIGEN SCHRIFT

Die Gebetsanleitung Jesu im Vaterunser

Das Vaterunser ist eine Gebetsanleitung für Jesu Jünger. Darum geht sie auch von den Voraussetzungen aus, die bei Jüngern Jesu vorliegen sollen. Der mit Gott versöhnte Mensch kann so beten: »Unser Vater in dem Himmel«. Einerseits weiß er um den Abstand zwischen Gott in der unsichtbaren Welt und sich selbst auf der Erde. Andererseits ist er sich auch der Überwindung der Kluft zwischen Gott und Menschen bewußt. Er beruft sich mit dieser Anrede auf Jesus Christus, der uns mit seinem Tod am Kreuz und seiner Auferstehung mit Gott versöhnt hat. Der Mensch, dem das lebensentscheidend geworden ist, ist damit einverstanden, wenn seine kleinen Dinge gegenüber den großen Anliegen des Vaters zurücktreten. So ist das Gebetsanliegen der drei ersten Bitten des Vaterunsers, daß die Ehre Gottes anerkannt werde, daß die Herrschaft Gottes doch kommen möge und daß der Wille Gottes, der ein Wille zum Heil der Menschen ist, doch durchdringen möge durch allen Widerstand des Bösen und der Menschen. Das »Trachtet am ersten nach dem Reich Gottes« ist grundlegend für den Gebetsunterricht Jesu. Das hat er seinen Jüngern auch vorgelebt.

Damit ist das Gebet aus der Sphäre der Selbstsucht hinausgehoben und eingeordnet in den Plan Gottes. Wenn Unordnung in die Voraussetzungen der Existenz der Jünger im Verhältnis zu Gott gekommen ist, kann allein schon diese Gebetsanleitung Jesu ihnen wieder zurechthelfen.

Die Gebetsanliegen aus unserem irdischen Leben bekommen ihren Platz in der Mitte. Sie werden nicht in unaufrichtiger Übergeistlichkeit verachtet, sondern in ihren rechten Rang gebracht. Die vierte Bitte lenkt unseren Blick von der unersättlichen Gier weg auf das, was wir zum Leben brauchen.

Schuld und Versuchung durch die eigene Lust und durch die List des Bösen, der die Gemeinde Jesu haßt, in der man sich gegenseitig vergibt, – das gehört auch zum Gebet des Jüngers Jesu.

Den Lobpreis hat die Gemeinde an das Vaterunser angeschlossen. Dies war im Blick auf die zu erwartende Vollendung der Erlösung der notwendige Ausdruck der Anbetung Gottes.

Gewiß ist das Vaterunser eine Kurzzusammenfassung der Gebetsanleitung Jesu für seine Jünger; aber diese zeigt doch, wie Jesus das »Plappern« und »Viele-Worte-machen« für seine Gemeinde überwand. Auch das »beharrliche« Beten besteht nicht aus Wortschwall und Wiederholungen, sondern es ist ein bittendes Verharren vor Gott, das immer einmal wieder zu Worten des Bittens, des Dankens und Lobens findet.

Gebetsanleitung der Apostel

Der Gebetsunterricht der Apostel gibt der Gemeinde den Gebetsunterricht Jesu weiter und entwickelt ihn für das Gemeindeleben.

In der Apostelgeschichte 1,14 heißt es, daß die Jünger nach der Aufnahme Jesu zur Rechten Gottes einmütig beisammen waren zum Gebet. So hatten sie einander vergeben, was vielleicht noch von zuvor zwischen ihnen gestanden war. Was ihnen unter der Führung durch den Heiligen Geist selbst wichtig war im Umgang miteinander und mit Gemeindegliedern, das schlug sich auch in ihren Briefen nieder. *Johannes* betont das Bekennen der Sünden als die Grundlage für eine echte Gemeinschaft der Christen (1. Joh. 1,5-10).

Jakobus gibt als Hilfe für das vertrauensvolle Gebet des Glaubens und die Fürbitte ebenfalls das Angebot Jesu weiter, einander die Sünden zu bekennen, gerade wenn es um das Gebet für Kranke geht. Wenn Vergebung gewiß geworden ist, dann ist auch die Hilfe von Jesus, dem Herrn, oder seine Antwort nicht fern (Jak. 1,5ff.; 5,13ff.).

Wenn *Paulus* Zorn und Zweifel aus dem Gebet ausgeschlossen haben will (1. Tim. 2,8), so geht auch das auf die Gebetsanweisung Jesu zurück, die in Unversöhnlichkeit und Unglauben die Haupthindernisse für die Gebetserhörung sah.

Ermahnung zum festen Vertrauen in der Lebensverbindung mit dem lebendigen Gott

Er bitte aber im Glauben und zweifle nicht; denn wer zweifelt, der gleicht einer Meereswoge, die vom Winde getrieben und bewegt wird. Ein solcher Mensch denke nicht, daß er etwas von dem Herrn empfangen werde. Jakobus 1,6-7

Das Gebet des Glaubens wird dem Kranken helfen.
Jakobus 5,15

Das Gebet in der Ehe

Entziehe sich nicht eins dem andern, es sei denn eine Zeitlang, wenn beide es wollen, damit ihr zum Beten Ruhe habt.
1. Korinther 7,5

Ihr Männer, wohnt vernünftig mit euren Frauen zusammen ..., und euer gemeinsames Gebet soll nicht behindert werden.
1. Petrus 3,7

Hilfe für die alltägliche Berufsarbeit

Das Beten bedeutete nicht Weltflucht. Paulus hat in seinen Briefen sich mehrfach mit der Berufsarbeit und dem Ringen um die rechte Einstellung dazu befaßt. Den Sklaven und den Herren gab er Anweisungen, wobei er sie auf ihre enge Beziehung zu Jesus Christus hinwies: Ihm können die Sklaven dienen in ihrem schweren Leben; die Herren sollen, wenn sie Sklaven haben, diese aber wie Brüder in Christus ansehen und entsprechend verantwortlich behandeln.

Dazu gehörte ja immer auch das Ringen und Beten um die rechte Fähigkeit, sich im Alltag und Beruf zu bewähren. Den Thessalonichern schrieb er: »Setzt eure Ehre darein, daß ihr ein stilles Leben führt und das Eure schafft und mit euren eigenen Händen arbeitet, wie wir euch geboten haben.« (1. Thess. 4,11)

Besonders tiefen Eindruck auf die Apostel machte die Mahnung des Herrn zum anhaltenden Gebet. So taten sie es vor der Ausgießung des Heiligen Geistes, der ihnen verheißen war (Apg. 1,14). Als Petrus gefangen war, betete die Gemeinde ohne Aufhören für ihn zu Gott (Apg. 12,5). Paulus ermahnte die Gemeinde: »Seid beharrlich im Gebet« (Röm. 12,12) und: »Betet allezeit mit Bitten und Flehen im Geist und wacht dazu mit aller Beharrlichkeit im Gebet für alle Heiligen und für mich. . .« (Eph. 6,18) Aus diesen Formulierungen läßt sich bestimmt nicht eine leistungsbetonte, fromme Übung herauslesen, mit der sich die Beter bei Gott einen Vorteil hätten verschaffen können. Beten bleibt auch bei den Aposteln und der Urgemeinde ein Antworten und Reagieren auf ein Ergriffensein von Gott, dem liebenden Vater (Röm. 8,15) und seinem Willen oder auch seiner Herausforderung, die durch seinen Geist in das Herz der Jünger hineindrängt.

Welche der Geist Gottes treibt, die sind Gottes Kinder.
Römer 8,14

Ihr habt einen kindlichen Geist empfangen, durch den wir rufen: Abba, lieber Vater! Römer 8,15

Desgleichen hilft auch der Geist unserer Schwachheit auf. Denn wir wissen nicht, was wir beten sollen, wie sich's gebührt; sondern der Geist selbst vertritt uns mit unaussprechlichem Seufzen. Römer 8,26

Die äußere Gebetshaltung der biblischen Beter

Die Heilige Schrift kennt das Stehen vor dem Herrn, das Knien, das Niederfallen und Auf-dem-Angesicht-liegen.
Als Abraham seine Fürbitte für Sodom betete, blieb er stehen vor dem Herrn (1. Mose 18,22).
Bei dem Gebet der Tempeleinweihung (1. Kön. 8,22) trat Salo-

mo vor den Altar des Herrn angesichts der ganzen Gemeinde Israel und breitete seine Hände aus gen Himmel.
Josua fiel vor dem Engel des Herrn auf sein Angesicht zur Erde und betete an (Jos. 5,14).
Nach der Niederlage bei Ai zerriß Josua seine Kleider und fiel auf sein Angesicht zur Erde vor der Lade des Herrn bis zum Abend samt den Ältesten Israels, und sie warfen Staub auf ihr Haupt (Jos. 7,6).
Als Davids Kind todkrank war, fastete er, und wenn er heimkam, lag er über Nacht auf der Erde (2. Sam. 12,16).
Als Daniel sein Bußgebet für sein Volk betete, sprach er: »Wir liegen vor dir mit unserem Gebet.« (Dan. 9,18)
Nach diesen Beispielen scheint vor allem das Bußgebet und das Gebet der Anbetung liegend gebetet worden zu sein.
Der 95. Psalm kennt eine Steigerung vom Stehen zum Knien und Niederfallen des Beters (Psalm 95,6).
Als der Herr das hohepriesterliche Gebet betete (Joh. 17,1ff.), stand er und hob seine Augen auf zum Himmel. Ebenso verhielt sich Jesus bei der Heilung des Taubstummen (Mark. 7,34) und bei der Auferweckung des Lazarus (Joh. 11,41).
Aber in Gethsemane fiel er nieder auf sein Angesicht und betete (Matth. 26,39).
So gebrauchte auch die Gemeinde der ersten Christen dieselbe Gebetshaltung wie ihr Meister. In Epheser 3,14 schreibt Paulus, daß er seine Knie beuge zum Fürbittegebet für die Gemeinde. Nach dem Bericht von Apostelgeschichte 20,36 kniete Paulus mit den Ältesten von Ephesus nieder und betete mit ihnen.

Schon an der *Verschiedenheit* der Gebetshaltung bei verschiedenen Personen und Anlässen sehen wir, daß es hier keine verbindliche Vorschrift gab. Was wir übernehmen, ist der Grundgedanke, daß, was im Geist und in der Seele des Betenden während des Betens vorgeht, auch Ausdruck finden wird und darf im körperlichen Bereich. Das hängt auch von der charakterlichen Veranlagung ab. Die feste Glaubenshaltung eines mit Gott Versöhnten wird allerdings emphatische, theatralische und ekstatische Ausdrucksformen verbieten; denn wir müssen ja Gott nicht erst »rühren« oder gar »wecken«, wie die Baalspriester auf dem Karmel es bei ihren Götzen versucht haben. Unser Gott ist unser Vater.

Beim Beten in der Gemeinschaft ist in dieser Hinsicht Zurückhaltung geboten: Wir sollen keine Spaltung oder gar Peinlichkeiten hervorrufen durch besonders auffällige Verhaltensformen, auch kein Ärgernis geben für neue oder zurückhaltendere Christen. Das würde in diesem Fall dem Heiligen Geist nicht mehr entsprechen, der das gemeinsame Gebet leiten will.

Gewiß, vielleicht in einer ganz kleinen, vertrauten Gruppe von Betern, die sich darüber einig ist, würde eine persönliche Ungebundenheit in der Ausdrucksform nicht stören. Aber beim größeren Kreis von Betern ist das Eingliedern in den Kreis der andern wichtiger als die persönlich naheliegende, auffällige Ausdrucksform. Man kann dazu das Wort aus dem 1. Korintherbrief 14,32.33 auf diese Situation übertragen: »Die Geister der Propheten sind den Propheten untertan. Denn Gott ist nicht ein Gott der Unordnung, sondern des Friedens.« Außerdem: »Ein jeder sehe nicht auf das Seine, sondern auch auf das, was dem andern dient.« (Phil. 2,4; 1. Kor. 10,24; 1. Kor. 13,5; Röm. 14.13)

Gibt es vergebliche Gebete?

Gibt es Anzeichen in der Bibel dafür, daß Gebete *vergeblich* und somit ohne Wert sein könnten? – Es gibt Gründe, die in uns selbst liegen, im innersten Kern unserer Existenz. Gott sieht nicht das äußere Getue an; er hört auch nicht nur einfach die Worte, die an Gott gerichtet werden; er sieht das Herz an, den ganzen Menschen, der da betet. Sünde, die weder bereut noch vergeben ist, und ein Lebenswandel, in Heuchelei und fern von Gott verbracht, ohne den Wunsch des Menschen, zu Gott umzukehren, lassen Gebete nicht ankommen bei Gott. Gebete im Sinne frommer Leistungen und in frommen Formen sind kein Ersatz für Schritte, die Gott von uns erwartet. Vom Menschen betonte Selbstgerechtigkeit scheitert; demütiges Zugeben der Wahrheit über das eigene Leben bewegt Gottes Herz.

Einige Bibelstellen dazu:

Wenn ihr auch eure Hände ausbreitet, verberge ich doch meine Augen vor euch; und wenn ihr auch viel betet, höre ich euch doch nicht; denn eure Hände sind voll Blut. Jesaja 1,15

Eure Sünden verbergen Gottes Angesicht vor euch.
Jesaja 59,2

Tu weg von mir das Geplärr deiner Lieder. . . . Es ströme aber das Recht wie Wasser und die Gerechtigkeit wie ein nie versiegender Bach. Amos 5,23-24

Im Gleichnis vom Pharisäer und Zöllner bestätigt Jesus das demütige Gebet des Zöllners, während er die Selbstgerechtigkeit des Pharisäers vor Gott als unmöglich darstellt:
Der Pharisäer stand für sich und betete so: Ich danke dir, Gott, daß ich nicht bin wie die andern Leute. . . . Lukas 18,11

Ihr bittet und empfangt nichts, weil ihr in übler Absicht bittet, nämlich damit ihr's für eure Gelüste vergeuden könnt.
Jakobus 4,3

Es gibt Situationen, in denen *ein Gebet zu spät gebetet* wird, wenn die Entscheidung Gottes nach vergeblichem Warten gefallen und die »Tür verschlossen ist« (Luk. 13,25). Das kann dann der Fall sein, wenn man die Nähe des Heils als eine selbstverständlich jederzeit verfügbare Angelegenheit betrachtet und deswegen erst dann anfängt, sich darum zu kümmern, wenn es einem passend erscheint oder wenn andere Auswege versperrt sind. Das wird etwa am Gleichnis Jesu von den klugen und den törichten Jungfrauen deutlich: »Später kamen auch die andern (törichten) Jungfrauen und sprachen: Herr, Herr, tu uns auf! Er antwortete aber und sprach: Wahrlich, ich sage euch: Ich kenne euch nicht. Darum wachet! Denn ihr wißt weder Tag noch Stunde.« (Matth. 25,11-13)

IV.
Die Gebete der Bibel

EINE SAMMLUNG VON GEBETEN, DEN BITTEN DES VATERUNSERS ENTLANG THEMATISCH GEORDNET

DAS GEBET DES HERRN

Vater unser im Himmel!
Geheiligt werde dein Name.
Dein Reich komme.
Dein Wille geschehe, wie im Himmel, so auf Erden.
Unser tägliches Brot gib uns heute.
Und vergib uns unsere Schuld,
wie auch wir vergeben unsern Schuldigern.
Und führe uns nicht in Versuchung,
sondern erlöse uns von dem Bösen.
Denn dein ist das Reich und die Kraft
und die Herrlichkeit in Ewigkeit.

Amen.

Die Anrede:
VATER UNSER IM HIMMEL

Was heißt das? – Antwort: Gott will uns damit locken, daß wir glauben sollen, er sei unser rechter Vater und wir seine rechten Kinder, auf daß wir getrost und in aller Zuversicht ihn bitten sollen, wie die lieben Kinder ihren lieben Vater.

Martin Luther im Kleinen Katechismus

Wie bekommen wir Gebetsfreudigkeit?

Das Gebet ist Antwort auf die Anrede Gottes an uns. So bekommen wir Gebetsfreudigkeit dadurch, daß wir das Gotteswort lesen und für uns nehmen. Luther sagt in seiner Schrift *Wie soll man beten?*: »Wenn ich fühle, daß ich bin kalt und unlustig zu beten worden (wie denn das Fleisch und der Teufel allewege das Gebet hindern und wehren), nehme ich mein Psalterlein, laufe in die Kammer, oder so es der Tag und Zeit ist, in die Kirche zum Haufen und hebe an die zehn Gebote und, darnach ich Zeit habe, etliche Sprüche Christi, Pauli oder Psalmen, mündlich bei mir zu sprechen, allerdinge wie die Kinder tun.«

An einer anderen Stelle dieser Schrift schreibt er: »Ich mache aus jeglichem Gebot ein vierfach gedrehtes Kränzlein, z.B. ich nehme ein jegliches Gebot mir vor zuerst als Lehre und denke daran, was unser Herrgott darin so ernstlich von mir fordert. Zweitens mache ich eine Danksagung daraus. Drittens eine Beichte. Viertens eine Bitte.«

So ist das Gebet das Echo auf das Wort Gottes, und wir wollen das Wort Gottes so lang in unser Herz hineinrufen lassen, bis dieses Echo des Gebetes uns geschenkt wird. Wenn der große Beter Luther zur Ermunterung seines Gebetslebens das Wort Gottes nötig hatte, bedürfen auch wir dieser göttlichen Grundlage, wenn wir beten.

Für manchen ist das gesungene Gebet im Lied, das man vielleicht nur vor sich hinsummt, in den Pausen untertags oder bei leichter Arbeit, eine Hilfe: Es erhellt das Herz und zieht die Gedanken hin zu Gott. Es vermag das Grübeln zu beenden, die Phantasie und die Gefühle zu reinigen, Ärger verschwinden zu lassen und ungute, nicht endenwollende Selbstvorwürfe an den richtigen Platz zu verweisen.

Treue im Gebet zieht die Freude am Gebet nach sich. Zur Treue hilft eine Gebetsordnung, die man einüben kann. Die Heilige Schrift gibt dazu eine Anleitung: »Wenn ich mich zu Bette lege, so denke ich an dich, wenn ich wach liege, sinne ich über dich nach.« (Ps. 63,7)

Luther sagt: »Darum ist's gut, daß man früh am Morgen lasse das Gebet das erste und des Abends das letzte Werk sein und hüte sich mit Fleiß vor den falschen, betrügerischen Gedanken, die da sagen: ›Harre ein wenig, über eine Stunde will ich beten, ich muß dies oder das zuvor fertigen.‹ Denn mit solchen Gedanken kommt man vom Gebet in die Geschäfte, die halten und umfangen dann einen, daß aus dem Gebet des Tages nichts wird.

Des Abends nimm allezeit etwas aus der Heiligen Schrift mit zu Bett. Nicht aber viel, sondern ein weniges, das wohlüberlegt und verstanden sei, das du frühe beim Erwachen als ein heiliges Überbleibsel von gestern her findest.«

Die erste Bitte:
GEHEILIGT WERDE DEIN NAME.

Gottes Name ist zwar an ihm selbst heilig, aber wir bitten in diesem Gebet, daß er auch bei uns heilig werde.
Wie geschieht das? Wenn das Wort Gottes lauter und rein gelehrt wird und wir auch heilig als die Kinder Gottes danach leben. Dazu hilf uns, lieber Vater im Himmel!
Wer aber anders lehrt und lebt als das Wort Gottes lehrt, der entheiligt unter uns den Namen Gottes. Davor behüte uns, lieber himmlischer Vater!

Martin Luther im Kleinen Katechismus

»Heilig ist, was Gott gehört.« Dieser alte Satz kann uns auch hier helfen zum Verständnis. »Heiligen« heißt demnach, etwas heilig machen – es so gestalten und so behandeln, daß es Gott gehört. So wird es in dieser Bitte unser Anliegen, daß Gottes Name die Ehrung erfährt, die ihm gebührt. Zunächst will also der Beter selbst Gott recht begegnen, ihn als seinen Gott ehren. Dann aber schließt sich der Beter in seinem Wunsch zusammen mit dem ganzen Universum. Gott ist es wert, nicht nur von dem Betenden, sondern von aller Welt geehrt zu werden.

Viele Menschen möchten mittels frommer Übungen und religiös scheinender Riten Gott bzw. ihre Götter manipulieren. Den lebendigen, wahren Gott aber kann man nicht dem menschlichen Willen unterwerfen. »Obwohl die Heiden von Gott wußten, haben sie ihn nicht als Gott gepriesen noch ihm gedankt, sondern sind dem Nichtigen verfallen in ihren Gedanken, und ihr unverständiges Herz ist verfinstert.« (Röm. 1,21)

Die Heiligung des Namens Gottes besteht vor allem im Danken und im rechten Anbeten, auch im Aufruf an die Gemeinde, Gott zu danken.

Die Beter des Alten Testaments wissen in wunderbar verdichteter Form die Herrlichkeit und Kraft Gottes zu rühmen – als den Schöpfer des Alls und Erhalter der Erde als Lebensraum der Menschen – als Lenker der Geschicke der Völker und als den, der seinem Volk das Heil und seine Nähe schenkt. Gott macht aber auch im persönlichen Leben sein Heil sichtbar, hilft in Nöten und errettet vor den Feinden Gottes.

Die Beter des Neuen Testaments bauen darauf auf; doch den stärksten Ausdruck findet hier das Lob Gottes im Rühmen des Geschenkes des Heils in Gottes Sohn Jesus Christus, das nun allen Menschen zuteil werden kann.

Wir unterteilen die nun folgende Auswahl biblischer Gebete, die den Namen und damit das Wesen und das Wirken Gottes rühmen, wie folgt:

Gottes Name als Schöpfer,
als Vater und Beschützer,
als starker Erretter seines Volkes,
als Erlöser derer, die auf ihn trauen,
als Heiland des Neuen Bundes,
Gottes Name in Jesus Christus als Herrn und Erlöser seiner Gemeinde.

Lobpreis Gottes, des Schöpfers

Gottes Lob im Himmel und auf Erden

Halleluja! Lobet im Himmel den HERRN, / lobet ihn in der Höhe! Lobet ihn, alle seine Engel, / lobet ihn, all sein Heer! Lobet ihn, Sonne und Mond, / lobet ihn, alle leuchtenden Sterne! Lobet ihn, ihr Himmel aller Himmel / und ihr Wasser über dem Himmel! Die sollen loben den Namen des HERRN; / denn er gebot, da wurden sie geschaffen. Er läßt sie bestehen für immer und ewig; / er gab eine Ordnung, die dürfen sie nicht überschreiten.

Lobet den HERRN auf Erden, / ihr großen Fische und alle Tiefen des Meeres, Feuer, Hagel, Schnee und Nebel, / Sturmwinde, die sein Wort ausrichten, ihr Berge und alle Hügel, / fruchttragende Bäume und alle Zedern, ihr Tiere und alles Vieh, / Gewürm und Vögel, ihr Könige auf Erden und alle Völker, / Fürsten und alle Richter auf Erden, Jünglinge und

Jungfrauen, / Alte mit den Jungen! Die sollen loben den Namen des HERRN; / denn sein Name allein ist hoch, seine Herrlichkeit reicht, so weit Himmel und Erde ist. / Er erhöht die Macht seines Volkes. Alle seine Heiligen sollen loben, / die Kinder Israel, das Volk, das ihm dient. Halleluja! Psalm 148

Die Herrlichkeit Gottes im Gewitter

Bringet dar dem HERRN, ihr Himmlischen, / bringet dar dem HERRN Ehre und Stärke! Bringet dar dem HERRN die Ehre seines Namens, / betet an den HERRN in heiligem Schmuck! Die Stimme des HERRN erschallt über den Wassern, / der Gott der Ehre donnert, der HERR, über großen Wassern. / Die Stimme des HERRN ergeht mit Macht, / die Stimme des HERRN ergeht herrlich. Die Stimme des HERRN zerbricht die Zedern / der HERR zerbricht die Zedern des Libanon. Er läßt hüpfen wie ein Kalb den Libanon, / den Sirjon wie einen jungen Wildstier. Die Stimme des HERRN sprüht Feuerflammen; / die Stimme des HERRN läßt die Wüste erbeben; / der HERR läßt erbeben die Wüste Kadesch. / Die Stimme des HERRN läßt Eichen wirbeln und reißt Wälder kahl. / In seinem Tempel ruft alles: »Ehre!« Der HERR hat seinen Thron über der Flut: / der HERR bleibt ein König in Ewigkeit. Der HERR wird seinem Volk Kraft geben; / der HERR wird sein Volk segnen mit Frieden. Psalm 29

Wie sind deine Werke so groß und viel

Lobe den HERRN, meine Seele! / HERR, mein Gott, du bist sehr herrlich; du bist schön und prächtig geschmückt. / Licht ist dein Kleid, das du anhast. Du breitest den Himmel aus wie einen Teppich; / du baust deine Gemächer über den Wassern. Du fährst auf den Wolken wie auf einem Wagen / und kommst daher auf den Fittichen des Windes, der du machst Winde zu deinen Boten / und Feuerflammen zu deinen Dienern; der du das Erdreich gegründet hast auf festen Boden, / daß es bleibt immer und ewiglich. Mit Fluten decktest du es wie mit einem Kleide, / und die Wasser standen über den Bergen. Aber vor deinem Schelten flohen sie, / vor deinem Donner fuhren sie dahin. Die Berge stiegen hoch empor, / und die Täler senkten sich herunter zum Ort, den du ihnen gegründet hast. Du hast eine Grenze gesetzt, darüber kommen sie nicht / und dürfen nicht wieder das Erdreich bedecken.

Du lässest Wasser in den Tälern quellen, / daß sie zwischen den Bergen dahinfließen, daß alle Tiere des Feldes trinken / und das Wild seinen Durst lösche. Darüber sitzen die Vögel des Himmels / und singen unter den Zweigen. Du feuchtest die Berge von oben her, / du machst das Land voll Früchte, die du schaffest. Du lässest Gras wachsen für das Vieh / und Saat zu Nutz den Menschen, daß du Brot aus der Erde hervorbringst, / daß der Wein erfreue des Menschen Herz und sein Antlitz schön werde vom Öl / und das Brot des Menschen Herz stärke. Die Bäume des HERRN stehen voll Saft, / die Zedern des Libanon, die er gepflanzt hat. Dort nisten die Vögel, / und die Reiher wohnen in den Wipfeln. Die hohen Berge geben dem Steinbock Zuflucht / und die Felsklüfte dem Klippdachs.

Du hast den Mond gemacht, das Jahr danach zu teilen; / die Sonne weiß ihren Niedergang. Du machst Finsternis, daß es Nacht wird; / da regen sich alle wilden Tiere, die jungen Löwen, die da brüllen nach Raub / und ihre Speise suchen von Gott. Wenn aber die Sonne aufgeht, heben sie sich davon / und legen sich in ihre Höhlen. So geht dann der Mensch aus an seine Arbeit / und an sein Werk bis an den Abend.

HERR, wie sind deine Werke so groß und viel! / Du hast sie alle weise geordnet, und die Erde ist voll deiner Güter. Da ist das Meer, das so groß und weit ist, / da wimmelt's ohne Zahl, große und kleine Tiere. Dort ziehen Schiffe dahin; / da sind große Fische, die du gemacht hast, damit zu spielen.

Es warten alle auf dich, / daß du ihnen Speise gebest zur rechten Zeit. Wenn du ihnen gibst, so sammeln sie; / wenn du deine Hand auftust, so werden sie mit Gutem gesättigt. Verbirgst du dein Angesicht, so erschrecken sie; / nimmst du weg ihren Odem, so vergehen sie und werden wieder Staub. Du sendest aus deinen Odem, so werden sie geschaffen, / und du machst neu die Gestalt der Erde.

Die Herrlichkeit des HERRN bleibe ewiglich, / der HERR freue sich seiner Werke! Er schaut die Erde an, so bebt sie; / er rührt die Berge an, so rauchen sie. Ich will dem HERRN singen mein Leben lang / und meinen Gott loben, solange ich bin. Mein Reden möge ihm wohlgefallen. / Ich freue mich des HERRN. Die Sünder sollen ein Ende nehmen auf Erden und die Gottlosen nicht mehr sein.

Lobe den HERRN, meine Seele! Halleluja! Psalm 104

Preis des Herrn, der sich des Menschen annimmt

HERR, unser Herrscher, wie herrlich ist dein Name in allen Landen, / der du zeigst deine Hoheit am Himmel! Aus dem Munde der jungen Kinder und Säuglinge hast du eine Macht zugerichtet um deiner Feinde willen,/ daß du vertilgest den Feind und den Rachgierigen. Wenn ich sehe die Himmel, deiner Finger Werk,/ den Mond und die Sterne, die du bereitet hast: Was ist der Mensch, daß du seiner gedenkst,/ und des Menschen Kind, daß du dich seiner annimmst? Du hast ihn wenig niedriger gemacht als Gott,/ mit Ehre und Herrlichkeit hast du ihn gekrönt. Du hast ihn zum Herrn gemacht über deiner Hände Werk,/ alles hast du unter seine Füße getan: Schafe und Rinder allzumal,/ dazu auch die wilden Tiere, die Vögel unter dem Himmel und die Fische im Meer / und alles, was die Meere durchzieht. HERR, unser Herrscher,/ wie herrlich ist dein Name in allen Landen! Psalm 8

Bei dir ist die Quelle des Lebens

HERR, deine Güte reicht so weit der Himmel ist / und deine Wahrheit, so weit die Wolken gehen./ Deine Gerechtigkeit steht wie die Berge Gottes und dein Recht wie die große Tiefe. / HERR, du hilfst Menschen und Tieren. Wie köstlich ist deine Güte, Gott,/ daß Menschenkinder unter dem Schatten deiner Flügel Zuflucht haben!

Sie werden satt von den reichen Gütern deines Hauses, / und du tränkst sie mit Wonne wie mit einem Strom. Denn bei dir ist die Quelle des Lebens,/ und in deinem Lichte sehen wir das Licht. Breite deine Güter über die, die dich kennen, / und deine Gerechtigkeit über die Frommen.

Laß mich nicht kommen unter den Fuß der Stolzen,/ und die Hand der Gottlosen vertreibe mich nicht. aus Psalm 36

Lobpreis des Vaters für Rettung aus der Not

Rettung aus Krankheitsnot

Ich preise dich, HERR; denn du hast mich aus der Tiefe gezogen / und lässest meine Feinde sich nicht über mich freuen. HERR, mein Gott, als ich schrie zu dir,/ da machtest du mich gesund. HERR, du hast mich von den Toten heraufgeholt;/ du hast mich am Leben erhalten, aber sie mußten in die Grube fahren.

Lobsinget dem HERRN, ihr seine Heiligen,/ und preiset seinen heiligen Namen! Denn sein Zorn währet einen Augenblick / und lebenslang seine Gnade. Den Abend lang währet das Weinen,/ aber des Morgens ist Freude.

Ich aber sprach, als es mir gut ging:/ Ich werde nimmermehr wanken. Denn, HERR, durch dein Wohlgefallen hattest du mich auf einen hohen Fels gestellt./ Aber als du dein Antlitz verbargest, erschrak ich. Zu dir, HERR, rief ich,/ und zum HERRN flehte ich: Was nützt dir mein Blut, wenn ich zur Grube fahre?/ Wird dir auch der Staub danken und deine Treue verkündigen? HERR, höre und sei mir gnädig!/ HERR, sei mein Helfer!

Du hast mir meine Klage verwandelt in einen Reigen,/ du hast mir den Sack der Trauer ausgezogen und mich mit Freude gegürtet, daß ich dir lobsinge und nicht stille werde./ HERR, mein Gott, ich will dir danken in Ewigkeit. Psalm 30

Rettung aus großer Lebensgefahr

Ich liebe den HERRN, denn er hört / die Stimme meines Flehens. Er neigte sein Ohr zu mir;/ darum will ich mein Leben lang ihn anrufen.

Stricke des Todes hatten mich umfangen, des Totenreichs Schrecken hatten mich getroffen;/ ich kam in Jammer und Not.

Aber ich rief an den Namen des HERRN:/Ach, HERR, errette mich!

Der HERR ist gnädig und gerecht,/ und unser Gott ist barmherzig. Der HERR behütet die Unmündigen;/wenn ich schwach bin, so hilft er mir.

Sei nun wieder zufrieden, meine Seele;/ denn der HERR tut dir Gutes. Denn du hast meine Seele vom Tode errettet,/ mein Auge von den Tränen, meinen Fuß vom Gleiten. Ich werde wandeln vor dem HERRN / im Lande der Lebendigen.

Ich glaube, auch wenn ich sage:/ Ich werde sehr geplagt. Ich sprach in meinem Zagen: /Alle Menschen sind Lügner. Wie soll ich dem HERRN vergelten / all seine Wohltat, die er an mir tut?

Ich will den Kelch des Heils nehmen / und des HERRN Namen anrufen. Ich will meine Gelübde dem HERRN erfüllen / vor all seinem Volk.

Der Tod seiner Heiligen / wiegt schwer vor dem HERRN. Ach, HERR, ich bin dein Knecht, ich bin dein Knecht, der Sohn deiner Magd;/ du hast meine Bande zerrissen.

Dir will ich Dank opfern / und des HERRN Namen anrufen. Ich will meine Gelübde dem HERRN erfüllen / vor all seinem Volk in den Vorhöfen am Hause des HERRN, in dir, Jerusalem. Halleluja! Psalm 116

Dank für wunderbare Durchhilfe

HERR, ich bin zu gering aller Barmherzigkeit und aller Treue, die du an deinem Knechte getan hast. 1. Mose 32,11

Lobpreis Gottes, des starken Erretters seines Volkes

Moses Loblied nach dem Durchzug durch das Rote Meer

Ich will dem HERRN singen, denn er hat eine herrliche Tat getan, Roß und Mann hat er ins Meer gestürzt. Der HERR ist meine Stärke und mein Lobgesang und ist mein Heil. Das ist mein Gott, ich will ihn preisen, er ist meines Vaters Gott, ich will ihn erheben. Der HERR ist der rechte Kriegsmann. HERR ist sein Name. HERR, deine rechte Hand tut große Wunder, HERR, deine rechte Hand hat die Feinde zerschlagen. Und mit deiner großen Herrlichkeit hast du deine Widersacher gestürzt. HERR, wer ist dir gleich? Wer ist dir gleich, der so mächtig, heilig, schrecklich, löblich und wundertätig ist? Du hast geleitet durch deine Barmherzigkeit dein Volk, das du erlöst hast, und hast sie geführt durch deine Stärke zu deiner heiligen Wohnung. Der HERR wird König sein immer und ewig.

aus 2. Mose 15

Gebet Davids, als er für sein Geschlecht die messianische Weissagung erhielt

Wer bin ich, HERR HERR, und was ist mein Haus, daß du mich bis hierher gebracht hast? Du kennst ja deinen Knecht, HERR HERR! Denn es ist keiner wie du. Wo ist ein Volk auf Erden wie dein Volk, um dessentwillen Gott hingegangen ist, es zu erlösen, daß es sein Volk sei, und ihm einen Namen zu machen. Du hast dir dein Volk zubereitet, dir zum Volk für ewig, und du HERR, bist ihr Gott geworden. HERR HERR, du bist Gott und deine Worte sind Wahrheit. Mit deinem Segen wird deines Knechtes Haus gesegnet sein ewiglich. 2. Samuel 7,18-29

Wohl dem Volk, das jauchzen kann

Ich will singen von der Gnade des HERRN ewiglich / und seine Treue verkündigen mit meinem Munde für und für.

HERR, Gott Zebaoth, wer ist wie du? / Mächtig bist du, HERR, und deine Treue ist um dich her.

Wohl dem Volk, das jauchzen kann! / HERR, sie werden im Licht deines Antlitzes wandeln; / sie werden über deinen Namen täglich fröhlich sein / und in deiner Gerechtigkeit herrlich sein. Psalm 89,2.9.16.17

Allein Gott in der Höh sei Ehr

Nicht uns, HERR, nicht uns, sondern deinem Namen gib Ehre / um deiner Gnade und Treue willen! Warum sollen die Heiden sagen:/ Wo ist denn ihr Gott?
Unser Gott ist im Himmel;/ er kann schaffen, was er will.

Psalm 115,1-3

Dank für die Hilfe in großer Bedrängnis

Wäre der HERR nicht bei uns / – so sage Israel –,/ wäre der HERR nicht bei uns,/ wenn Menschen wieder uns aufstehen, / so verschlängen sie uns lebendig,/ wenn ihr Zorn über uns entbrennt;/ so ersäufte uns Wasser, Ströme gingen über unsere Seele,/ es gingen Wasser hoch über uns hinweg.

Gelobt sei der HERR, daß er uns nicht gibt / zum Raub ihrer Zähne!/ Unsere Seele ist entronnen wie ein Vogel dem Netze des Vogelfängers;/ das Netz ist zerrissen, und wir sind frei.

Unsere Hilfe steht im Namen des HERRN,/ der Himmel und Erde gemacht hat.

Psalm 124

Lobpreis des Erlösers derer, die auf ihn trauen

Dank von ganzem Herzen

Ich danke dem HERRN von ganzem Herzen und erzähle alle deine Wunder. Ich freue mich und bin fröhlich in dir und lobe deinen Namen, du Allerhöchster, daß meine Feinde zurückweichen mußten.

Psalm 9,2-4

Herzlich lieb habe ich dich

Herzlich lieb habe ich dich, HERR, meine Stärke!/ HERR, mein Fels, meine Burg, mein Erretter; mein Gott, mein Hort, auf den ich traue,/ mein Schild und Berg meines Heiles und mein Schutz! Ich rufe an den HERRN, den Hochgelobten,/ so werde ich vor meinen Feinden errettet. Es umfingen mich des Todes

Bande,/ und die Fluten des Verderbens erschreckten mich. Des Totenreichs Bande umfingen mich,/ und des Todes Stricke überwältigten mich. Als mir angst war, rief ich den HERRN an / und schrie zu meinem Gott. / Da erhörte er meine Stimme von seinem Tempel,/ und mein Schreien kam vor ihn zu seinen Ohren.

Er streckte seine Hand aus von der Höhe und faßte mich / und zog mich aus großen Wassern. Er errettete mich von meinen starken Feinden,/ von meinen Hassern, die mir zu mächtig waren; sie überwältigten mich zur Zeit meines Unglücks;/ aber der HERR ward meine Zuversicht. Er führte mich hinaus ins Weite,/ er riß mich heraus; denn er hatte Lust zu mir.

Du hilfst dem elenden Volk,/ aber stolze Augen erniedrigst du./ Ja du machst hell meine Leuchte,/ der HERR, mein Gott, macht meine Finsternis licht./ Denn mit dir kann ich Kriegsvolk zerschlagen / und mit meinem Gott über Mauern springen./ Gottes Wege sind vollkommen, die Worte des HERRN sind durchläutert./ Er ist ein Schild allen, die ihm vertrauen.

Der HERR lebt! Gelobt sei mein Fels!/ Der Gott meines Heils sei hoch erhoben./ Darum will ich dir danken, HERR, unter den Heiden / und deinen Namen lobsingen. aus Psalm 18

Der Herr mein Heil

Ich danke dir, HERR, daß du bist zornig gewesen über mich und dein Zorn sich gewendet hat und du mich tröstest. Siehe, Gott ist mein Heil, ich bin sicher und fürchte mich nicht; denn Gott der HERR ist meine Stärke und mein Psalm und ist mein Heil.

Jesaja 12,1-2

Unser Lobpreis: Gott steht zu seiner Barmherzigkeit

Lobe den HERRN, meine Seele,/ und was in mir ist, seinen heiligen Namen! Lobe den HERRN, meine Seele,/ und vergiß nicht, was er dir Gutes getan hat: der dir alle deine Sünde vergibt / und heilet alle deine Gebrechen, der dein Leben vom Verderben erlöst,/ der dich krönet mit Gnade und Barmherzigkeit, der deinen Mund fröhlich macht,/ und du wieder jung wirst wie ein Adler.

Der HERR schafft Gerechtigkeit und Recht / allen, die Unrecht leiden. Er hat seine Wege Mose wissen lassen,/ die Kinder Israel sein Tun. Barmherzig und gnädig ist der HERR, / geduldig und von großer Güte. Er wird nicht für immer hadern / noch ewig zornig bleiben. Er handelt nicht mit uns nach unsern Sünden / und vergilt uns nicht nach unsrer Missetat. Denn so hoch der Himmel über der Erde ist,/ läßt er seine Gnade walten über denen, die ihn fürchten. So fern der Morgen ist vom Abend,/ läßt er unsre Übertretungen von uns sein. Wie sich ein Vater über Kinder erbarmt,/ so erbarmt sich der HERR über die, die ihn fürchten.

Denn er weiß, was für ein Gebilde wir sind;/ er gedenkt daran, daß wir Staub sind. Ein Mensch ist in seinem Leben wie Gras,/ er blüht wie eine Blume auf dem Felde; wenn der Wind darüber geht, so ist sie nimmer da,/ und ihre Stätte kennet sie nicht mehr. Die Gnade aber des HERRN währt von Ewigkeit zu Ewigkeit / über denen, die ihn fürchten, und seine Gerechtigkeit auf Kindeskind / bei denen, die seinen Bund halten und gedenken an seine Gebote,/ daß sie danach tun.

Der HERR hat seinen Thron im Himmel errichtet,/ und sein Reich herrscht über alles. Lobet den HERRN, ihr seine Engel, ihr starken Helden, die ihr seinen Befehl ausrichtet,/ daß man höre auf die Stimme seines Wortes! Lobet den HERRN, alle seine Heerscharen,/ seine Diener, die ihr seinen Willen tut! Lobet den HERRN, alle seine Werke, an allen Orten seiner Herrschaft!

Lobe den HERRN, meine Seele! Psalm 103

Gott gedenkt an seinen Bund

Er sendet eine Erlösung seinem Volk; er verheißt, daß sein Bund ewig bleiben soll./ Heilig und hehr ist sein Name. Die Furcht des HERRN ist der Weisheit Anfang. Klug sind alle, die danach tun./ Sein Lob bleibet ewiglich. Psalm 111,9.10

Du hast mir in der Angst wunderbar geholfen

Danket dem HERRN; denn er ist freundlich,/ und seine Güte währet ewiglich.

Es sage nun Israel:/ Seine Güte währet ewiglich. Es sage nun das Haus Aaron:/ Seine Güte währet ewiglich. Es sagen nun, die den HERRN fürchten:/ Seine Güte währet ewiglich.

In der Angst rief ich den HERRN an;/ und der HERR erhörte mich und tröstete mich. Der HERR ist mit mir, darum fürchte ich mich nicht;/ was können mir Menschen tun? Der HERR ist mit mir, mir zu helfen;/ und ich werde herabsehen auf meine Feinde. Es ist gut, auf den HERRN vertrauen / und nicht sich verlassen auf Menschen. Es ist gut, auf den HERRN vertrauen / und nicht sich verlassen auf Fürsten.

Man stößt mich, daß ich fallen soll;/ aber der HERR hilft mir. Der HERR ist meine Macht und mein Psalm / und ist mein Heil.

Man singt mit Freuden vom Sieg in den Hütten der Gerechten:/ Die Rechte des HERRN behält den Sieg! Die Rechte des HERRN ist erhöht;/ die Rechte des HERRN behält den Sieg! Ich werde nicht sterben, sondern leben / und des HERRN Werke verkündigen. Der HERR züchtigt mich schwer;/ aber er gibt mich dem Tode nicht preis.

Tut mir auf die Tore der Gerechtigkeit,/ daß ich durch sie einziehe und dem HERRN danke. Das ist das Tor des HERRN; / die Gerechten werden dort einziehen. Ich danke dir, daß du mich erhört hast / und hast mir geholfen.

Der Stein, den die Bauleute verworfen haben,/ ist zum Eckstein geworden. Das ist vom HERRN geschehen / und ist ein Wunder vor unsern Augen. Dies ist der Tag, den der HERR macht;/ laßt uns freuen und fröhlich an ihm sein. O HERR, hilf!/ O HERR, laß wohlgelingen! Gelobt sei, der da kommt im Namen des HERRN!/ Wir segnen euch, die ihr vom Hause des HERRN seid. Der HERR ist Gott, der uns erleuchtet./ Schmückt das Fest mit Maien bis an die Hörner des Altars!

Du bist mein Gott, und ich danke dir;/ mein Gott, ich will dich preisen. Danket dem HERRN; denn er ist freundlich,/ und seine Güte währet ewiglich. aus Psalm 118

Dankgebet des Propheten Daniel, nachdem ihm Gott in großer Not das Verborgene geoffenbart hatte

Gelobet sei der Name Gottes von Ewigkeit zu Ewigkeit, denn ihm gehören Weisheit und Stärke! Er ändert Zeit und Stunde; er setzt Könige ab und setzt Könige ein; er gibt den Weisen ihre Weisheit und den Verständigen ihren Verstand, er offenbart, was tief und verborgen ist, er weiß, was in der Finsternis liegt, denn bei ihm ist lauter Licht. Ich danke dir und lobe dich, Gott meiner Väter, daß du mir Weisheit und Stärke verliehen und jetzt offenbart hast, was wir von dir erbeten haben.

Daniel 2,20-23

Dankgebet Hannas, der Mutter Samuels

Mein Herz ist fröhlich in dem HERRN,/ mein Haupt ist erhöht in dem HERRN./ Mein Mund hat sich weit aufgetan wider meine Feinde,/ denn ich freue mich deines Heils.

Es ist niemand heilig wie der HERR, außer dir ist keiner,/ und ist kein Fels, wie unser Gott ist. Laßt euer großes Rühmen und Trotzen,/ freches Reden gehe nicht aus eurem Munde;/ denn der HERR ist ein Gott, der es merkt,/ und von ihm werden Taten gewogen. Der Bogen der Starken ist zerbrochen,/ und die Schwachen sind umgürtet mit Stärke. Die da satt waren, müssen um Brot dienen,/ und die Hunger litten, hungert nicht mehr./ Die Unfruchtbare hat sieben geboren,/ und die viele Kinder hatte, welkt dahin. Der HERR tötet und macht lebendig,/ führt hinab zu den Toten und wieder herauf. Der HERR macht arm und macht reich;/ er erniedrigt und erhöht. Er hebt auf den Dürftigen aus dem Staub / und erhöht den Armen aus der Asche,/ daß er ihn setze unter die Fürsten / und den Thron der Ehre erben lasse.

Denn der Welt Grundfesten sind des HERRN,/ und er hat die Erde darauf gesetzt. Er wird behüten die Füße seiner Heiligen,/ aber die Gottlosen sollen zunichte werden in Finsternis;/ denn viel Macht hilft doch niemand. 1. Samuel 2,1-9

Lobpreis des Gottessohns und Heilands des Neuen Bundes

Dankgebet der Mutter des Herrn

Meine Seele erhebt den Herrn,/ und mein Geist freut sich Gottes, meines Heilandes: denn er hat die Niedrigkeit seiner Magd angesehen./ Siehe, von nun an werden mich selig preisen alle Kindeskinder. Denn er hat große Dinge an mir getan,/ der da mächtig ist und dessen Name heilig ist. Und seine Barmherzigkeit währt von Geschlecht zu Geschlecht/ bei denen, die ihn fürchten. Er übt Gewalt mit seinem Arm / und zerstreut, die hoffärtig sind in ihres Herzens Sinn. Er stößt die Gewaltigen vom Thron und erhebt die Niedrigen. Die Hungrigen füllt er mit Gütern / und läßt die Reichen leer ausgehen. Er gedenkt der Barmherzigkeit / und hilft seinem Diener Israel auf, wie er geredet hat zu unsern Vätern. Lukas 1,46-55

Anbetung des Zacharias

Gelobt sei der Herr, der Gott Israels!/ Denn er hat besucht und erlöst sein Volk und hat uns aufgerichtet eine Macht des Heils / im Hause seines Dieners David – wie er vorzeiten geredet hat / durch den Mund seiner heiligen Propheten –, daß er uns errettete von unsern Feinden / und aus der Hand aller, die uns hassen, und Barmherzigkeit erzeigte unsern Vätern / und gedächte an seinen heiligen Bund und an den Eid, den er geschworen hat unserm Vater Abraham,/ uns zu geben, daß wir, erlöst aus der Hand unsrer Feinde, ihm dienten ohne Furcht unser Leben lang / in Heiligkeit und Gerechtigkeit vor seinen Augen. Und du, Kindlein, wirst ein Prophet des Höchsten heißen./ Denn du wirst dem Herrn vorangehen, daß du seinen Weg bereitest und Erkenntnis des Heils gebest seinem Volk / in der Vergebung ihrer Sünden, durch die herzliche Barmherzigkeit unseres Gottes,/ durch die uns besuchen wird das aufgehende Licht aus der Höhe, damit es erscheine denen, die sitzen in Finsternis und Schatten des Todes,/ und richte unsere Füße auf den Weg des Friedens. Lukas 1,68-79

Anbetung Simeons

Herr, nun läßt du deinen Diener in Frieden fahren, wie du gesagt hast; denn meine Augen haben deinen Heiland gesehen, den du bereitet hast vor allen Völkern, ein Licht, zu erleuchten die Heiden und zum Preis deines Volkes.

Lukas 2,29-32

Lob der Jünger beim Einzug des Herrn

Gelobt sei, der da kommt, der König, in dem Namen des Herrn! Friede sei im Himmel und Ehre in der Höhe!

Lukas 19,38

Lobpreis des Herrn über seinen Jüngern

Ich preise dich, Vater, Herr des Himmels und der Erde, weil du dies den Weisen und Klugen verborgen hast und hast es den Unmündigen offenbart. Ja, Vater; denn so hat es dir wohlgefallen. Alles ist mir übergeben von meinem Vater; und niemand kennt den Sohn als nur der Vater; und niemand kennt den Vater als nur der Sohn und wem es der Sohn offenbaren will.

Matthäus 11,25-27

Lobpreis der Urgemeinde über Jesus Christus als Herrn und Erlöser

Anbetung der Führung Gottes

O welch eine Tiefe des Reichtums, beides, der Weisheit und der Erkenntnis Gottes! Wie unbegreiflich sind seine Gerichte und unerforschlich seine Wege! Wer hat des Herrn Sinn erkannt, oder wer ist sein Ratgeber gewesen? Oder wer hat ihm etwas zuvor gegeben, daß Gott es ihm vergelten müßte? Denn von ihm und durch ihn und zu ihm sind alle Dinge. Ihm sei Ehre in Ewigkeit! Amen.

Römer 11,33-36

Gott tröstet uns im Leiden um Jesu willen

Gelobt sei Gott, der Vater unseres Herrn Jesus Christus, der

Vater der Barmherzigkeit und Gott allen Trostes, der uns tröstet in aller unserer Trübsal, damit wir auch trösten können.
2. Korinther 1,3-4

Gott gibt uns Siege um Jesu willen

Gott aber sei gedankt, der uns allezeit Sieg gibt in Christus und offenbart den Wohlgeruch seiner Erkenntnis durch uns an allen Orten! 2. Korinther 2,14

Jesus, für unsere Sünden dahingegeben

Christus hat sich selbst für unsere Sünden dahingegeben, daß er uns errette von dieser gegenwärtigen, bösen Welt nach dem Willen Gottes, unseres Vaters; dem sei Ehre von Ewigkeit zu Ewigkeit! Amen. Galater 1,4-5

Durch Jesus Christus sind wir gesegnet

Gelobt sei Gott, der Vater unseres Herrn Jesus Christus, der uns gesegnet hat mit allem geistlichen Segen im Himmel durch Christus. Epheser 1,3

Anbetung Gottes in der Gewißheit der Wiederkunft Jesu

Die Erscheinung unseres Herrn Jesus Christus wird uns zeigen zu seiner Zeit der Selige und allein Gewaltige, der König aller Könige und Herr aller Herren, der allein Unsterblichkeit hat, der da wohnt in einem Licht, zu dem niemand kommen kann, den kein Mensch gesehen hat noch sehen kann. Dem sei Ehre und ewige Macht! Amen. 1. Timotheus 6,14-16

Als Erlöste Jesu Christi bewahrt für die ewige Herrlichkeit

Dem aber, der euch vor dem Straucheln behüten kann und euch untadelig stellen kann vor das Angesicht seiner Herrlichkeit mit Freuden, dem alleinigen Gott, unserm Heiland, sei durch Jesus Christus, unsern Herrn, Ehre und Majestät und Gewalt und Macht vor aller Zeit, jetzt und in alle Ewigkeit! Amen. Judas 24.25

Die zweite Bitte:
DEIN REICH KOMME.

Was heißt das? Gottes Reich kommt wohl ohne unser Gebet von selbst; aber wir bitten in diesem Gebet, daß es auch zu uns komme. Wie geschieht das? Wenn der himmlische Vater uns seinen Heiligen Geist gibt, daß wir seinem heiligen Wort durch seine Gnade glauben und göttlich leben, hier zeitlich und dort ewiglich.

Martin Luther im Kleinen Katechismus

Das Reich Gottes kam mit Jesus den Menschen ganz nahe. So hat er es an vielen Stellen als einen Aufruf und ein Angebot für die Hörer verkündigt. Menschen wurden so in den Machtbereich der Königsherrschaft Gottes und deren gültige Ordnung hineingewonnen. Das verkündigte Gotteswort war begleitet durch das mitlaufende Wirken des Heiligen Geistes.

Wie es damals durch Jesus selbst geschah, so erreicht diese Wirkung des Heiligen Geistes im Auftrag von Jesus Christus die Menschen heute durch seine Zeugen, die seine Kraft erfahren haben und in großer Gewißheit von Jesus Christus und dem neuen Leben reden. Dabei bewirkt der Heilige Geist eine Betroffenheit bei dem Menschen, der zuhört; er sieht sich durch die ihm und seiner Situation zugewandte Verkündigung von Jesus Christus herausgefordert zu einem Schritt des Glaubens hin zu ihm und in seine Nachfolge.

Die Antwort auf diese Herausforderung durch Gott ist die Umkehr und die Bereitschaft, Gott mit dem ganzen Leben, Denken, Fühlen, Wollen und Handeln zu dienen, Vergebung der Sünden zu empfangen und sich zu lösen von allem, was uns zuvor beherrschte. Man möchte sein Leben Jesus Christus übergeben, der einen gerettet und zu sich hin gerufen hat, und will sich von ihm weiterhin führen lassen.

Diese Bereitschaft findet ihren Ausdruck im Gebet. Die Lebensübergabe an Jesus Christus, den Retter, bringt mit sich, daß auch die zuvor bestandene Trennung von Gott als Sünde erkannt und bekannt wird. Meist geschieht das in Gegenwart eines mitbetenden und helfenden Seelsorgers, der dann auch den Zuspruch der Vergebung, die Lossprechung von früher bindenden Kräften und die Bestätigung der nunmehr gültigen *Zugehörigkeit zu Gottes Reich* geben kann.

Fortan verläuft das Leben in den Ordnungen des Reiches Gottes. Das heißt heute – unter dem Neuen Bund Gottes durch den Opfertod Jesu Christi und in dem Reich, in dem es Vergebung gibt, leben dürfen. Man lebt in einer lebendigen Verbindung mit Jesus Christus, dem Herrn, der jetzt maßgebend ist. Man hört seine Stimme (Joh.10,27), die ermahnt und tröstet, den Weg zeigt und von Fehlwegen zurückruft, und erfährt eine sichtbare Veränderung zu einem neuen Leben (Gal.5,22).

Diese Erfahrung mit dem lebendigen Gott möchte man für alle erbitten. Man setzt sich dafür ein. Auf diese Weise ist das Reich Gottes mächtig und dynamisch wirksam unter uns. Weil es aber in seinem Anbrechen noch mit menschlicher Schwachheit durchsetzt ist, scheint es manchmal ganz verborgen zu sein. Bei seinem gelegentlichen Sichtbarwerden findet es oft großen Widerstand; darum entzündet es besonders in schweren Zeiten die Sehnsucht und Bitte der Gemeinde Jesu Christi, daß sich die Vollendung der Königsherrschaft Gottes nahe und Gott sein Reich als Herr und Erlöser sichtbar mache: Dein Reich komme!

Die folgenden biblischen Gebete, die das Durchdringen des Reiches Gottes und seiner Kraft in unsere irdische Welt erflehen, oder, wo dies schon sichtbar geworden ist, Gott dafür preisen, teilen wir wie folgt ein:

Dein Reich komme zu mir
Bitte für die Gemeinde Gottes
Bitte um Erneuerung und Wiederaufrichtung des Volkes Gottes
Das hohepriesterliche Gebet Jesu und Gebete der Apostel
Bitte um Vollendung des Heils.

Dein Reich komme zu mir

Ringen um den Segen Gottes (Jakobs Gebet)

Ich lasse dich nicht, du segnest mich denn! 1. Mose 32,27

Sehnsucht nach Gott

Gott, du bist mein Gott, den ich suche. / Es dürstet meine Seele nach dir, / mein ganzer Mensch verlangt nach dir / aus trokkenem, dürrem Land, wo kein Wasser ist. So schaue ich aus nach dir in deinem Heiligtum, / wollte gerne sehen deine Macht und Herrlichkeit.
Denn deine Güte ist besser als Leben, / meine Lippen preisen dich. So will ich dich loben mein Leben lang / und meine Hände in deinem Namen aufheben.
Das ist meines Herzens Freude und Wonne, / wenn ich dich mit fröhlichem Munde loben kann;
wenn ich mich zu Bette lege, so denke ich an dich, / wenn ich wach liege, sinne ich über dich nach.
Denn du bist mein Helfer, / und unter dem Schatten deiner Flügel frohlocke ich. Meine Seele hängt an dir; / deine rechte Hand hält mich. Psalm 63,2-9

Sehnsucht nach Gemeinschaft mit Gott im Gottesdienst

Wie lieb sind mir deine Wohnungen, HERR Zebaoth! / Meine Seele verlangt und sehnt sich nach den Vorhöfen des HERRN; mein Leib und Seele freuen sich / in dem lebendigen Gott. Der Vogel hat ein Haus gefunden / und die Schwalbe ein Nest für ihre Jungen – deine Altäre, HERR Zebaoth, / mein König und mein Gott. Wohl denen, die in deinem Hause wohnen; / die loben dich immerdar.

Wohl den Menschen, die dich für ihre Stärke halten / und von Herzen dir nachwandeln! Wenn sie durchs dürre Tal ziehen, wird es ihnen zum Quellgrund, / und Frühregen hüllt es in Segen. Sie gehen von einer Kraft zur andern / und schauen den wahren Gott in Zion. HERR, Gott Zebaoth, höre mein Gebet;/ vernimm es, Gott Jakobs! Gott, unser Schild, schaue doch;/ sieh doch an das Antlitz deines Gesalbten!

Denn ein Tag in deinen Vorhöfen / ist besser als sonst tausend. Ich will lieber die Tür hüten in meines Gottes Hause / als wohnen in der Gottlosen Hütten. Denn Gott der HERR ist Sonne und Schild; der HERR gibt Gnade und Ehre. / Er wird kein Gutes mangeln lassen den Frommen. HERR Zebaoth, wohl dem Menschen,/ der sich auf dich verläßt!

Psalm 84

Ich will deine Weisungen nicht vergessen

Du hast geboten, fleißig zu halten deine Befehle./ O daß mein Leben deine Gebote mit ganzem Ernst hielte./ Wenn ich schaue allein auf deine Gebote,/ so werde ich nicht zuschanden./ Ich danke dir mit aufrichtigem Herzen,/ daß du mich lehrst die Ordnungen deiner Gerechtigkeit./ Deine Gebote will ich halten;/ verlaß mich nimmermehr!/ Ich suche dich von ganzem Herzen;/ laß mich nicht abirren von deinen Geboten./ Tu wohl deinem Knecht, daß ich lebe / und dein Wort halte./ Öffne mir die Augen, daß ich sehe / die Wunder an deinem Gesetz./ Ich bin ein Gast auf Erden;/ verbirg deine Gebote nicht vor mir./ Meine Seele verzehrt sich vor Verlangen / nach deinen Ordnungen allezeit.

Meine Seele liegt im Staube;/ erquicke mich nach deinem Wort./ Denke an das Wort, das du deinem Knecht gabst,/ und laß mich darauf hoffen./ Das ist mein Trost in meinem Elend, / daß dein Wort mich erquickt./ Ehe ich gedemütigt wurde, irrte ich;/ nun aber halte ich dein Wort.

Du bist gütig und freundlich,/ lehre mich deine Weisungen./ Meine Seele verlangt nach deinem Heil;/ ich hoffe auf dein Wort./ Meine Augen sehnen sich nach deinem Wort / und sagen: Wann tröstest du mich?/ Wenn dein Gesetz nicht mein Trost gewesen wäre,/ so wäre ich vergangen in meinem Elend./ Ich will deine Befehle nimmermehr vergessen;/ denn du erquickst mich damit./ Ich bin dein, hilf mir,/ denn ich suche deine Befehle./ Dein Wort ist meines Fußes Leuchte / und ein Licht auf meinem Wege.

Erhalte mich durch dein Wort, daß ich lebe,/ und laß mich nicht zuschanden werden in meiner Hoffnung./ HERR, ich warte auf dein Heil / und tue nach deinen Geboten. Laß mein Flehen vor dich kommen;/ errette mich nach deinem Wort. Laß meine Seele leben, daß sie dich lobe,/ und dein Recht mir helfen. Ich bin wie ein verirrtes und verlorenes Schaf;/ suche deinen Knecht, denn ich vergesse deine Gebote nicht.

aus Psalm 119

Bitte für die Gemeinde Gottes

Der Segen

Der HERR segne dich und behüte dich, der HERR lasse sein Angesicht leuchten über dir und sei dir gnädig, der HERR hebe sein Angesicht über dich und gebe dir Frieden. 4. Mose 6.24-26

Gebet des Königs Salomo zur Tempeleinweihung

HERR, Gott Israels, es ist kein Gott weder droben im Himmel noch unten auf Erden dir gleich, der du hältst den Bund und die Barmherzigkeit deinen Knechten, die vor dir wandeln von ganzem Herzen; der du gehalten hast deinem Knecht, meinem Vater David, was du ihm zugesagt hast. Mit deinem Mund hast du es geredet, und mit deiner Hand hast du es erfüllt, wie es offenbar ist an diesem Tage.

Aber sollte Gott wirklich auf Erden wohnen? Siehe, der Himmel und aller Himmel Himmel können dich nicht fassen – wie sollte es dann dies Haus tun, das ich gebaut habe? Wende dich aber zum Gebet deines Knechts und zu seinem Flehen, HERR, mein Gott, damit du hörest das Flehen und Gebet deines Knechts heute vor dir: Laß deine Augen offenstehen über diesem Hause Nacht und Tag, über der Stätte, von der du gesagt hast: Da soll mein Name sein. Du wollest hören das Gebet, das dein Knecht an dieser Stätte betet, und wollest erhören das Flehen deines Knechts und deines Volkes Israel, wenn sie hier bitten werden an dieser Stätte; und wenn du es hörst in deiner Wohnung, im Himmel, wollest du gnädig sein.

Wenn dein Volk Israel vor dem Feind geschlagen wird, weil sie an dir gesündigt haben, und sie bekehren sich dann zu dir und bekennen deinen Namen und beten und flehen zu dir in diesem Hause, so wollest du hören im Himmel und die Sünde deines Volkes Israel vergeben und sie zurückbringen in das Land, das du ihren Vätern gegeben hast.

Wenn der Himmel verschlossen wird, daß es nicht regnet, weil sie an dir gesündigt haben, und sie beten dann zu dieser Stätte hin und bekennen deinen Namen und bekehren sich von ihren Sünden, weil du sie bedrängst, so wollest du hören im Himmel und vergeben die Sünde deiner Knechte und deines Volkes Israel, daß du ihnen den guten Weg weist, auf dem sie wandeln sollen, und regnen läßt auf das Land, das du deinem Volk zum Erbe gegeben hast.

Wenn eine Hungersnot oder Pest oder Dürre oder Getreidebrand oder Heuschrecken oder Raupen im Lande sein werden oder sein Feind im Lande seine Städte belagert oder irgendeine Plage oder Krankheit da ist – wer dann bittet und fleht, es seien Einzelne oder dein ganzes Volk Israel, die da ihre Plage spüren, jeder in seinem Herzen, und breiten ihre Hände aus zu diesem Hause, so wollest du hören im Himmel, an dem Ort, wo du wohnst, und gnädig sein und schaffen, daß du jedem gibst, wie er gewandelt ist, wie du sein Herz erkennst – denn du allein kennst das Herz aller Menschenkinder –, damit sie dich fürchten allezeit, solange sie in dem Lande leben, das du unsern Vätern gegeben hast.

Auch wenn ein Fremder, der nicht von deinem Volk Israel ist, aus fernem Lande kommt, um deines Namens willen – denn sie werden hören von deinem großen Namen und von deiner mächtigen Hand und von deinem ausgereckten Arm –, wenn er kommt, um zu diesem Hause hin zu beten, so wollest du hören im Himmel, an dem Ort, wo du wohnst, und alles tun, worum der Fremde dich anruft, auf daß alle Völker auf Erden deinen Namen erkennen, damit auch sie dich fürchten wie dein Volk Israel, und daß sie innewerden, daß dein Name über diesem Hause genannt ist, das ich gebaut habe.

aus 1. Könige 8,23ff.

Gebet in der Not des Volkes Gottes

Hilf, HERR! Die Heiligen haben abgenommen,/ und gläubig sind wenige unter den Menschenkindern. Einer redet mit dem andern Lug und Trug,/ sie heucheln und reden aus zwiespältigem Herzen.

Der HERR wolle ausrotten alle Heuchelei / und die Zunge, die hoffärtig redet, die da sagen: »Durch unsere Zunge sind wir mächtig,/ uns gebührt zu reden! Wer ist unser HERR?«

»Weil die Elenden Gewalt leiden / und die Armen seufzen, will ich jetzt aufstehen«, spricht der HERR,/ »ich will Hilfe schaffen dem, der sich danach sehnt.«

Die Worte des HERRN sind lauter wie Silber,/ im Tiegel geschmolzen, geläutert siebenmal. Du, HERR, wollest sie bewahren / und uns behüten vor diesem Geschlecht ewiglich! Denn Gottlose gehen allenthalben einher,/ weil Gemeinheit herrscht unter den Menschenkindern. Psalm 12

Hat uns Gott verstoßen?

Gott, warum verstößest du uns für immer / und bist so zornig über die Schafe deiner Weide? Gedenke an deine Gemeinde, / die du vorzeiten erworben und dir zum Erbteil erlöst hast, / an den Berg Zion, auf dem du wohnest.

Richte doch deine Schritte zu dem, was so lange wüste liegt./ Der Feind hat alles verheert im Heiligtum. Deine Widersacher brüllen in deinem Hause / und stellen ihre Zeichen darin auf. Unsere Zeichen sehen wir nicht, kein Prophet ist mehr da,/ und keiner ist bei uns, der etwas weiß.

Ach, Gott, wie lange soll der Widersacher noch schmähen / und der Feind deinen Namen immerfort lästern? Warum ziehst du deine Hand zurück?/ Nimm deine Rechte aus dem Gewand und mach ein Ende!

Gott ist ja mein König von alters her,/ der alle Hilfe tut, die auf Erden geschieht. Du hast das Meer gespalten durch deine Kraft,/ zerschmettert die Köpfe der Drachen im Meer. Du hast Quellen und Bäche hervorbrechen lassen / und ließest starke Ströme versiegen. Dein ist der Tag und dein ist die Nacht: du hast Gestirn und Sonne die Bahn gegeben. Du hast dem Land seine Grenze gesetzt;/ Sommer und Winter hast du gemacht.

So gedenke doch, HERR, wie der Feind schmäht / und ein törichtes Volk deinen Namen lästert. Gib deine Taube nicht den Tieren preis;/ das Leben deiner Elenden vergiß nicht für immer. Gedenke an den Bund;/ denn die dunklen Winkel des Landes sind voll Frevel. Laß den Geringen nicht beschämt davongehen,/ laß die Armen und Elenden rühmen deinen Namen. Mach dich auf, Gott, und führe deine Sache;/ denk an die Schmach, die dir täglich von den Toren widerfährt. Vergiß nicht das Geschrei deiner Feinde;/ das Toben deiner Widersacher wird je länger, je größer. aus Psalm 74

Dein Zorn hat uns getroffen

Gott, es sind Heiden in dein Erbe eingefallen; die haben deinen heiligen Tempel entweiht / und aus Jerusalem einen Steinhaufen gemacht./ Wir sind bei unsern Nachbarn eine Schmach geworden,/ zu Spott und Hohn bei denen, die um uns her sind.

HERR, wie lange willst du so sehr zürnen / und deinen Eifer brennen lassen wie Feuer?/ Rechne uns die Schuld der Väter nicht an,/ erbarme dich unser bald, denn wir sind sehr elend./ Hilf du uns, Gott, unser Helfer,/ um deines Namens Ehre willen!/ Errette uns und vergib uns unsre Sünden / um deines Namens willen!

Warum läßt du die Heiden sagen:/ »Wo ist nun ihr Gott?«/ Laß vor dich kommen das Seufzen der Gefangenen;/ durch deinen starken Arm erhalte die Kinder des Todes./ Wir aber, dein Volk, die Schafe deiner Weide,/ danken dir ewiglich und verkünden deinen Ruhm für und für. aus Psalm 79

Bitte um Erneuerung und Wiederaufrichtung des Volkes Gottes

Gebetsseufzer

HERR, höre mein Gebet / und laß mein Schreien zu dir kommen./ Verbirg dein Antlitz nicht vor mir in der Not, neige deine Ohren zu mir;/ wenn ich dich anrufe, so erhöre mich bald!/ Ich wache und klage / wie ein einsamer Vogel auf dem Dache./ Täglich schmähen mich meine Feinde./ Du aber, HERR, bleibst ewiglich / und dein Name für und für.

Psalm 102,2.3.8.9.13

Fürbitte

Du wollest dich aufmachen und über Zion erbarmen;/ denn es ist Zeit, daß du ihm gnädig seist, und die Stunde ist gekommen – denn deine Knechte wollten gerne, daß es gebaut würde,/ und es jammert sie, daß es in Trümmern liegt –, daß die Heiden den Namen des HERRN fürchten / und alle Könige auf Erden deine Herrlichkeit.

Ja, der HERR baut Zion wieder / und erscheint in seiner Herrlichkeit. Er wendet sich zum Gebet der Verlassenen / und verschmäht ihr Gebet nicht. Das werde geschrieben für die Nachkommen;/ und das Volk, das er schafft, wird den HERRN loben. Denn er schaut von seiner heiligen Höhe,/ der HERR sieht vom Himmel auf die Erde, daß er das Seufzen der Gefangenen höre / und losmache die Kinder des Todes, daß sie in Zion verkünden den Namen des HERRN / und sein Lob in Jerusalem, wenn die Völker zusammenkommen / und die Königreiche, dem HERRN zu dienen. Psalm 102,14-23

Preis Gottes

Du hast vorzeiten die Erde gegründet,/ und die Himmel sind deiner Hände Werk. Sie werden vergehen, du aber bleibst;/ sie werden alle veralten wie ein Gewand; wie ein Kleid wirst du sie wechseln,/ und sie werden verwandelt werden. Du aber bleibst, wie du bist,/ und deine Jahre nehmen kein Ende.

Psalm 102,26-28

Das hohepriesterliche Gebet Jesu und die Gebete der Apostelzeit

Im hohenpriesterlichen Gebet (Joh.17) betet Jesus zunächst für sich

So redete Jesus und hob seine Augen auf zum Himmel und sprach: Vater, die Stunde ist da: verherrliche deinen Sohn, damit der Sohn dich verherrliche; denn du hast ihm Macht gegeben über alle Menschen, damit er das ewige Leben gebe allen, die du ihm gegeben hast. Das ist aber das ewige Leben, daß sie dich, der du allein wahrer Gott bist, und den du gesandt hast, Jesus Christus, erkennen. Ich habe dich verherrlicht auf Erden und das Werk vollendet, das du mir gegeben hast, damit ich es tue. Und nun, Vater, verherrliche du mich bei dir mit der Herrlichkeit, die ich bei dir hatte, ehe die Welt war.

Johannes 17,1-5

Jesus betet für seine Jünger

Ich habe deinen Namen den Menschen offenbart, die du mir aus der Welt gegeben hast. Sie waren dein, und du hast sie mir gegeben, und sie haben dein Wort bewahrt. Nun wissen sie, daß alles, was du mir gegeben hast, von dir kommt. Denn die Worte, die du mir gegeben hast, habe ich ihnen gegeben, und sie haben sie angenommen und wahrhaftig erkannt, daß ich von dir ausgegangen bin, und sie glauben, daß du mich gesandt hast.

Ich bitte für sie und bitte nicht für die Welt, sondern für die, die du mir gegeben hast; denn sie sind dein. Und alles, was mein ist, das ist dein, und was dein ist, das ist mein; und ich bin in ihnen verherrlicht. Ich bin nicht mehr in der Welt; sie aber sind in der Welt, und ich komme zu dir. Heiliger Vater, erhalte sie in deinem Namen, den du mir gegeben hast, daß sie eins seien wie wir. Solange ich bei ihnen war, erhielt ich sie in deinem Namen, den du mir gegeben hast, und ich habe sie bewahrt, und keiner von ihnen ist verloren außer dem Sohn des Verderbens, damit die Schrift erfüllt werde.

Nun aber komme ich zu dir und rede dies in der Welt, damit meine Freude in ihnen vollkommen sei. Ich habe ihnen dein Wort gegeben, und die Welt hat sie gehaßt; denn sie sind nicht von der Welt, wie auch ich nicht von der Welt bin. Ich bitte dich nicht, daß du sie aus der Welt nimmst, sondern daß du sie bewahrst vor dem Bösen.

Sie sind nicht von der Welt, wie auch ich nicht von der Welt bin. Heilige sie in der Wahrheit; dein Wort ist die Wahrheit. Wie du mich gesandt hast in die Welt, so sende ich sie auch in die Welt. Ich heilige mich selbst für sie, damit auch sie geheiligt seien in der Wahrheit. Johannes 17, 6-19

Jesus betet für die künftige Gemeinde

Ich bitte aber nicht allein für sie, sondern auch für die, die durch ihr Wort an mich glauben werden, damit sie alle eins seien. Wie du, Vater, in mir bist und ich in dir, so sollen auch sie in uns sein, damit die Welt glaube, daß du mich gesandt hast. Und ich habe ihnen die Herrlichkeit gegeben, die du mir gegeben hast, damit sie eins seien, wie wir eins sind, ich in ihnen und du in mir, damit sie vollkommen eins seien und die Welt erkenne, daß du mich gesandt hast und sie liebst, wie du mich liebst.

Vater, ich will, daß, wo ich bin, auch die bei mir seien, die du mir gegeben hast, damit sie meine Herrlichkeit sehen, die du mir gegeben hast; denn du hast mich geliebt, ehe der Grund der Welt gelegt war. Gerechter Vater, die Welt kennt dich nicht; ich aber kenne dich, und diese haben erkannt, daß du mich gesandt hast. Und ich habe ihnen deinen Namen kundgetan und werde ihn kundtun, damit die Liebe, mit der du mich liebst, in ihnen sei und ich in ihnen. Johannes 17,20-26

Gebet der Urgemeinde für die Apostel als die Verfolgungen begannen

Herr, du hast Himmel und Erde und das Meer und alles, was darin ist, gemacht, du hast durch den heiligen Geist, durch den Mund unseres Vaters David, deines Knechtes, gesagt (Psalm

2,1.2): »Warum toben die Heiden, und die Völker nehmen sich vor, was umsonst ist? Die Könige der Erde treten zusammen, und die Fürsten versammeln sich wider den Herrn und seinen Christus.« Wahrhaftig, sie haben sich versammelt in dieser Stadt gegen deinen heiligen Knecht Jesus, den du gesalbt hast, Herodes und Pontius Pilatus mit den Heiden und den Stämmen Israels, zu tun, was deine Hand und dein Ratschluß zuvor bestimmt hatten, daß es geschehen solle. Und nun, Herr, sieh an ihr Drohen und gib deinen Knechten, mit allem Freimut zu reden dein Wort; strecke deine Hand aus, daß Heilungen und Zeichen und Wunder geschehen durch den Namen deines heiligen Knechtes Jesus. Und als sie gebetet hatten, erbebte die Stätte, wo sie versammelt waren; und sie wurden alle vom heiligen Geist erfüllt und redeten das Wort Gottes mit Freimut.

Apostelgeschichte 4,24-31

Gebet des Apostels Paulus für die Ältesten der Gemeinde in Ephesus

Ich befehle euch Gott und dem Wort seiner Gnade, der da mächtig ist, euch zu erbauen und euch das Erbe zu geben mit allen, die geheiligt sind. Apostelgeschichte 20,32

Für die Gemeinde in Rom

Der Gott der Hoffnung erfülle euch mit aller Freude und Frieden im Glauben, daß ihr immer reicher werdet an Hoffnung durch die Kraft des heiligen Geistes. Römer 15,13

Gebet um die Erkenntnis der Herrlichkeit Jesu Christi

Ich höre nicht auf, zu danken für euch, und gedenke euer in meinem Gebet, daß der Gott unseres Herrn Jesus Christus, der Vater der Herrlichkeit, euch gebe den Geist der Weisheit und der Offenbarung, ihn zu erkennen. Und er gebe euch erleuchtete Augen des Herzens, damit ihr erkennt, zu welcher Hoffnung ihr von ihm berufen seid, wie reich die Herrlichkeit seines Erbes für die Heiligen ist und wie überschwenglich groß seine Kraft an uns, die wir glauben, weil die Macht seiner Stärke bei uns wirksam wurde, mit der er in Christus gewirkt hat.

Durch sie hat er ihn von den Toten auferweckt und eingesetzt zu seiner Rechten im Himmel über alle Reiche, Gewalt, Macht, Herrschaft und alles, was sonst einen Namen hat, nicht allein in dieser Welt, sondern auch in der zukünftigen. Und alles hat er unter seine Füße getan und hat ihn gesetzt der Gemeinde zum Haupt über alles, welche sein Leib ist, nämlich die Fülle dessen, der alles in allem erfüllt. Epheser 1,16-23

Dasselbe in der Übersetzung der »Guten Nachricht«

Ich danke Gott unermüdlich für euch. Ich denke immer an euch, wenn ich bete. Und ich bitte den Gott unseres Herrn Jesus Christus, den Vater, dem alle Macht und Hoheit gehört, euch Weisheit zu geben, so daß ihr ihn und seine Weisheit erkennen könnt. Er öffne euch die Augen, damit ihr das Ziel seht, zu dem ihr berufen seid. Er lasse euch erkennen, wie reich er euch beschenken will und zu welcher Herrlichkeit er euch in Gemeinschaft mit seinem ganzen Volk bestimmt hat. Ihr sollt begreifen, wie überwältigend groß die Kraft ist, mit der er in uns, den Glaubenden, wirkt.

Denn es ist dieselbe gewaltige Kraft, mit der er in Christus am Werk war, als er ihn vom Tod erweckte und in der himmlischen Welt an seine rechte Seite setzte. Dort herrscht Christus jetzt über alle unsichtbaren Mächte und Gewalten ohne Unterschied. Weder in dieser noch in der kommenden Welt gibt es eine Macht, die ihm nicht unterworfen ist. Gott hat alles ohne Ausnahme in seine Gewalt gegeben. Ihn aber, den Herrn über alles, gab er der Gemeinde zum Haupt. Die Gemeinde ist sein Leib; er, der das All erfüllt, wirkt in ihr mit der ganzen Fülle seiner Lebensmacht. Epheser 1,16-23

Fürbitte um geistliches Wachstum

Deshalb beuge ich meine Knie vor dem Vater, der der rechte Vater ist über alles, was da Kinder heißt im Himmel und auf Erden, daß er euch Kraft gebe nach dem Reichtum seiner Herrlichkeit, stark zu werden durch seinen Geist an dem inwendigen Menschen, daß Christus durch den Glauben in euren Herzen wohne und ihr in der Liebe eingewurzelt und gegründet seid.

So könnt ihr mit allen Heiligen begreifen, welches die Breite und die Länge und die Höhe und die Tiefe ist, auch die Liebe Christi erkennen, die alle Erkenntnis übertrifft, damit ihr erfüllt werdet mit der ganzen Gottesfülle. Dem aber, der überschwenglich tun kann über alles hinaus, was wir bitten oder verstehen, nach der Kraft, die in uns wirkt, dem sei Ehre in der Gemeinde und in Christus Jesus zu aller Zeit, von Ewigkeit zu Ewigkeit! Amen. Epheser 3,14-21

Fürbitte um Kraft und Geduld

Wir beten für euch, daß ihr gestärkt werdet mit aller Kraft durch seine herrliche Macht zu aller Geduld und Langmut.

Kolosser 1,11.12

Fürbitte um Heiligung

Er aber, der Gott des Friedens, heilige euch durch und durch und bewahre euren Geist samt Seele und Leib unversehrt, untadelig für die Ankunft unseres Herrn Jesus Christus.

1.Thessalonicher 5,23

Fürbitte um Stärkung

Er aber, unser Herr Jesus Christus, und Gott, unser Vater, der uns geliebt und uns einen ewigen Trost gegeben hat und eine gute Hoffnung durch Gnade, der tröste eure Herzen und stärke euch in allem guten Werk und Wort.

2. Thessalonicher 2,16.17

Fürbitte um Wachstum an Erfahrung

Ich bete darum, daß eure Liebe immer noch reicher werde an Erkenntnis und aller Erfahrung, so daß ihr prüfen könnt, was das Beste sei, damit ihr lauter und unanstößig seid für den Tag Christi, erfüllt mit Frucht der Gerechtigkeit durch Jesus Christus zur Ehre und zum Lobe Gottes. Philipper 1,9-11

Segenswünsche

Die Gnade unseres Herrn Jesus Christus sei mit eurem Geist. Galater 6,18

Der Friede Gottes, der höher ist als alle Vernunft, bewahre eure Herzen und Sinne in Christus Jesus. Philipper 4,7

Bitte um Vollendung des Heils

Gebet des sterbenden Jakob

Herr, ich warte auf dein Heil! 1. Mose 49,18

Die Bitte Moses

Herr, laß mich deine Herrlichkeit sehen! 2. Mose 33,18

Gebete des Propheten Jesaja um Erlösung aus der Krise

Wach auf, wach auf, zieh Macht an, du Arm des HERRN! Wach auf, wie vor alters zu Anbeginn der Welt! Warst du es nicht, der Rahab zerhauen und den Drachen durchbohrt hat? Warst du es nicht, der das Meer austrocknete, die Wasser der großen Tiefe, der den Grund des Meeres zum Wege machte, daß die Erlösten hindurchgingen? Jesaja 51,9.10

Ach, daß du den Himmel zerrissest und führest herab, daß die Berge vor dir zerflössen, wie Feuer Reisig entzündet und wie

Feuer Wasser sieden macht, daß dein Name kund würde unter deinen Feinden und die Völker vor dir zittern müßten, wenn du Furchtbares tust, das wir nicht erwarten – und führest herab, daß die Berge vor dir zerflössen! – und das man von alters her nicht vernommen hat.

Kein Ohr hat gehört, kein Auge hat gesehen einen Gott außer dir, der so wohl tut denen, die auf ihn harren.

Jesaja 63,19b-64,1-3

Das Gebet der bedrängten Gemeinde
für die Vollendung des Reiches Gottes

Amen, ja, komm, Herr Jesus! Offenbarung 22,20

Die dritte Bitte:
DEIN WILLE GESCHEHE, WIE IM HIMMEL, SO AUF ERDEN.

»Was ist das? Gottes guter und gnädiger Wille geschieht wohl ohne unser Gebet; aber wir bitten in diesem Gebet, daß er auch bei uns geschehe.
Wie geschieht das? Wenn Gott allen bösen Rat und Willen bricht und hindert, die uns den Namen Gottes nicht heiligen und sein Reich nicht kommen lassen wollen, als da ist des Teufels, der Welt und unsres Fleisches Wille, sondern stärkt und behält uns fest in seinem Wort und Glauben bis an unser Ende. Das ist sein gnädiger, guter Wille.«

Martin Luther im Kleinen Katechismus

Gottes Wille ist anders als unser Wille, weil er seinen Heilsplan auf weite Sicht verfolgt, während wir nur einen kurzen irdischen Zeitraum überblicken können, und auch dies nur entsprechend dem Lauf der natürlichen Gegebenheiten und Vermutungen. Daher bitten wir, weil wir Gott gehorchen wollen, um seine Weisung und auch darum, daß wir sie erkennen.

Gottes Wille wird durch den Willen des Widersachers bekämpft. Mit seinen dämonischen, zerstörerischen Kräften findet Satan immer wieder Menschen, die als gefügige Werkzeuge seine Zerstörungslust durchsetzen wollen. Sie tun dies beim einzelnen Menschen mit ihrer Verführungskunst in Wort und Tat, in der menschlichen Gesellschaft durch Gestaltung der öffentlich verbreiteten und gültig gemachten Meinung und durch Verharmlosung der Sünde, aber auch durch Gewinnen politischer Macht, durch die sie ihr unheilbringendes Werk im Weltmaßstab fortsetzen können.

Gottes Reich und sein Wille setzen sich trotzdem entsprechend der Verheißung Jesu (Matth. 24,14 u.a.) insoweit durch, daß bis ans Ende der Tage Menschen durch die Verkündigung der frohen Botschaft gerettet werden. Die Gemeinde Jesu Christi wird alle Gegenspieler überleben (Matth. 16,18) und kann die von Gott erwartete Frucht bringen, indem sie im Auftrag Jesu das heilbringende Evangelium zu allen Völkern bringt.

Gott hat versprochen (1. Mose 8,21.22), daß die Erde bis zum Jüngsten Tag als Lebensraum für die Menschen erhalten bleiben wird; schon darum wird Gott Satans zerstörenden Kräften wehren. Das glaubt, hofft und bittet die Gemeinde.

Aber das Ringen der Gemeinde Jesu Christi gegen diese Widerstände ist keine Sache, die mit leichter Hand oder mit einigen theologisch beruhigenden Worten getan wäre. Es ist ein Kampf mit dem Widersacher zunächst *in* uns und dann *um* uns. Da mit unserer Macht nichts Wesentliches auszurichten ist, brauchen wir den Schutz unseres Herrn, die geistliche Ausrüstung, wie sie in Epheser 6,10-20 beschrieben ist, und die Geistesgaben, besonders die der Unterscheidung der Geister (1. Kor. 12,10). Jesus hat die Wachsamkeit, Klugheit und Treue der Beauftragten gelobt; er hat seiner Gemeinde das Durchhalten unter Leiden ans Herz gelegt und für Verfolgungszeiten den Heiligen Geist verheißen denen, die vor Gericht gezogen oder Blutzeugen werden. Um das alles gilt es zu bitten: Dein Wille geschehe!

Großer Widerstand gegen den Willen Gottes findet sich in uns, wenn das Murren gegen Gott unser Wesen vergiftet hat, besonders, wenn wir leiden müssen und dabei lange vergeblich auf Gottes Hilfe warten. Damit wir im Leiden Gehorsam lernen (Hebr. 5,7-9), ist uns wichtig, auf Jesus zu schauen und im Gebet, auch im Klagen, fest mit ihm verbunden zu bleiben. So wird es uns gelingen, uns in den Willen Gottes einschmelzen zu lassen. Dabei werden wir Wunder erleben, Antwort und Trost erfahren und das Jasagen lernen auch zum Schweren.

Wir werden aber auch in die Bitte »Dein Wille geschehe« etwas Neues einschließen, nämlich: »*Nur* dein Wille geschehe« und dabei, besonders in kritischen Situationen und bei ernstlichem Gebet (Jak. 5,16b) Siege unseres Gottes, Klärung von Situationen und Durchbrüche durch Verhängnisse erleben. Es kann uns gegeben werden, stark zu werden in einem bis dahin nicht gekannten Mut und einer Vollmacht, die den helfenden und siegenden Heilswillen Gottes auf der Erde sichtbar macht. Wenn das nicht so wäre, hätte es nie Erweckungen gegeben, keine Erneuerung der Kirche, keine Siege über große und finstere

Gebundenheiten. Von segensreichen, politischen Veränderungen, die zu Frieden und Menschlichkeit führten, wäre nichts zu berichten; die großen und die kleinen Werke der Diakonie und die geistlichen Lebensgemeinschaften von Christen wären nicht entstanden. Die Menschen, die da einer sie drängenden Berufung folgen, ahnen in den Anfängen meist nicht, was Gott mit ihnen vorhat, wie stark sie vom Willen Gottes, der sich in ihrem Umfeld auswirken will, erfüllt sind und wie sie unaufhaltsam in die Baustellen Gottes hineingeschoben werden!

Christen werden also mit dieser dritten Bitte nicht zu Fatalisten, die alles in passivem Gleichmut über sich ergehen lassen. Sie wollen von Herzen, daß Gottes Wille auf Erden geschieht, sie kämpfen auch darum und stellen sich dem Gegenangriff in der ihnen von Gott dafür gegebenen Ausrüstung. Jesus lehrt uns, daß dies nicht in eigener Kraft möglich ist; er verweist uns auf das Beten: »Unser Vater, wie im Himmel, so möge doch auch auf Erden Dein Wille geschehen!« – Wir wollen beten lernen, auch mit den Worten derer, die vor uns gekämpft, gelitten und überwunden haben.

Die in diesem Abschnitt aufgeführten Gebete sind wie folgt aufgeteilt:

Bitten um Weisung
Bitte um den Sieg Gottes über seine Feinde
Gebete um Trost im Leiden und um Kraft, sich in Gottes Willen zu ergeben.

Bitten um Weisung von Gott

Hab ich denn Gnade vor deinen Augen gefunden, so laß mich deinen Weg wissen, damit ich dich erkenne und Gnade vor deinen Augen finde. Und sieh doch, daß dies Volk dein Volk ist. 2. Mose 33,13

Weise mir, HERR, deinen Weg,/ daß ich wandle in deiner Wahrheit;/ erhalte mein Herz bei dem einen, daß ich deinen Namen fürchte. Psalm 86,11

Sende dein Licht und deine Wahrheit, daß sie mich leiten / und bringen zu deinem heiligen Berg und zu deiner Wohnung, / daß ich hineingehe zum Altar Gottes,/ zu dem Gott, der meine Freude und Wonne ist,/ und dir, Gott, auf der Harfe danke, mein Gott./ Was betrübst du dich, meine Seele,/ und bist so unruhig in mir?/ Harre auf Gott; denn ich werde ihm noch danken,/ daß er meines Angesichts Hilfe und mein Gott ist. Psalm 43,3-5

Laß mich am Morgen hören deine Gnade;/ denn ich hoffe auf dich./ Tu mir kund den Weg, den ich gehen soll;/ denn mich verlangt nach dir./ Lehre mich tun nach deinem Wohlgefallen, denn du bist mein Gott;/ dein guter Geist führe mich auf ebner Bahn. Psalm 143,8.10

Bitte des Königs Salomo um ein gehorsames Herz

So wollest du deinem Knecht ein gehorsames Herz geben, damit er dein Volk richten könne und verstehen, was gut und böse ist. 1. Könige 3,9

Gebet vor einer Wahl der Apostel (zum Vergleich: Apg. 6,6)

Herr, der du aller Herzen kennst, zeige an, welchen du erwählt hast von diesen beiden, damit er diesen Dienst empfange.
Apostelgeschichte 1,24-25

Fürbitte um Erkenntnis des Willens Gottes für das Leben im Glauben

Darum lassen wir auch von dem Tag an, an dem wir's gehört haben, nicht ab, für euch zu beten und zu bitten, daß ihr erfüllt werdet mit der Erkenntnis seines Willens in aller geistlichen Weisheit und Einsicht, daß ihr des Herrn würdig lebt, ihm in allen Stücken gefallt und Frucht bringt in jedem guten Werk und wachst in der Erkenntnis Gottes und gestärkt werdet mit aller Kraft durch seine herrliche Macht zu aller Geduld und Langmut. Kolosser 1,9-11

Als Segen zugesprochene Fürbitte

Der Gott des Friedens aber, der den großen Hirten der Schafe, unsern Herrn Jesus, von den Toten heraufgeführt hat durch das Blut des ewigen Bundes, der mache euch tüchtig in allem Guten, zu tun seinen Willen, und schaffe in uns, was ihm gefällt, durch Jesus Christus, welchem sei Ehre von Ewigkeit zu Ewigkeit! Amen. Hebräer 13,20.21

Bitte um den Sieg Gottes über seine Feinde

Jetzt kann nur Gott helfen

Sei mir gnädig, Gott, sei mir gnädig!/ Denn auf dich traut meine Seele, und unter dem Schatten deiner Flügel habe ich Zuflucht,/ bis das Unglück vorübergehe. Ich rufe zu Gott, dem Allerhöchsten,/ zu Gott, der meine Sache zum guten Ende führt. Er sende vom Himmel und helfe mir von der Schmähung dessen, der mir nachstellt./ Gott sende seine Güte und Treue. Ich liege mitten unter Löwen;/ verzehrende Flammen sind die Menschen, ihre Zähne sind Spieße und Pfeile / und ihre Zungen scharfe Schwerter. Erhebe dich, Gott, über den Himmel / und deine Herrlichkeit über alle Welt!

Sie haben meinen Schritten ein Netz gestellt / und meine Seele gebeugt; sie haben vor mir eine Grube gegraben –/ und fallen doch selbst hinein.

Erhebe dich, Gott, über den Himmel / und deine Herrlichkeit über alle Welt! Psalm 57,2-7.12

Ich hoffe auf Gott

Nach dir, HERR, verlanget mich. / Mein Gott, ich hoffe auf dich; laß mich nicht zuschanden werden,/ daß meine Feinde nicht frohlocken über mich. Denn keiner wird zuschanden, der auf dich harret;/ aber zuschanden werden die leichtfertigen Verächter. Psalm 25,1-3

In der Verbundenheit mit Gott überwinde ich die Angst

Der HERR ist meines Lebens Kraft;/ vor wem sollte mir grauen? Wenn die Übeltäter an mich wollen, um mich zu verschlingen, meine Widersacher und Feinde,/ sollen sie selber straucheln und fallen. Wenn sich auch ein Heer wider mich lagert,/ so fürchtet sich dennoch mein Herz nicht; wenn sich Krieg wider mich erhebt,/ so verlasse ich mich auf ihn.

Eines bitte ich vom HERRN, das hätte ich gerne:/ daß ich im Hause der HERRN bleiben könne mein Leben lang, zu schauen die schönen Gottesdienste des HERRN*/ und seinen Tempel zu betrachten. Denn er deckt mich in seiner Hütte zur bösen Zeit, er birgt mich im Schutz seines Zeltes / und erhöht mich auf einen Felsen. Und nun erhebt sich mein Haupt / über meine Feinde, die um mich her sind; darum will ich Lob opfern in seinem Zelt,/ ich will singen und Lob sagen dem HERRN.

HERR, höre meine Stimme, wenn ich rufe;/ sei mir gnädig und erhöre mich! Mein Herz hält dir vor dein Wort: »Ihr sollt mein Antlitz suchen.«/ Darum suche ich auch, HERR, dein Antlitz. Verbirg dein Antlitz nicht vor mir,/ verstoße nicht im Zorn deinen Knecht! Denn du bist meine Hilfe; verlaß mich nicht / und tu die Hand nicht von mir ab, Gott, mein Heil! Denn mein Vater und meine Mutter verlassen mich,/ aber der HERR nimmt mich auf.

HERR, weise mir deinen Weg / und leite mich auf ebener Bahn um meiner Feinde willen. Gib mich nicht preis dem Willen meiner Feinde!/ Denn es stehen falsche Zeugen wider mich auf und tun mir Unrecht ohne Scheu. Ich glaube aber doch, daß ich sehen werde / die Güte des HERRN im Lande der Lebendigen. Harre des HERRN!/ Sei getrost und unverzagt und harre des HERRN! Psalm 27,1-14

* Wörtlich: zu schauen die Freundlichkeit des HERRN.

Meine Seele ist stille zu Gott

Meine Seele ist stille / zu Gott, der mir hilft. Denn er ist mein Fels, meine Hilfe, mein Schutz,/ daß ich gewiß nicht fallen werde. Wie lange stellt ihr alle einem nach,/ wollt alle ihn morden, als wäre er eine hangende Wand / und eine rissige Mauer? Sie denken nur, wie sie ihn stürzen,/ haben Gefallen am Lügen; mit dem Munde segnen sie,/ aber im Herzen fluchen sie.

Aber sei nur stille zu Gott, meine Seele;/ denn er ist meine Hoffnung. Er ist mein Fels, meine Hilfe und mein Schutz,/ daß ich nicht fallen werde. Bei Gott ist mein Heil und meine Ehre, der Fels meiner Stärke,/ meine Zuversicht ist bei Gott. Hoffet auf ihn allezeit, liebe Leute, schüttet euer Herz vor ihm aus; / Gott ist unsre Zuversicht.

Aber Menschen sind ja nichts, große Leute täuschen auch; / sie wiegen weniger als nichts, soviel ihrer sind. Verlaßt euch nicht auf Gewalt / und setzt auf Raub nicht eitle Hoffnung; fällt euch Reichtum zu,/ so hängt euer Herz nicht daran. Eines hat Gott geredet,/ ein Zweifaches habe ich gehört: Gott allein ist mächtig,/ und du, HERR, bist gnädig; denn du vergiltst einem jeden,/ wie er's verdient hat. Psalm 62

Behüte mein Leben vor der Grausamkeit des Feindes

Höre, Gott, meine Stimme in meiner Klage,/ behüte mein Leben vor dem schrecklichen Feinde. Verbirg mich vor den Anschlägen der Bösen,/ vor dem Toben der Übeltäter, die ihre Zunge schärfen wie ein Schwert,/ mit ihren giftigen Worten zielen wie mit Pfeilen, daß sie heimlich schießen auf den Frommen;/ plötzlich schießen sie auf ihn ohne alle Scheu.

Sie verstehen sich auf ihre bösen Anschläge und reden davon, wie sie Stricke legen wollen,/ und sprechen: Wer kann sie sehen? Sie haben Böses im Sinn und halten's geheim,/ sind verschlagen und haben Ränke im Herzen.

Da trifft sie Gott mit dem Pfeil,/ plötzlich sind sie zu Boden geschlagen. Ihre eigene Zunge bringt sie zu Fall,/ daß ihrer spotten wird, wer sie siehet. Und alle Menschen werden sich fürchten und sagen: Das hat Gott getan!/ und erkennen, daß es sein Werk ist. Psalm 64

Eile, Gott, mich zu erretten

Eile, Gott, mich zu erretten,/ HERR, mir zu helfen!/ Es sollen sich schämen und zuschanden werden,/ die mir nach dem Leben trachten;/ sie sollen zurückweichen und zum Spott werden,/ die mir Übles wünschen;/ sie sollen umkehren um ihrer Schande willen,/ die über mich schreien: Da, da!

Laß deiner sich freuen und fröhlich sein / alle, die nach dir fragen;/ und die dein Heil lieben, laß allewege sagen:/ Hoch gelobt sei Gott!/ Ich aber bin elend und arm; Gott, eile zu mir! / Du bist mein Helfer und Erretter; HERR, säume nicht!

Psalm 70

Ich bin elend und arm, erhöre mich

HERR, neige deine Ohren und erhöre mich;/ denn ich bin elend und arm. Bewahre meine Seele, denn ich bin dein./ Hilf du, mein Gott, deinem Knechte, der sich verläßt auf dich. HERR, sei mir gnädig;/ denn ich rufe täglich zu dir. Erfreue die Seele deines Knechts;/ denn nach dir, HERR, verlangt mich. Denn du, HERR, bist gut und gnädig,/ von großer Güte allen, die dich anrufen. Vernimm, HERR, mein Gebet / und merke auf die Stimme meines Flehens! In der Not rufe ich dich an;/ du wollest mich erhören! Psalm 86,1-7

Die Geborgenheit bei dem starken Gott

Gott ist unsre Zuversicht und Stärke,/ eine Hilfe in den großen Nöten, die uns getroffen haben. Darum fürchten wir uns nicht, wenngleich die Welt unterginge / und die Berge mitten ins Meer sänken, wenngleich das Meer wütete und wallte / und von seinem Ungestüm die Berge einfielen.

Dennoch soll die Stadt Gottes fein lustig bleiben / mit ihren Brünnlein, da die heiligen Wohnungen des Höchsten sind. Gott ist bei ihr drinnen, darum wird sie fest bleiben;/ Gott hilft ihr früh am Morgen. Die Heiden müssen verzagen und die Königreiche fallen,/ das Erdreich muß vergehen, wenn er sich hören läßt. Der HERR Zebaoth ist mit uns,/ der Gott Jakobs ist unser Schutz.

Kommt her und schauet die Werke des HERRN,/ der auf Erden solch ein Zerstören anrichtet, der den Kriegen steuert in aller Welt,/ der Bogen zerbricht, Spieße zerschlägt und Wagen mit Feuer verbrennt. Seid stille und erkennet, daß ich Gott bin!/ Ich will der Höchste sein unter den Heiden, der Höchste auf Erden. Der HERR Zebaoth ist mit uns,/ der Gott Jakobs ist unser Schutz.

Psalm 46

Vertrauen auf Gottes Wort

Gott, sei mir gnädig, denn Menschen stellen mir nach;/ täglich bekämpfen und bedrängen sie mich. Meine Feinde stellen mir täglich nach;/ denn viele kämpfen gegen mich voll Hochmut. Wenn ich mich fürchte,/ so hoffe ich auf dich. Ich will Gottes Wort rühmen; auf Gott will ich hoffen und mich nicht fürchten./ Was können mir Menschen tun?

Täglich fechten sie meine Sache an;/ alle ihre Gedanken suchen mir Böses zu tun. Sie rotten sich zusammen, sie lauern und haben acht auf meine Schritte,/ wie sie mir nach dem Leben trachten.

Zähle die Tage meiner Flucht, sammle meine Tränen in deinen Krug;/ ohne Zweifel, du zählst sie. Dann werden meine Feinde zurückweichen, wenn ich dich anrufe./ Das weiß ich, daß du mein Gott bist. Ich will rühmen Gottes Wort;/ ich will rühmen des HERRN Wort. Auf Gott hoffe ich und fürchte mich nicht;/ was können mir Menschen tun?

Ich habe dir, Gott, gelobt,/ daß ich dir danken will. Denn du hast mich vom Tode errettet,/ meine Füße vom Gleiten, daß ich wandeln kann vor Gott / im Licht der Lebendigen.

Psalm 56, 2-7.9-14

Gebete um Trost im Leiden und um Kraft, sich in Gottes Willen zu ergeben

Der Herr ist mein Hirte

Der HERR ist mein Hirte,/ mir wird nichts mangeln. Er weidet mich auf einer grünen Aue / und führet mich zum frischen Wasser. Er erquicket meine Seele./ Er führet mich auf rechter Straße um seines Namens willen. Und ob ich schon wanderte im finstern Tal,/ fürchte ich kein Unglück; denn du bist bei mir,/ dein Stecken und Stab trösten mich.

Du bereitest vor mir einen Tisch / im Angesicht meiner Feinde. Du salbest mein Haupt mit Öl / und schenkest mir voll ein. Gutes und Barmherzigkeit werden mir folgen mein Leben lang,/ und ich werde bleiben im Hause des HERRN immerdar.

Psalm 23

Gott hörte mein Schreien

Ich harrte des HERRN,/ und er neigte sich zu mir und hörte mein Schreien. Er zog mich aus der grausigen Grube, aus lauter Schmutz und Schlamm, und stellte meine Füße auf einen Fels, daß ich sicher treten kann; er hat mir ein neues Lied in meinen Mund gegeben,/ zu loben unsern Gott. Das werden viele sehen und sich fürchten / und auf den HERRN hoffen. Wohl dem, der seine Hoffnung setzt auf den HERRN / und sich nicht wendet zu den Hoffärtigen und denen, die mit Lügen umgehen!

HERR, mein Gott, groß sind deine Wunder und deine Gedanken, die du an uns beweisest;/ dir ist nichts gleich! Ich will sie verkündigen und davon sagen,/ wiewohl sie nicht zu zählen sind. Schlachtopfer und Speisopfer gefallen dir nicht, aber die Ohren hast du mir aufgetan./ Du willst weder Brandopfer noch Sündopfer. Da sprach ich: Siehe, ich komme;/ im Buch ist von mir geschrieben: Deinen Willen, mein Gott, tue ich gern,/ und dein Gesetz hab ich in meinem Herzen. Ich verkündige Gerechtigkeit in der großen Gemeinde./ Siehe, ich will

mir meinen Mund nicht stopfen lassen; HERR, das weißt du. Deine Gerechtigkeit verberge ich nicht in meinem Herzen;/ von deiner Wahrheit und von deinem Heil rede ich. Ich verhehle deine Güte und Treue nicht / vor der großen Gemeinde.
Psalm 40,1-11

Wer will uns scheiden von der Liebe Gottes?

Was wollen wir nun hierzu sagen? Ist Gott für uns, wer kann wider uns sein? Der auch seinen eigenen Sohn nicht verschont hat, sondern hat ihn für uns alle dahingegeben – wie sollte er uns mit ihm nicht alles schenken? Wer will die Auserwählten Gottes beschuldigen? Gott ist hier, der gerecht macht. Wer will verdammen? Christus Jesus ist hier, der gestorben ist, ja vielmehr, der auch auferweckt ist, der zur Rechten Gottes ist und uns vertritt. Wer will uns scheiden von der Liebe Christi? Trübsal oder Angst oder Verfolgung oder Hunger oder Blöße oder Gefahr oder Schwert? wie geschrieben steht (Psalm 44,23): »Um deinetwillen werden wir getötet den ganzen Tag: wir sind geachtet wie Schlachtschafe.«

Aber in dem allen überwinden wir weit durch den, der uns geliebt hat. Denn ich bin gewiß, daß weder Tod noch Leben, weder Engel noch Mächte noch Gewalten, weder Gegenwärtiges noch Zukünftiges, weder Hohes noch Tiefes noch eine andere Kreatur uns scheiden kann von der Liebe Gottes, die in Christus Jesus ist, unserm HERRN. Römer 8,31-39

Ergebung in Gottes Willen

Eli aber sprach: Es ist der HERR, er tue, was ihm wohlgefällt.
1. Samuel 3,18

Der HERR hat's gegeben, der HERR hat's genommen; der Name des HERRN sei gelobt! Hiob 1,21

Beugung

Ich erkenne, daß du alles vermagst, und nichts, das du dir vorgenommen, ist dir zu schwer. Wer ist der, der den Ratschluß verhüllt mit Worten ohne Verstand? Darum hab ich unweise geredet, was mir zu hoch ist und ich nicht verstehe. Ich hatte von dir nur vom Hörensagen vernommen; aber nun hat mein Auge dich gesehen. Darum spreche ich mich schuldig und tue Buße in Staub und Asche. Hiob 42,2-6

Gebet des Herrn in Gethsemane

Mein Vater, ist's möglich, so gehe dieser Kelch an mir vorüber; doch nicht wie ich will, sondern wie du willst!

Mein Vater, ist's nicht möglich, daß dieser Kelch an mir vorübergehe, ohne daß ich ihn trinke, so geschehe dein Wille!

Matthäus 26,39.42

Antwort von Jesus Christus an Paulus, als er ihn dreimal um Genesung gebeten hatte

Laß dir an meiner Gnade genügen, denn meine Kraft ist in den Schwachen mächtig! 2. Korinther 12,9

Die vierte Bitte:
UNSER TÄGLICHES BROT GIB UNS HEUTE.

»Was ist das? Gott gibt das tägliche Brot auch wohl ohne unsre Bitte allen bösen Menschen; aber wir bitten in diesem Gebet, daß er's uns erkennen lasse und mit Danksagung empfangen unser täglich Brot.
Was heißt denn täglich Brot? Alles, was zur Leibesnahrung und -notdurft gehört, wie Essen, Trinken, Kleider, Schuh, Haus, Hof, Äcker, Vieh, Geld, Gut, fromm Gemahl, fromme Kinder, fromm Gesinde, fromme und getreue Oberherrn, gut Regiment, gut Wetter, Friede, Gesundheit, Zucht, Ehre, gute Freunde, getreue Nachbarn und dergleichen.«

Martin Luther im Kleinen Katechismus

Erst nachdem die großen Anliegen Gottes unser Gebet bewegt haben, nachdem die heilige Rangordnung des »Trachtet am ersten nach dem Reich Gottes und nach seiner Gerechtigkeit« erfolgt ist, kommt die Bitte um das tägliche Brot. Wir dürfen alle unsere Anliegen im Gebet vor Gott bringen. Er sorgt für uns. Es ist ihm nichts zu wenig und nichts zu unbedeutend. Der sein Volk in der Wüste erhörte und es mit Wachteln und Manna speiste, der den Elia durch die Raben versorgte und den Fünftausend das Brot brach, kümmert sich auch um das, was wir brauchen für unser Leben.

Gerade durch die Konkretisierung der Bitte um das, was wir jetzt am Tage nötig haben, zeigt uns Jesus, daß wir auch ganz gezielt bitten dürfen. Wir haben doch meist recht deutlich vor Augen, was wir nötig haben. So schildern wir es wie Kinder unserm Vater im Himmel. Er wird antworten, manchmal über unser Bitten hinaus, manchmal, indem er die Bitte wörtlich erhört, und manchmal, indem er uns warten lehrt oder die Bitte nicht erfüllt und bei Beharrlichkeit des Beters diese durch seinen Geist auf Besseres umlenkt. Das konkrete Bitten hat den Vorzug, daß man die Erhörung bemerkt und bald etwas zu danken hat. Je allgemeiner und unverbindlicher das Bitten, um so selbstverständlicher nehmen wir die allgemeine Güte Gottes in Anspruch und um so weniger werden wir am Danken froh. Nehmen wir doch wahr, daß Gott unser Vater sein will, der uns als seine Kinder lehrt, ohne Angst, zuversichtlich, ja auch verwegen, wenn die Not drängt, ihn anzurufen!

Martin Luther hat das, was zu seiner Zeit am wichtigsten erschien, in seiner Erklärung zur vierten Bitte ausdrücklich aufgeführt. Das erlaubt uns ebenso unsere Dinge mit einzubeziehen und unsere ganz verschiedenen Lebensverhältnisse zu nennen. Es gehört heute sicher auch das Beten um die tägliche Hilfe für die hinein, die alleinstehen, deren Ehe zerbrochen ist, Menschen auf der Flucht und heimatlos, in Elend und Arbeitslosigkeit, seelisch Kranke oder Schwache und solche, die im Alter oder schon vorher pflegebedürftig geworden sind.

Wenn nun in der Sammlung der biblischen Gebete nicht für jede dieser Situationen ein Beispiel zu finden sein wird, so können wir doch an vielen Worten der Bibel feststellen, wie sehr Gott sich der Witwen und Waisen erbarmen will, derer, die allein und verlassen, arm und elend sind. In den vorigen Abschnitten zur dritten Bitte findet sich manches Gebetswort dafür. Wir wissen, daß Gott in der Not angerufen werden will. Er will es hören (Psalm 50,15).

Die Einteilung

Unser Schöpfer sorgt für unser Leben
Unsere Lebensverhältnisse (z.B. Ehe oder Ehelosigkeit) unter der Ordnung und unter dem Segen Gottes, der erbeten werden muß
Bitten um den Segen für die Familie
Bitten für Menschen, die uns helfen
Gebet für Regierende und Verantwortliche in Staat und Gesellschaft und Bitte um Frieden
Gute Lebens- und Arbeitsbedingungen, Bewahrung vor Naturkatastrophen
Gebete für den Tag.

Unser Schöpfer sorgt für unser Leben

Aller Augen warten auf dich, Herr

Aller Augen warten auf dich,/ und du gibst ihnen ihre Speise zur rechten Zeit./ Du tust deine Hand auf / und sättigst alles, was lebt, nach deinem Wohlgefallen. Psalm 145,15-16

Ein Danklied

Singt dem HERRN ein Danklied / und lobt unsern Gott mit Harfen,/ der den Himmel mit Wolken bedeckt und Regen gibt auf Erden;/ der Gras auf den Bergen wachsen läßt,
der dem Vieh sein Futter gibt,/ den jungen Raben, die zu ihm rufen./ Er hat keine Freude an der Stärke des Rosses / und kein Gefallen an den Schenkeln des Mannes.
Der HERR hat Gefallen an denen, die ihn fürchten,/ die auf seine Güte hoffen. Psalm 147,7-11

Du bringst Brot aus der Erde

Du lässest Gras wachsen für das Vieh / und Saat zu Nutz den Menschen, daß du Brot aus der Erde hervorbringst,/ daß der Wein erfreue des Menschen Herz und sein Antlitz schön werde vom Öl / und das Brot des Menschen Herz stärke.
Es warten alle auf dich,/ daß du ihnen Speise gebest zur rechten Zeit. Wenn du ihnen gibst, so sammeln sie;/ wenn du deine Hand auftust, so werden sie mit Gutem gesättigt.
Psalm 104,14.15. 27.28

Jesus, der Sohn Gottes, sorgt für Hungernde

Jesus nahm die fünf Brote und die zwei Fische, sah auf zum Himmel, dankte und brach's und gab die Brote den Jüngern, und die Jünger gaben sie dem Volk. Matth. 14,19

Dank für den Erntesegen, ein Zeichen der Güte Gottes, die dem ganzen Menschen gilt

Gott, man lobt dich in der Stille zu Zion,/ und dir hält man Gelübde. Du erhörst Gebet;/ darum kommt alles Fleisch zu dir.

Du machst fröhlich, was da lebet im Osten wie im Westen.

Du suchst das Land heim und bewässerst es und machst es sehr reich;/ Gottes Brünnlein hat Wasser die Fülle. Du lässest ihr Getreide gut geraten;/ denn so baust du das Land. Du tränkst seine Furchen und feuchtest seine Schollen;/ mit Regen machst du es weich und segnest sein Gewächs. Du krönst das Jahr mit deinem Gut,/ und deine Fußtapfen triefen von Segen. Es triefen auch die Auen in der Steppe,/ und die Hügel sind erfüllt mit Jubel. Die Anger sind voller Schafe, und die Auen stehen dick mit Korn,/ daß man jauchzet und singet.

Psalm 65,2.3.9b-14

Unsere Lebensverhältnisse (z.B. Ehe oder Ehelosigkeit) unter der Ordnung und unter dem Segen Gottes, der erbeten werden muß

Gebet auf der Suche nach der rechten Ehegefährtin

Aus dem Gebet Eliesers, des Knechtes Abrahams, als er für Isaak die künftige Ehefrau suchen sollte:

HERR, du Gott meines Herrn Abraham, gib mir Glück zu meinem Vorhaben! Erfülle den Wunsch meines Herrn! (Danach bittet er, mittels eines Zeichens die zu erkennen, die Gott für Isaak bestimmt hat.) Daran werde ich erkennen, daß du die Bitte meines Herrn erfüllt hast. aus 1. Mose 24

Wie sollen wir betend den Willen Gottes in dieser Sache erkennen? Christen sollen nicht leichtfertig, sondern mit viel Gebet ihre Ehewahl treffen. Sie sollen dabei frei bleiben – infolge ihrer Hingabe an den Herrn Jesus Christus – für das Erkennen und Tun des Willens Gottes. So werden sie die biblische Grundlage für eine gute Ehe beachten: eine gemeinsame Lebensverbindung mit Jesus Christus, und damit die Fähigkeit, auf Jesus in den Alltagsfragen der Ehe und der künftigen Familie zu hören und miteinander zu beten. Dies ist mindestens ebenso wichtig wie der seelische Gleichklang, die Harmonie des Willens, die wirtschaftlichen Voraussetzungen und die erotische Anziehung. »Über alles zieht an die Liebe, die da ist das Band der Vollkommenheit.« (Kol. 3,14)

Beten beim Beginn und auf dem Weg des Ehestandes

Ein Beispiel aus den Apokryphen: Tobias sprach zu seiner Braut: Schwester, steh auf und laß uns beten, daß der Herr sich unser erbarme. Denn wir sind Kinder der Heiligen, und uns gebührt nicht, solchen Stand anzufangen wie die Heiden, die Gott verachten. Und sie standen auf und beteten beide fleißig, daß sie Gott behüten wolle. Und Tobias betete und sprach: Herr, mein Gott, du Gott unserer Väter, dich sollen loben Himmel und Erde, Meer, alle Wasser und Brunnen und alle Kreaturen, die darinnen sind. Du hast gemacht Adam aus einem Erdenkloß und hast ihm gegeben Eva zur Gehilfin. Und nun, Herr, du weißt, daß ich nicht aus böser Lust diese meine Schwester zur Frau genommen habe, sondern daß ich möge Kinder zeugen, dadurch dein heiliger Name ewiglich gepriesen und gelobt werde. Sara (seine Braut) sprach: Herr, erbarme dich unser, daß wir beide gesund mögen unser Alter erlangen!

Tobias 8,5-10

Andere Bibelstellen zum Nachdenken und Beten:

1. Korinther 7,5 Das persönliche Gebet in der Ehe
1. Petrus 3,7 Das gemeinsame Gebet in der Ehe
Zur Ehe-Seelsorge:
1. Korinther 7 Eheseelsorge
Epheser 5,21-33 Eheordnung
1. Petrus 3,1-12 Eherat

Das Gebet der Einsamen

Wende dich zu mir und sei mir gnädig;/ denn ich bin einsam und elend. Die Angst meines Herzens ist groß;/ führe mich aus meinen Nöten! Psalm 25, 16.17

Singet Gott, lobsinget seinem Namen! Macht Bahn dem, der durch die Wüste einherfährt;/ er heißt HERR. Freuet euch vor ihm! Ein Vater der Waisen und ein Helfer der Witwen / ist Gott in seiner heiligen Wohnung, ein Gott, der die Einsamen nach Hause bringt, der die Gefangenen herausführt, daß es ihnen wohlgehe. Psalm 68,5-7

Rühme, du Unfruchtbare, die du nicht geboren hast! Freue dich mit Rühmen und jauchze, die du nicht schwanger warst! Denn die Einsame hat mehr Kinder, als die den Mann hat, spricht der HERR. Jesaja 54,1

Wohl dem, dessen Hilfe der Gott Jakobs ist,/ der seine Hoffnung setzt auf den HERRN, seinen Gott, der Himmel und Erde gemacht hat,/ das Meer und alles, was darinnen ist; der Treue hält ewiglich, der Recht schafft denen, die Gewalt leiden,/ der die Hungrigen speiset. Der HERR macht die Gefangenen frei./ Der HERR macht die Blinden sehend. Der HERR richtet auf, die niedergeschlagen sind./ Der HERR liebt die Gerechten. Der HERR behütet die Fremdlinge und erhält Waisen und Witwen;/ aber die Gottlosen führt er in die Irre. Der HERR ist König ewiglich,/ dein Gott, Zion, für und für. Halleluja! Psalm 146,5-10

Einige Bibelstellen zum Nachdenken und als Anregung zum Beten

Witwen: Apostelgeschichte 6,1; Apostelgeschichte 9,39-41
Alleinstehende: Matthäus 19,12b: »Andere verzichten von sich aus auf die Ehe, weil sie ganz davon in Anspruch genommen sind, daß Gott jetzt seine Herrschaft aufrichtet. Versteht es, wenn ihr könnt.« (Nach ›Gute Nachricht‹)
Zur Gnadengabe der Ehe oder Ehelosigkeit: 1. Korinther 7,7
Unverheiratete in der Gemeinde Jesu: 1. Korinther 7,25-33

Bitten um den Segen für die Familie

Die Bitte um Kinder, die oft vor Gott gebracht und erhört wurde

Abraham: HERR, was willst du mir geben? Ich gehe dahin ohne Kinder! 1. Mose 15,2

Hanna war von Herzen betrübt und betete zum HERRN und weinte sehr und gelobte ein Gelübde und sprach: HERR Zebaoth, wirst du das Elend deiner Magd ansehen und an mich gedenken und deine Magd nicht vergessen und wirst du deiner Magd einen Sohn geben, so will ich ihn dem HERRN geben sein Leben lang. 1. Samuel 1,10.11

Segen auf der Gottesfurcht in der Familie

Wenn der HERR nicht das Haus baut,/ so arbeiten umsonst, die daran bauen. Wenn der HERR nicht die Stadt behütet,/ so wacht der Wächter umsonst. Es ist umsonst, daß ihr früh aufsteht / und hernach lange sitzet und esset euer Brot mit Sorgen;/ denn seinen Freunden gibt er es im Schlaf.

Siehe, Kinder sind eine Gabe des HERRN,/ und Leibesfrucht ist ein Geschenk. Wie Pfeile in der Hand eines Starken,/ so sind die Söhne der Jugendzeit. Wohl dem, der seinen Köcher mit ihnen gefüllt hat!/ Sie werden nicht zuschanden, wenn sie mit ihren Feinden verhandeln im Tor. Psalm 127

Wohl dem, der den HERRN fürchtet / und auf seinen Wegen geht! Du wirst dich nähren von deiner Hände Arbeit;/ wohl dir, du hast's gut.
Dein Weib wird sein wie ein fruchtbarer Weinstock / drinnen in deinem Hause, deine Kinder wie junge Ölbäume / um deinen Tisch her. Siehe, so wird gesegnet der Mann,/ der den HERRN fürchtet.

Der HERR wird dich segnen aus Zion,/ daß du siehst das Glück Jerusalems dein Leben lang und siehst Kinder deiner Kinder./ Friede sei über Israel! Psalm 128

Siehe, wie fein und lieblich ist's,/ wenn Brüder einträchtig beieinander wohnen!
Denn dort verheißt der HERR den Segen / und Leben bis in Ewigkeit.
aus Psalm 133

Segen für die Kinder

Der HERR denkt an uns und segnet uns;/ er segnet, die den HERRN fürchten,/ die Kleinen und die Großen./ Der HERR segne euch je mehr und mehr,/ euch und eure Kinder!/ Ihr seid die Gesegneten des HERRN,/ der Himmel und Erde gemacht hat.
aus Psalm 115,12-15

Jesus sprach: Laßt die Kinder zu mir kommen und wehret ihnen nicht; denn solchen gehört das Reich Gottes. Und er herzte sie und legte die Hände auf sie und segnete sie.
Markus 10,14.16

Bitten für Menschen, die uns helfen

Dienen können in der Kraft Gottes und in der Verantwortung vor Gott

Gebet gemäß 1. Petrus 4,10; Philemon; Epheser 6,5-9; 1. Timotheus 6,1.2; Titus 2,9.10; Johannes 13,15; Lukas 22,27; Matthäus 25,21:
Herr, du warst in den Tagen deines Erdenlebens wie ein Diener. Du hast den Jüngern die Füße gewaschen und uns damit ein Beispiel gegeben, daß wir das bei uns Entsprechende tun. Es ist schon so, der Knecht ist nicht größer als sein Herr. Darum hilf mir, daß ich auch gehorsam sein kann, wo es meine berufliche Stellung erfordert, in klarer Offenheit gegenüber meinen Vorgesetzten, nicht nur, wenn sie es sehen, sondern auch, wenn sie den Wert meiner Arbeit nicht zu kennen meinen. Dies will ich als dein Knecht tun, und von Herzen, mit gutem Gewissen und so, daß ich in widrigen Umständen Gott mehr gehorche als den Menschen. Ich will nichts veruntreuen, ehr-

lich sein, auf daß ich dir Ehre mache. Denn letztlich diene ich ja dir, dem Herrn, der über meinen irdischen Vorgesetzten steht. Ich weiß, daß ich von dir den rechten Lohn empfangen werde, wenn du sprechen wirst: »Recht so, du tüchtiger und treuer Knecht, du bist über wenigem treu gewesen, ich will dich über viel setzen; geh hinein zu deines Herrn Freude.«

Zum Nachdenken und Beten:

In der Gemeinde: Johannes 13 (Fußwaschung); Matthäus 20,25-28 (Wer unter euch groß sein will ...); 1. Petrus 4,10 (Dienet einander mit der Gabe ...) 1. Korinther 12,7 und andere (dienen mit den Geistesgaben, um die man bitten soll).
In weltlichen Verhältnissen: Siehe die oben angeführten Bibelstellen beim Gebet.
Die Fähigkeit, sich unter Lasten anderer beugen zu können, braucht Klarheit der persönlichen Lebensverbindung mit Jesus Christus, der gebeten werden soll und helfen will.

Gebet für Regierende und Verantwortliche in Staat und Gesellschaft; Bitte um Frieden

Ein Ziel des Gebetes für den Staat

So ermahne ich nun, daß man vor allen Dingen tue Bitte, Gebet, Fürbitte und Danksagung für alle Menschen, für die Könige und für alle, die Gewalt haben, damit wir ein ruhiges und stilles Leben führen können in Ehrfurcht vor Gott und in Rechtschaffenheit. Dies ist gut und wohlgefällig vor Gott, unserem Heiland, welcher will, daß allen Menschen geholfen werde und sie zur Erkenntnis der Wahrheit kommen.

1. Timotheus 2,1-4

Gottes wichtige Notordnung für die Menschheit braucht Beter und Fürbitte

Vor denen, die die Gewalt haben, muß man sich nicht fürchten wegen guter, sondern wegen böser Werke. Wenn ihr also ohne Angst vor der Staatsgewalt leben wollt, dann tut, was recht ist, und ihr werdet ihre Anerkennung finden.

Denn sie ist Gottes Dienerin, dir zugut. Darum ist es notwendig, sich unterzuordnen, nicht allein um der Strafe, sondern auch um des Gewissens willen. aus Römer 13,3 ff.

Die ideologische Selbstüberhebung des Staates

Sie kann gemäß den Schriften der Offenbarung des Johannes nur durch Geduld und Glauben der Heiligen durchgehalten werden. Diese Staatsgewalt will selbst »sein wie Gott« und kämpft dann gegen die Gemeinde Jesu Christi, von der viele den Tod erleiden müssen. Das können nur die Beter durchhalten. Aber das Gericht Gottes ergeht über dieses Zerrbild einer einst guten Ordnung Gottes. (gemäß Offb. 18 und 19)

Bitte um Frieden

HERR, der du bist vormals gnädig gewesen deinem Lande / und hast erlöst die Gefangenen Jakobs; der du die Missetat vormals vergeben hast deinem Volk / und alle seine Sünde bedeckt hast; der du vormals hast all deinen Zorn fahren lassen / und dich abgewandt von der Glut deines Zorns: hilf uns, Gott, unser Heiland! HERR, erweise uns deine Gnade / und gib uns dein Heil!

Könnte ich doch hören,/ was Gott der HERR redet, daß er Frieden zusagte seinem Volk und seinen Heiligen,/ damit sie nicht in Torheit geraten. Doch ist ja seine Hilfe nahe denen, die ihn fürchten,/ daß in unserm Lande Ehre wohne: daß Güte und Treue einander begegnen,/ Gerechtigkeit und Friede sich küssen; daß Treue auf der Erde wachse / und Gerechtigkeit vom Himmel schaue: daß uns auch der HERR Gutes tue / und unser Land seine Frucht gebe: daß Gerechtigkeit vor ihm her gehe / und seinen Schritten folge. Psalm 85,2-5a.8-14

Der HERR wird seinem Volk Kraft geben;/ der HERR wird sein Volk segnen mit Frieden. Psalm 29,11

Gute Lebens- und Arbeitsbedingungen, Bewahrung vor Naturkatastrophen

Juda liegt jämmerlich da, seine Städte sind verschmachtet. Die Erde lechzt, weil es nicht regnet auf Erden.

Ach, HERR, wenn unsre Sünden uns verklagen, so hilf doch um deines Namens willen! Denn unser Ungehorsam ist groß, womit wir wider dich gesündigt haben.

Du bist der Trost Israels und sein Nothelfer. Warum stellst du dich, als wärest du ein Fremdling im Lande und ein Wanderer, der nur über Nacht bleibt? Warum stellst du dich wie einer, der verzagt ist, und wie ein Held, der nicht helfen kann? Du bist ja doch unter uns, HERR, und wir heißen nach deinem Namen, verlaß uns nicht!

Hast du denn Juda verworfen oder einen Abscheu gegen Zion? Warum hast du uns denn so geschlagen, daß uns niemand heilen kann? Wir hofften, es sollte Friede werden; aber es kommt nichts Gutes. Wir hofften, wir sollten heil werden; aber siehe, es ist Schrecken da. HERR, wir erkennen unser gottloses Leben und unsrer Väter Missetat; denn wir haben wider dich gesündigt.

Aber um deines Namens willen verwirf uns nicht! Gedenke doch an deinen Bund mit uns und laß ihn nicht aufhören!

Ist denn unter den Götzen der Heiden einer, der Regen geben könnte, oder gibt der Himmel Regen? Du bist doch der HERR, unser Gott, auf den wir hoffen; denn du hast das alles gemacht. Jeremia 14,2.4.7-9.19-22

Elia nach dem Gottesurteil auf dem Berg Karmel

Und Elia sprach zu Ahab: Zieh hinauf, iß und trink; denn es rauscht, als wollte es sehr regnen. Und als Ahab hinaufzog, um zu essen und zu trinken, ging Elia auf den Gipfel des Karmel und bückte sich zur Erde und hielt sein Haupt zwischen seine Knie und sprach zu seinem Diener: Geh hinauf und schaue zum Meer! Er ging hinauf und schaute und sprach: Es ist nichts da.

Elia sprach: Geh wieder hin, und der Diener ging wieder hin, siebenmal. Und beim siebtenmal sprach er: Siehe, es steigt eine kleine Wolke auf aus dem Meer wie eines Mannes Hand.

Elia sprach: Geh hin und sage Ahab: Spann an und fahre hinab, damit dich der Regen nicht aufhält!

Und ehe man sich's versah, wurde der Himmel schwarz von Wolken und Wind, und es kam ein großer Regen. Ahab aber fuhr hinab nach Jesreel. 1. Könige 18,41-45

Gebet in der Teuerung

Siehe, des HERRN Auge achtet auf alle, die ihn fürchten,/ die auf seine Güte hoffen,/ daß er sie errette vom Tode / und sie am Leben erhalte in Hungersnot./ Unsre Seele harrt auf den HERRN;/ er ist uns Hilfe und Schild./ Denn unser Herz freut sich seiner,/ und wir trauen auf seinen heiligen Namen./ Deine Güte, HERR, sei über uns,/ wie wir auf dich hoffen.

Psalm 33,18-22

Glaubensgebet angesichts Naturgewalten

Darum fürchten wir uns nicht, wenngleich die Welt unterginge / und die Berge mitten ins Meer sänken,/ wenngleich das Meer wütete und wallte / und von seinem Ungestüm die Berge einfielen. Psalm 46,3.4

Stillung des Sturmes durch Jesus

Und er stieg in das Boot, und seine Jünger folgten ihm. Und siehe, da erhob sich ein gewaltiger Sturm auf dem See, so daß auch das Boot von Wellen zugedeckt wurde. Er aber schlief. Und sie traten zu ihm, weckten ihn auf und sprachen: Herr, hilf, wir kommen um! Da sagt er zu ihnen: Ihr Kleingläubigen, warum seid ihr so furchtsam? Und stand auf und bedrohte den Wind und das Meer. Da wurde es ganz stille. Die Menschen aber verwunderten sich und sprachen: Was ist das für ein Mann, daß ihm Wind und Meer gehorsam sind?

Matthäus 8,23-27

Gebete für den Tag

Morgengebet

HERR, höre meine Worte,/ merke auf mein Reden! Vernimm mein Schreien, mein König und mein Gott;/ denn ich will zu dir beten. HERR, frühe wollest du meine Stimme hören,/ frühe will ich mich zu dir wenden und aufmerken.

HERR, leite mich in deiner Gerechtigkeit um meiner Feinde willen;/ ebne vor mir deinen Weg! Laß sich freuen alle, die auf dich trauen;/ ewiglich laß sie rühmen, denn du beschirmest sie. Fröhlich laß sein in dir,/ die deinen Namen lieben! Denn du, HERR, segnest die Gerechten,/ du deckest sie mit Gnade wie mit einem Schilde. aus Psalm 5

Lobpreis Gottes am Morgen

Das ist ein köstlich Ding, dem HERRN danken / und lobsingen deinem Namen, du Höchster, des Morgens deine Gnade / und des Nachts deine Wahrheit verkündigen auf dem Psalter mit zehn Saiten,/ mit Spielen auf der Harfe. Denn, HERR, du lässest mich fröhlich singen von deinen Werken,/ und ich rühme die Taten deiner Hände.

HERR, wie sind deine Werke so groß!/ Deine Gedanke sind sehr tief. Ein Törichter glaubt das nicht,/ und ein Narr begreift es nicht. Die gepflanzt sind im Hause des HERRN / werden in den Vorhöfen unsres Gottes grünen. Und wenn sie auch alt werden,/ werden sie dennoch blühen, fruchtbar und frisch sein, daß sie verkündigen, wie der HERR es recht macht:/ er ist mein Fels, und kein Unrecht ist an ihm. aus Psalm 92

Wach auf, mein Herz, und singe!

Mein Herz ist bereit, Gott,/ mein Herz ist bereit, daß ich singe und lobe. Wach auf, meine Seele, wach auf, Psalter und Harfe, / ich will das Morgenrot wecken! HERR, ich will dir danken unter den Völkern,/ ich will dir lobsingen unter den Leuten. Denn deine Güte reicht, so weit der Himmel ist,/ und deine Wahrheit, so weit die Wolken gehen. Psalm 57,8-11

Abendgebet

Erhöre mich, wenn ich rufe,/ Gott meiner Gerechtigkeit, der du mich tröstest in Angst;/ sei mir gnädig und erhöre mein Gebet! Ihr Herren, wie lange soll meine Ehre geschändet werden?/ Wie habt ihr das Eitle so lieb und die Lüge so gern! Erkennet doch, daß der HERR seine Heiligen wunderbar führt;/ der HERR hört, wenn ich ihn anrufe. Zürnet ihr, so sündiget nicht;/ redet in eurem Herzen auf eurem Lager und seid stille. Opfert, was recht ist,/ und hoffet auf den HERRN. Viele sagen: »Wer wird uns Gutes sehen lassen?« / HERR, laß leuchten über uns das Licht deines Antlitzes! Du erfreust mein Herz,/ ob jene auch viel Wein und Korn haben. Ich liege und schlafe ganz mit Frieden;/ denn allein du, HERR, hilfst mir, daß ich sicher wohne. Psalm 4

Herr, bleibe bei uns!

Bleibe bei uns; denn es will Abend werden, und der Tag hat sich geneigt. Lukas 24,29

Gebet um Behütung

Erhalte meinen Gang auf deinen Wegen,/ daß meine Tritte nicht gleiten./ Ich rufe zu dir, denn du, Gott, wirst mich erhören;/ neige deine Ohren zu mir, höre meine Rede!/ Beweise deine wunderbare Güte, du Heiland derer,/ die dir vertrauen gegenüber denen, die sich gegen deine rechte Hand erheben./ Behüte mich wie einen Augapfel im Auge,/ beschirme mich unter dem Schatten deiner Flügel / vor den Gottlosen, die mir Gewalt antun,/ vor meinen Feinden, die mir von allen Seiten nach dem Leben trachten./ Ich aber will schauen dein Antlitz in Gerechtigkeit,/ ich will satt werden, wenn ich erwache, an deinem Bilde. Psalm 17,5-9.15

Reisesegen

Ich hebe meine Augen auf zu den Bergen./ Woher kommt mir

Hilfe?* Meine Hilfe kommt vom HERRN,/ der Himmel und Erde gemacht hat.
Er wird deinen Fuß nicht gleiten lassen,/ und der dich behütet, schläft nicht. Siehe, der Hüter Israels / schläft und schlummert nicht.
Der HERR behütet dich;/ der HERR ist dein Schatten über deiner rechten Hand, daß dich des Tages die Sonne nicht steche / noch der Mond des Nachts.
Der HERR behüte dich vor allem Übel,/ er behüte deine Seele.
Der HERR behüte deinen Ausgang und Eingang / von nun an bis in Ewigkeit! Psalm 121

Gebet im Alter

HERR, ich traue auf dich,/ laß mich nimmermehr zuschanden werden. Errette mich durch deine Gerechtigkeit und hilf mir heraus,/ neige deine Ohren zu mir und hilf mir! Sei mir ein starker Hort, zu dem ich immer fliehen kann, der du zugesagt hast, mir zu helfen;/ denn du bist mein Fels und meine Burg.

Mein Gott, hilf mir aus der Hand des Gottlosen,/ aus der Hand des Ungerechten und Tyrannen. Denn du bist meine Zuversicht, HERR, mein Gott,/ meine Hoffnung von meiner Jugend an. Auf dich habe ich mich verlassen vom Mutterleib an; du hast mich aus meiner Mutter Leibe gezogen./ Dich rühme ich immerdar. Ich bin für viele wie ein Zeichen;/ aber du bist meine starke Zuversicht. Laß meinen Mund deines Ruhmes / und deines Preises voll sein täglich.

Verwirf mich nicht in meinem Alter,/ verlaß mich nicht, wenn ich schwach werde. Denn meine Feinde reden über mich,/ und die auf mich lauern, beraten sich miteinander und sprechen: Gott hat ihn verlassen;/ jagt ihm nach und ergreift ihn, denn da ist kein Erretter!

Gott, sei nicht ferne von mir;/ mein Gott, eile, mir zu helfen!

Ich aber will immer harren / und mehren all deinen Ruhm. Mein Mund soll verkündigen deine Gerechtigkeit,/ täglich

* Luther übersetzte nach der lateinischen Übersetzung: »... zu den Bergen, von welchen mir Hilfe kommt«.

deine Wohltaten, die ich nicht zählen kann. Ich gehe einher in der Kraft Gottes des HERRN;/ ich preise deine Gerechtigkeit allein.

Gott, du hast mich von Jugend auf gelehrt,/ und noch jetzt verkündige ich deine Wunder. Auch im Alter, Gott, verlaß mich nicht,/ und wenn ich grau werde, bis ich deine Macht verkündige Kindeskindern / und deine Kraft allen, die noch kommen sollen. Gott, deine Gerechtigkeit reicht bis zum Himmel;/ der du große Dinge tust. Gott, wer ist dir gleich? Du lässest mich erfahren viele und große Angst / und machst mich wieder lebendig und holst mich wieder herauf / aus den Tiefen der Erde. Du machst mich sehr groß / und tröstest mich wieder.

So will auch ich dir danken mit Saitenspiel / für deine Treue, mein Gott; ich will dir zur Harfe lobsingen,/ du Heiliger Israels. Meine Lippen und meine Seele, die du erlöst hast, / sollen fröhlich sein und dir lobsingen.

Psalm 71,1-12.14-23

Die fünfte Bitte: VERGIB UNS UNSERE SCHULD, WIE AUCH WIR VERGEBEN UNSERN SCHULDIGERN.

»Was heißt das? Wir bitten in diesem Gebet, daß der Vater im Himmel nicht ansehen wolle unsre Sünden und um derselben willen solche Bitte nicht versagen; denn wir sind der keines wert, das wir bitten, haben's auch nicht verdient. Sondern er wolle es uns alles aus Gnaden geben; denn wir sündigen täglich viel und verdienen nur Strafe. So sollen wir hinwiederum auch herzlich vergeben und gerne wohltun denen, die sich an uns versündigen.« Martin Luther im Kleinen Katechismus

Rechtes Beten ist in irgendeiner Weise Antwort auf eine Verheißung Gottes in seinem Wort, die auch durch eine Wirkung des Heiligen Geistes uns besonders ansprechen kann. Eine solche wichtige Verheißung Gottes ist seine Bereitschaft, Sünde zu vergeben. Es kann sich dabei sowohl um die Schuld dessen handeln, der aus der Welt des Getrenntseins von Gott umkehrt zu ihm, als auch die Sünde der Kinder Gottes, die Jesus als ihren Herrn lieb haben und denen es nun leid tut, Gott betrübt zu haben. Das dazugehörige Wirken des Heiligen Geistes führt zur Erkenntnis der Sünde angesichts des Gerichtes Gottes (Joh. 16,8-11). So ist die einzigmögliche Antwort des Menschen, der das nicht einfach verdrängt und vor dieser Einsicht flieht, sich zu Gott hinzuwenden, der ja Sünde vergeben will, und die *Sünde zu bekennen*, so, wie sie war, ohne Beschönigung oder Verallgemeinerung.

Er kann sich darauf verlassen, daß Gott um Jesu Christi willen denen, die ihre Sünden bekennen, alle Sünde vergibt, denn für sie ist die Schuld bezahlt durch den Kreuzestod Jesu. Darum konnte Jesus seine Jünger auch so ohne Umschweife lehren, um die Vergebung der Sündenschuld zu beten.

Wichtig für Gott ist es, daß wir dabei auch das Heil ergreifen, das er uns schenken will, es uns nicht nur einbilden, sondern der Vergebung ganz gewiß werden. Das ist auch für uns wichtig, denn sonst kann Sünde, die schon einmal vor Gott bereut wurde, uns immer wieder neu niederdrücken und unfroh machen. Fürs Leben und fürs Sterben brauchen wir die *Gewißheit des totalen Angenommenseins von Gott*. Darum ist es eine Hilfe, Sünde, die wir Jesus bringen wollen, in Gegenwart eines Seelsorgers als Zeugen zu bekennen. Dieser kann einem dann im Auftrag und in der Vollmacht von Jesus Christus die Vergebung zusprechen gemäß Johannes 20,22.23, und er kann einem Wege zum Frieden mit Gott und zum neuen Leben eröffnen. Das so oft im allgemeinen Gebet vor Gott zugegebene Gefühl, gesündigt zu haben und ein Sünder zu sein, ist noch kein Bekenntnis geschehener Sünde und läßt, auch wenn es ehrlich gemeint ist, Gewißheit der Vergebung und neue Freiheit nicht auf Dauer entstehen. Es scheint mehr zugegebene Resignation zu sein als die von Jesus uns nahegelegte Befreiung zu neuem und ewigem Leben. Jesus will uns doch in der Erfahrung ganz persönlicher Vergebung ganz neu seine Gemeinschaft schenken und uns mit dem Heiligen Geist erfüllen.

Sünde läßt sich weder wegstreiten noch durch gute Taten zudecken noch auf andere Schuldige oder die Verhältnisse oder gar auf die ererbte Veranlagung abschieben; man kann auch nicht einfach Gottes Gericht bestreiten. Zu tief ist unvergebene Schuld auch in der Seele eingegraben. Wer die befreiende Bereinigung und Auslieferung unter dem Kreuz Christi ablehnt, der schadet sich selbst durch bleibende Ungewißheit. Das Vaterunser ist ein Gebet für die, die durch Jesus Christus dem neuen Bund zugehören oder zugehören wollen. Er hat es seinen *Jüngern* gelehrt (Luk.11,1).

Darum kann Jesus auch die Jüngerregel für das Vaterunser-Gebet voraussetzen: »*Wie auch wir vergeben unsern Schuldigern*«. Ein Raum des Friedens soll dort sein, wo Jünger Jesu miteinander oder auch allein beten. Ein Stück der neuen Welt Gottes soll sich da mitten auf der Erde verwirklichen und sichtbar machen. Die Menschen, die von der Vergebung leben, sollen und werden in der Lage sein, auch ihrerseits andern Menschen zu vergeben. Das ist ein so wichtiger Satz der Lehre Jesu, an vielen Stellen des Neuen Testaments wiedergegeben und noch zusätzlich dargestellt im Gleichnis vom hartherzigen Schuldner (vom »Schalksknecht« in Matth.18,21-35), daß diese Grundlage des neuen Lebens, das sich mit der Gemeinde Jesu Christi über die Erde hin ausbreiten will, nicht leichtfertig übergangen werden darf.

Einteilung der hier gesammelten Gebete:

Persönliche Buße
Bußgebete für das Volk und die Vorfahren
Der barmherzige und gnädige Gott.

Persönliche Buße

Kains Notschrei

Meine Sünde ist größer, als daß sie mir vergeben werden möge. Ich muß mich vor deinem Angesicht verbergen und muß unstet und flüchtig sein auf Erden. Kain: 1. Mose 4,13.14

Ich spüre deinen Zorn

Ach HERR, strafe mich nicht in deinem Zorn / und züchtige mich nicht in deinem Grimm! HERR, sei mir gnädig, denn ich bin schwach;/ heile mich, HERR, denn meine Gebeine sind erschrocken / und meine Seele ist sehr erschrocken./ Ach du, HERR, wie lange! Wende dich, HERR, und errette mich,/ hilf mir um deiner Güte willen! Weichet von mir, alle Übeltäter;/ denn der HERR hört mein Weinen./ Der HERR hört mein Flehen; / mein Gebet nimmt der HERR an. aus Psalm 6

Bußgebet in äußerer und innerer Not

HERR, strafe mich nicht in deinem Zorn / und züchtige mich nicht in deinem Grimm! Denn deine Pfeile stecken in mir,/ und deine Hand drückt mich.

Es ist nichts Gesundes an meinem Leibe wegen deines Drohens / und ist nichts Heiles an meinen Gebeinen wegen meiner Sünde. Denn meine Sünden gehen über mein Haupt;/ wie eine schwere Last sind sie mir zu schwer geworden. Meine Wunden stinken und eitern / um meiner Torheit willen. Ich gehe krumm und sehr gebückt;/ den ganzen Tag gehe ich traurig einher. Denn meine Lenden sind ganz verdorrt;/ es ist nichts Gesundes an meinem Leibe. Ich bin matt geworden und ganz zerschlagen;/ ich schreie vor Unruhe meines Herzens.

HERR, du kennst all mein Begehren,/ und mein Seufzen ist dir nicht verborgen. Mein Herz erbebt, meine Kraft hat mich verlassen,/ und das Licht meiner Augen ist auch dahin. Meine Lieben und Freunde scheuen zurück vor meiner Plage,/ und meine Nächsten halten sich ferne. Die mir nach dem Leben trachten, stellen mir nach; und die mein Unglück suchen, bereden, wie sie mir schaden;/ sie sinnen auf Trug den ganzen Tag. Ich bin wie taub und höre nicht,/ und wie ein Stummer, der seinen Mund nicht auftut. Ich muß sein wie einer, der nicht hört / und keine Widerrede in seinem Munde hat. Aber ich harre, HERR, auf dich;/ du, HERR, mein Gott, wirst erhören. Denn ich denke: Daß sie sich ja nicht über mich freuen!/ Wenn mein Fuß wankte, würden sie sich hoch rühmen wider mich. Denn ich bin dem Fallen nahe,/ und mein Schmerz ist immer vor mir.

So bekenne ich denn meine Missetat / und sorge mich wegen meiner Sünde. Verlaß mich nicht, HERR,/ mein Gott, sei nicht ferne von mir! Eile, mir beizustehen,/ HERR, du meine Hilfe!

Psalm 38

Gott, sei mir Sünder gnädig!

Gott, sei mir gnädig nach deiner Güte,/ und tilge meine Sünden nach deiner großen Barmherzigkeit. Wasche mich rein von meiner Missetat,/ und reinige mich von meiner Sünde; denn ich erkenne meine Missetat,/ und meine Sünde ist immer vor mir. An dir allein habe ich gesündigt / und übel vor dir getan, auf daß du recht behaltest in deinen Worten / und rein dastehst, wenn du richtest.

Verfehlung und Schuld bestimmen mein Leben, seit meine Mutter mich in diese Welt hineingeboren hat. Das war mir verborgen; du hast es mir gezeigt. Dir gefällt es, wenn einer die Wahrheit erkennt.

Entsündige mich mit Ysop, daß ich rein werde;/ wasche mich, daß ich schneeweiß werde. Laß mich hören Freude und Wonne,/ daß die Gebeine fröhlich werden, die du zerschlagen hast. Verbirg dein Antlitz vor meinen Sünden,/ und tilge alle meine Missetat.

Schaffe in mir, Gott, ein reines Herz,/ und gib mir einen neuen, beständigen Geist. Verwirf mich nicht von deinem Angesicht,/ und nimm deinen heiligen Geist nicht von mir. Erfreue mich wieder mit deiner Hilfe,/ und mit einem willigen Geist rüste mich aus. Ich will die Übertreter deine Wege lehren,/ daß sich die Sünder zu dir bekehren.

Errette mich von Blutschuld, Gott, der du mein Gott und Heiland bist,/ daß meine Zunge deine Gerechtigkeit rühme. HERR, tu meine Lippen auf,/ daß mein Mund deinen Ruhm verkündige. Denn Schlachtopfer willst du nicht, ich wollte sie dir sonst geben,/ und Brandopfer gefallen dir nicht. Die Opfer, die Gott gefallen, sind ein geängsteter Geist,/ ein geängstetes, zerschlagenes Herz wirst du, Gott, nicht verachten.

Psalm 51,1-19

Aus der Tiefe zu Gott rufen dürfen

Aus der Tiefe rufe ich, HERR, zu dir. HERR, höre meine Stimme! / Laß deine Ohren merken auf die Stimme meines Flehens! Wenn du, HERR, Sünden anrechnen willst – / HERR, wer wird bestehen? Denn bei dir ist die Vergebung,/ daß man dich fürchte.

Ich harre des HERRN, meine Seele harret,/ und ich hoffe auf sein Wort. Meine Seele wartet auf den HERRN mehr als die Wächter auf den Morgen; mehr als die Wächter auf den Morgen / hoffe Israel auf den HERRN! Denn bei dem HERRN ist die Gnade / und viel Erlösung bei ihm. Und er wird Israel erlösen / aus allen seinen Sünden.

Psalm 130

Der verlorene Sohn beim Heimkommen

Vater, ich habe gesündigt gegen den Himmel und vor dir; ich bin hinfort nicht mehr wert, daß ich dein Sohn heiße.

Aus dem Gleichnis Jesu, Lukas 15,21

Das kürzeste Bußgebet der Bibel

Gott, sei mir Sünder gnädig! Der Zöllner im Gleichnis Jesu, Lukas 18,13

Gott kennt mich und sieht mich immer

HERR, du erforschest mich / und kennest mich. Ich sitze oder stehe auf, so weißt du es;/ du verstehst meine Gedanken von ferne. Ich gehe oder liege, so bist du um mich / und siehst alle meine Wege. Denn siehe, es ist kein Wort auf meiner Zunge, / das du, HERR, nicht schon wüßtest. Von allen Seiten umgibst du mich / und hältst deine Hand über mir. Diese Erkenntnis ist mir zu wunderbar und zu hoch,/ ich kann sie nicht begreifen.

Wohin soll ich gehen vor deinem Geist,/ und wohin soll ich fliehen vor deinem Angesicht? Führe ich gen Himmel, so bist du da;/ bettete ich mich bei den Toten, siehe, so bist du auch da. Nähme ich Flügel der Morgenröte / und bliebe am äußersten Meer, so würde auch dort deine Hand mich führen / und deine Rechte mich halten. Spräche ich: Finsternis möge mich decken / und Nacht statt Licht um mich sein –, so wäre auch Finsternis nicht finster bei dir,/ und die Nacht leuchtete wie der Tag. Finsternis ist wie das Licht.

Denn du hast meine Nieren bereitet / und hast mich gebildet im Mutterleibe. Ich danke dir dafür,/ daß ich wunderbar gemacht bin; wunderbar sind deine Werke;/ das erkennt meine Seele. Es war dir mein Gebein nicht verborgen, als ich im Verborgenen gemacht wurde,/ als ich gebildet wurde unten in der Erde. Deine Augen sahen mich,/ als ich noch nicht bereitet war, und alle Tage waren in dein Buch geschrieben, / die noch werden sollten und von denen keiner da war.

Aber wie schwer sind für mich, Gott, deine Gedanken!/ Wie ist ihre Summe so groß! Wollte ich sie zählen, so wären sie mehr als der Sand:/ Am Ende bin ich noch immer bei dir.

Erforsche mich, Gott, und erkenne mein Herz;/ prüfe mich und erkenne, wie ich's meine. Und sieh, ob ich auf bösem Wege bin,/ und leite mich auf ewigem Wege. Psalm 139,1-18.23.24

Bußgebete für das Volk und die Vorfahren

Fürbitte Moses für das sündige Volk

Ach, das Volk hat eine große Sünde getan, und sie haben sich einen Gott von Gold gemacht. Vergib ihnen doch ihre Sünde, wenn nicht, dann tilge mich aus deinem Buch!

2. Mose 32,31

Buß- und Bittgebet des Gottesvolkes

Aber nun sind wir alle wie die Unreinen, und alle unsre Gerechtigkeit ist wie ein beflecktes Kleid. Wir sind alle verwelkt wie die Blätter, und unsre Sünden tragen uns davon wie der Wind. Niemand ruft deinen Namen an oder macht sich auf, daß er sich an dich halte; denn du hast dein Angesicht vor uns verborgen und läßt uns vergehen unter der Gewalt unsrer Schuld.

Aber nun, HERR, du bist doch unser Vater! Wir sind Ton, du bist unser Töpfer, und wir alle sind deiner Hände Werk. HERR, zürne nicht so sehr und gedenke nicht ewig der Sünde! Sieh doch an, daß wir alle dein Volk sind! Jesaja 64,5-8

Bußgebet Esras für das Volk und die früheren Generationen nach der Rückkehr aus der Gefangenschaft

Esra sprach: Mein Gott, ich schäme mich und scheue mich, meine Augen aufzuheben zu dir, mein Gott; denn unsere Missetat ist über unser Haupt gewachsen, und unsere Schuld ist groß bis an den Himmel.

Von der Zeit unserer Väter an sind wir in großer Schuld gewesen bis auf diesen Tag, und um unserer Missetat willen sind wir und unsere Könige und Priester in die Hand der Könige der Länder gegeben worden, ins Schwert, ins Gefängnis, zum Raub und zur Schmach, so wie es heute ist.

Nun aber ist uns einen kleinen Augenblick Gnade vor dem HERRN, unserm Gott, geschehen, daß er uns noch Errettete übriggelassen und uns einen festen Halt an seiner heiligen Stätte gegeben hat, um unsere Augen aufleuchten und uns ein wenig aufleben zu lassen in unserer Knechtschaft.

Aber nach allem, was über uns gekommen ist um unserer bösen Werke und großen Schuld willen – und du, unser Gott, hast unsere Missetat nicht bestraft, wie wir's verdient hätten, und hast uns diese Schar von Erretteten gegeben –, sollten wir wiederum deine Gebote übertreten? Wirst du nicht über uns zürnen, bis es ganz aus ist, so daß es weder einen Rest noch Entronnene gibt? HERR, Gott Israels, du bist getreu; denn wir sind übriggeblieben als Errettete, wie es heute ist. Siehe, hier sind wir vor dir in unserer Schuld; darum können wir nicht bestehen vor deinem Angesicht. Esra 9,6-8.13.14a.15.

Nehemias Bußgebet für die Schuld des Volkes Gottes,
bevor er zum König ging mit dem Anliegen,
Jerusalem wieder aufbauen zu dürfen

Als ich aber diese Worte hörte, setzte ich mich nieder und weinte und trug Leid tagelang und fastete und betete vor dem Gott des Himmels und sprach: Ach, HERR, Gott des Himmels, du großer und furchtbarer Gott, der da hält den Bund und die Treue denen, die ihn lieben und seine Gebote halten!

Laß doch deine Ohren aufmerken und deine Augen offen sein, daß du das Gebet deines Knechtes hörst, das ich jetzt vor dir bete Tag und Nacht für die Israeliten, deine Knechte, und bekenne die Sünden der Israeliten, die wir an dir getan haben; und ich und meines Vaters Haus haben auch gesündigt. Wir haben übel an dir getan, daß wir nicht gehalten haben die Gebote, Befehle und Rechte, die du geboten hast deinem Knecht Mose. Gedenke aber doch des Wortes, das du deinem Knecht Mose gebotest und sprachst: Wenn ihr mir die Treue brecht, so will ich euch unter die Völker zerstreuen.

Wenn ihr euch aber zu mir bekehrt und meine Gebote haltet und sie tut, so will ich, auch wenn ihr versprengt wäret bis an des Himmels Ende, euch doch von da sammeln und will euch bringen an den Ort, den ich erwählt habe, damit mein Name dort wohne. Sie sind ja doch deine Knechte und dein Volk, das du erlöst hast durch deine große Kraft und deine mächtige Hand. Ach, HERR, laß deine Ohren aufmerken auf das Gebet deines Knechtes und auf das Gebet deiner Knechte, die von Herzen deinen Namen fürchten. Und laß es deinem Knecht heute gelingen und gib ihm Gnade vor diesem Mann! – Denn ich war des Königs Mundschenk. Nehemia 1,4-11

Des Propheten Daniel Bußgebet für das Volk, die Fürsten und die Vorväter

Ich betete aber zu dem HERRN, meinem Gott, und bekannte und sprach: Ach, HERR, du großer und heiliger Gott, der du Bund und Gnade bewahrst denen, die dich lieben und deine Gebote halten! Wir haben gesündigt, Unrecht getan, sind gottlos gewesen und abtrünnig geworden; wir sind von deinen Geboten und Rechten abgewichen. Wir gehorchten nicht deinen Knechten, den Propheten, die in deinem Namen zu unsern Königen, Fürsten, Vätern und zu allem Volk des Landes redeten. Du, HERR, bist gerecht, wir aber müssen uns alle heute schämen, die von Juda und von Jerusalem und vom ganzen Israel, die, die nahe sind, und die zerstreut sind in allen Ländern, wohin du sie verstoßen hast um ihrer Missetat willen, die sie an dir begangen haben. Ja, HERR, wir, unsre Könige, unsre Fürsten und unsre Väter müssen uns schämen, daß wir uns an dir versündigt haben.

Bei dir aber, HERR, unser Gott, ist Barmherzigkeit und Vergebung. Denn wir sind abtrünnig geworden und gehorchten nicht der Stimme des HERRN, unseres Gottes, und wandelten nicht in seinem Gesetz, das er uns vorlegte durch seine Knechte, die Propheten; sondern ganz Israel übertrat dein Gesetz, und sie wichen ab und gehorchten deiner Stimme nicht.

Darum trifft uns auch der Fluch, den er geschworen hat und der geschrieben steht im Gesetz des Mose, des Knechtes Gottes, weil wir an ihm gesündigt haben. Und Gott hat seine Worte gehalten, die er geredet hat gegen uns und unsere Richter, die uns richten sollten, daß er ein so großes Unglück über uns hat kommen lassen; denn unter dem ganzen Himmel ist derartiges nicht geschehen wie in Jerusalem. Wie es geschrieben steht im

Gesetz des Mose, so ist all dies große Unglück über uns gekommen.

Aber wir beteten auch nicht vor dem HERRN, unserm Gott, so daß wir uns von unsern Sünden bekehrt und auf deine Wahrheit geachtet hätten. Darum ist der HERR auch bedacht gewesen auf dies Unglück und hat's über uns kommen lassen. Denn der HERR, unser Gott, ist gerecht in allen seinen Werken, die er tut; aber wir gehorchten seiner Stimme nicht.

Und nun, HERR, unser Gott, der du dein Volk aus Ägyptenland geführt hast mit starker Hand und hast dir einen Namen gemacht, so wie es heute ist: wir haben gesündigt, wir sind gottlos gewesen. Ach HERR, um aller deiner Gerechtigkeit willen wende ab deinen Zorn und Grimm von deiner Stadt Jerusalem und deinem heiligen Berg. Denn wegen unserer Sünden und wegen der Missetaten unserer Väter trägt Jerusalem und dein Volk Schmach bei allen, die um uns her wohnen.

Und nun, unser Gott, höre das Gebet deines Knechtes und sein Flehen. Laß leuchten dein Antlitz über dein zerstörtes Heiligtum um deinetwillen, HERR! Neige dein Ohr, mein Gott, und höre, tu deine Augen auf und sieh an unsere Trümmer und die Stadt, die nach deinem Namen genannt ist. Denn wir liegen vor dir mit unserm Gebet und vertrauen nicht auf unsre Gerechtigkeit, sondern auf deine große Barmherzigkeit. Ach HERR, höre! Ach HERR, sei gnädig! Ach HERR, merk auf! Tu es und säume nicht – um deinetwillen, mein Gott! Denn deine Stadt und dein Volk ist nach deinem Namen genannt.

Daniel 9,4-19

Bußgebet des in Babel gefangenen Königs Manasse

HERR, Allmächtiger, Gott unsrer Väter, der du Himmel und Erde und alles, was darinnen ist, gemacht hast durch deinen furchterregenden und herrlichen Namen, daß jedermann vor dir erschrecken und sich vor deiner großen Macht fürchten muß! Denn nicht zu ertragen ist dein Zorn, mit dem du die Sünder bedrohst. Aber die Barmherzigkeit, die du verheißt, ist unermeßlich und unausforschlich. Denn du bist der HERR, von großer Geduld und sehr gnädig, und du bestrafst die Menschen nicht gern.

Du, HERR, hast nach deiner großen Güte Buße zur Vergebung der Sünden verheißen. Ich aber habe gesündigt, und meine Sünden sind zahlreicher als der Sand am Meer, und ich gehe gekrümmt in schweren, eisernen Banden und finde keine Ruhe, weil ich deinen Zorn erweckt und viel Böses vor dir damit getan habe, daß ich solche greulichen Götzenbilder aufgestellt und so viele Ärgernisse angerichtet habe.

Nun aber beuge ich die Knie meines Herzens und bitte dich, HERR, um Gnade. Ach HERR, ich habe gesündigt, ja, ich habe gesündigt und erkenne meine Missetat. Ich bitte und flehe: Vergib mir, HERR, vergib mir! Laß mich nicht in meinen Sünden verderben und laß die Strafe nicht auf mir bleiben; sondern du wollest mir Unwürdigem helfen nach deiner großen Barmherzigkeit; so will ich mein Leben lang dich loben. Denn dich lobt das ganze Himmelsheer, ja, dich soll man preisen immer und ewig. Amen. Aus der letzten Schrift der alttestamentlichen Apokryphen, zu 2. Chronik 33,12.13.18

Der barmherzige und gnädige Gott

Die Folgen unvergebener Sünde und die Folgen der Vergebung

Denn ich, der HERR, dein Gott, bin ein eifernder Gott, der die Missetat der Väter heimsucht bis ins dritte und vierte Glied an den Kindern derer, die mich hassen, aber Barmherzigkeit erweist an vielen Tausenden, die mich lieben und meine Gebote halten. 2. Mose 20,5.6

Gott offenbart sich als ein barmherziger und gnädiger Gott

Da kam der HERR hernieder in einer Wolke, und Mose trat daselbst zu ihm und rief den Namen des HERRN an. Und der HERR ging vor seinem Angesicht vorüber, und er rief aus: HERR,

HERR, Gott, barmherzig und gnädig und geduldig und von großer Gnade und Treue, der da Tausenden Gnade bewahrt und vergibt Missetat, Übertretung und Sünde. Und Mose neigte sich eilends zur Erde und betete an und sprach: Hab ich, HERR, Gnade vor deinen Augen gefunden, so gehe der HERR in unserer Mitte, denn es ist ein halsstarriges Volk; und vergib uns unsere Missetat und Sünde und laß uns dein Erbbesitz sein.

2. Mose 34,5-7a.8.9

Der Weg zur Vergebung

Wohl dem, dem die Übertretungen vergeben sind,/ dem die Sünde bedeckt ist! Wohl dem Menschen, dem der HERR die Schuld nicht zurechnet,/ in dessen Geist kein Trug ist!

Denn als ich es wollte verschweigen,/ verschmachteten meine Gebeine durch mein tägliches Klagen. Denn deine Hand lag Tag und Nacht schwer auf mir,/ daß mein Saft vertrocknete, wie es im Sommer dürre wird. Darum bekannte ich dir meine Sünde,/ und meine Schuld verhehlte ich nicht. Ich sprach: Ich will dem HERRN meine Übertretungen bekennen. / Da vergabst du mir die Schuld meiner Sünde.

Deshalb werden alle Heiligen zu dir beten / zur Zeit der Angst. Darum, wenn große Wasserfluten kommen,/ werden sie nicht an sie gelangen. Du bist mein Schirm, du wirst mich vor Angst behüten,/ daß ich errettet gar fröhlich rühmen kann. »Ich will dich unterweisen und dir den Weg zeigen, den du gehen sollst;/ ich will dich mit meinen Augen leiten.« Seid nicht wie Rosse und Maultiere,/ die ohne Verstand sind, denen man Zaum und Gebiß anlegen muß;/ sie werden sonst nicht zu dir kommen.

Der Gottlose hat viel Plage;/ wer aber auf den HERRN hofft, den wird die Güte umfangen. Freuet euch des HERRN und seid fröhlich, ihr Gerechten,/ und jauchzet, alle ihr Frommen.

Psalm 32

Jesus betet am Kreuz

Vater, vergib ihnen; denn sie wissen nicht, was sie tun!

Lukas 23, 34

Die sechste Bitte:
FÜHRE UNS NICHT IN VERSUCHUNG.

Was ist das? Gott versucht zwar niemand; aber wir bitten in diesem Gebet, daß uns Gott wolle behüten und erhalten, auf daß uns der Teufel, die Welt und unser Fleisch nicht betrüge noch verführe in Mißtrauen, Unglauben, Verzweiflung und andere große Schande und Laster; und ob wir damit angefochten würden, daß wir doch endlich gewinnen und den Sieg behalten.

Martin Luther im Kleinen Katechismus

Viele Menschen der Bibel, die mit Gott lebten, hatten mancherlei Prüfungen zu erdulden, in denen sich ihre Lebensverbindung mit Gott und ihre Treue zu bewähren hatten. Jesus hat die drei bekannten Versuchungen durch Satan dadurch bestanden, daß er die in seiner Lage eigentlich vorteilhaften Vorschläge Satans als gegen Gott und gegen den ihm vorgezeichneten Weg gerichtet erkannte (Matth. 4,1-11). Er nannte den Verursacher dieser Gedanken und Vorschläge mit Namen – Satan –, widerlegte ihn mit Gottes Wort und vertrieb ihn schließlich mit einem vollmächtigen Befehl: »Hebe dich weg von mir, Satan!« Selbst als sein Jünger Petrus ihm kurz nach seinem so bedeutsamen Christusbekenntnis anriet, statt des Leidensweges sich doch zu schonen, erkannte Jesus darin eine Versuchung Satans, ihn vom Weg des Gehorsams gegenüber seinem Vater abzuziehen (Matth. 16,22.23). Sofort gebot er dem Satan, sich zu entfernen. Er hat das nicht dem Petrus geboten, sondern der teuflischen Macht, die sich unversehens des Petrus bedient hatte.

Das Buch Hiob ist *das* Buch der Anfechtung. Die Freunde versuchen nach ihrer überkommenen Ansicht Hiob seine Fehler aufzuzeigen. Sie können ihm nicht helfen. Erst der letzte der zu Wort kommenden Freunde führt mit seiner Rede in den Weg hinein, den gleich nach ihm Gott selbst in seinem gewaltigen Reden mit Hiob geht. In der radikalen Beugung unter Gott findet Hiob wieder das Heil, das ihm Gott zugedacht hatte.

In den Psalmen kommen viele Menschen zu Wort, die mit Gott verbunden waren. Sie haben ihre Anfechtungen Gott geklagt, haben sie also zu Gebeten gemacht und waren von da an auch nicht mehr einsam und hilflos der Versuchung ausgesetzt.

Da Jesus mit den Worten der Bibel die Versuchungen Satans und seine Anfechtungen überwunden hat, können auch uns diese Gebetsworte der Angefochtenen aus der Bibel zum Sieg helfen. (Das Wort »Anfechtung« ist im griechischen Urtext des Neuen Testaments das gleiche wie das im Vaterunser mit »Versuchung« übersetzte Wort.)

Wenn wir in unsern Anfechtungen zu Gott hinfliehen, dann ist das Ziel für den Feind nicht mehr erreichbar, und die Bewährungsprobe ist nahezu bestanden. Zugrunde aber gehen die, die in der Stunde der Anfechtung und Versuchung durch Zweifel und Verführung Satans allein bleiben und nicht beten können. Das *Dennoch des Glaubens* wäre: gegen den Zweifel beten. Deshalb gab Jesus als letzte Weisung vor seinem Gang ans Kreuz seinen Jüngern das Wort: »Wachet und betet, daß ihr nicht in Anfechtung fallt! Der Geist ist willig; aber das Fleisch ist schwach.« (Matth. 26,41) Das Wachen und Nüchternsein und das Verbindunghalten mit Gott im Gebet ist für uns deshalb notwendig, weil der Versucher sich einschleicht, auch in frommen Stunden oder in schwerem Leid, genau wie in gleichmäßig ruhigen Zeiten, und uns unversehens überfallen und von Gottes Weg lösen will. Angesichts unserer Schwachheit und Unaufmerksamkeit sehen wir nicht selbstsicher den Prüfungen entgegen, sondern beten: Führe uns bitte nicht in Versuchung! Halt deine Augen über uns offen, wenn Satan uns erproben möchte, lieber Vater.

Wir teilen die gesammelten, beispielhaften Gebete ein:

Anfechtung der Gottverlassenheit
In Anfechtung durch die Ungläubigen
In Anfechtung durch eigene Ungeduld und Schwachheit.

Anfechtung der Gottverlassenheit

Der Psalm, den Jesus am Kreuz zu beten begann

Mein Gott, mein Gott, warum hast du mich verlassen?/ Ich schreie, aber meine Hilfe ist ferne. Mein Gott, des Tages rufe ich, doch antwortest du nicht,/ und des Nachts, doch finde ich keine Ruhe. Du aber bist heilig,/ der du thronst über den Lobgesängen Israels. Unsere Väter hofften auf dich;/ und da sie hofften, halfst du ihnen heraus. Zu dir schrien sie und wurden errettet,/ sie hofften auf dich und wurden nicht zuschanden. Ich aber bin ein Wurm und kein Mensch,/ ein Spott der Leute und verachtet vom Volke. Alle, die mich sehen, verspotten mich,/ sperren das Maul auf und schütteln den Kopf: »Er klage es dem HERRN, der helfe ihm heraus / und rette ihn, hat er Gefallen an ihm.«

Du hast mich aus meiner Mutter Leibe gezogen;/ du ließest mich geborgen sein an der Brust meiner Mutter. Auf dich bin ich geworfen von Mutterleib an,/ du bist mein Gott von meiner Mutter Schoß an. Sei nicht ferne von mir, denn Angst ist nahe;/ denn es ist hier kein Helfer.

Hunde haben mich umgeben, und der Bösen Rotte hat mich umringt:/ sie haben meine Hände und Füße durchgraben. Ich kann alle meine Knochen zählen;/ sie aber schauen zu und sehen auf mich herab. Sie teilen meine Kleider unter sich / und werfen das Los um mein Gewand.

Aber du, HERR, sei nicht ferne;/ meine Stärke, eile, mir zu helfen! Errette meine Seele vom Schwert,/ mein Leben von den Hunden! Hilf mir aus dem Rachen des Löwen und vor den Hörnern wilder Stiere –/ du hast mich erhört!

Ich will deinen Namen kundtun meinen Brüdern,/ ich will dich in der Gemeinde rühmen: Rühmet den HERRN, die ihr ihn fürchtet;/ ehret ihn, ihr alle vom Hause Jakob, und vor ihm scheuet euch,/ ihr alle vom Hause Israel! Denn er hat nicht verachtet noch verschmäht / das Elend des Armen und sein Antlitz vor ihm nicht verborgen;/ und als er zu ihm schrie, hörte er's.

Dich will ich preisen in der großen Gemeinde,/ ich will mein

Gelübde erfüllen vor denen, die ihn fürchten. Die Elenden sollen essen, daß sie satt werden; und die nach dem HERRN fragen, werden ihn preisen;/ euer Herz soll ewiglich leben. Es werden gedenken und sich zum HERRN bekehren aller Welt Enden / und vor ihm anbeten alle Geschlechter der Heiden. Denn des HERRN ist das Reich,/ und er herrscht unter den Heiden. Ihn allein werden anbeten alle,/ die in der Erde schlafen; vor ihm werden die Knie beugen alle, die zum Staube hinabfuhren / und ihr Leben nicht konnten erhalten. Er wird Nachkommen haben, die ihm dienen;/ vom HERRN wird man verkündigen Kind und Kindeskind. Sie werden kommen und seine Gerechtigkeit predigen / dem Volk, das geboren wird. Denn er hat's getan. Psalm 22,2-12. 17-32

Dennoch bleibe ich stets bei dir

Gott ist dennoch Israels Trost / für alle, die reines Herzens sind. Ich aber wäre fast gestrauchelt mit meinen Füßen;/ mein Tritt wäre beinahe geglitten. Denn ich ereiferte mich über die Ruhmredigen,/ als ich sah, daß es den Gottlosen so gut ging. Sie achten alles für nichts und reden böse,/ sie reden und lästern hoch her. Was sie reden, das soll vom Himmel herab geredet sein;/ was sie sagen, das soll gelten auf Erden. Darum fällt ihnen der Pöbel zu / und läuft ihnen zu in Haufen wie Wasser. Sie sprechen: Wie sollte Gott es wissen?/ Wie sollte der Höchste etwas merken? Siehe, das sind die Gottlosen;/ die sind glücklich in der Welt und werden reich.

Soll es denn umsonst sein, daß ich mein Herz rein hielt / und meine Hände in Unschuld wasche? Ich bin doch täglich geplagt,/ und meine Züchtigung ist alle Morgen da. Hätte ich gedacht: Ich will reden wie sie,/ siehe, dann hätte ich das Geschlecht deiner Kinder verleugnet. So sann ich nach, ob ich's begreifen könnte,/ aber es war mir zu schwer, bis ich ging in das Heiligtum Gottes / und merkte auf ihr Ende.

Ja, du stellst sie auf schlüpfrigen Grund / und stürzest sie zu Boden. Wie werden sie so plötzlich zunichte!/ Sie gehen unter und nehmen ein Ende mit Schrecken. Wie ein Traum verschmäht wird, wenn man erwacht,/ so verschmähst du, HERR, ihr Bild, wenn du dich erhebst. Als es mir wehe tat im Herzen / und mich stach in meinen Nieren, da war ich ein Narr und wußte nichts,/ ich war wie ein Tier vor dir.

Dennoch bleibe ich stets an dir;/ denn du hältst mich bei meiner rechten Hand, du leitest mich nach deinem Rat / und nimmst mich am Ende mit Ehren an. Wenn ich nur dich habe, / so frage ich nichts nach Himmel und Erde. Wenn mir gleich Leib und Seele verschmachtet,/ so bist du doch, Gott, allezeit meines Herzens Trost und mein Teil.

Denn siehe, die von dir weichen, werden umkommen;/ du bringst um alle, die dir die Treue brechen. Aber das ist meine Freude, daß ich mich zu Gott halte und meine Zuversicht setze auf Gott den HERRN,/ daß ich verkündige all dein Tun.

Psalm 73,1-3.8-28

Aus Hiobs Gebeten in der Tiefe des Leides und der Anfechtung

Warum gibt Gott das Licht dem Mühseligen und das Leben den betrübten Herzen – die auf den Tod warten, und er kommt nicht?

Wie ein Knecht sich sehnt nach dem Schatten und ein Tagelöhner auf seinen Lohn wartet, so habe ich wohl ganze Monate vergeblich gearbeitet, und viele elende Nächte sind mir geworden. Meine Tage sind schneller dahingeflogen als ein Weberschiffchen und sind vergangen ohne Hoffnung.

Warum blickst du nicht einmal von mir weg und läßt mir keinen Atemzug Ruhe? Warum verbirgst du dein Antlitz und hältst mich für deinen Feind? Willst du wider ein fliegend Blatt so ernst sein und einen dürren Halm verfolgen? Denn du verhängst bittere Strafen über mich und bringst über mich die Sünden meiner Jugend. –

Siehe, auch jetzt noch ist mein Zeuge im Himmel, und mein Fürsprecher ist in der Höhe. Meine Freunde verspotten mich; unter Tränen blickt mein Auge zu Gott auf, daß er Recht schaffe dem Mann bei Gott, dem Menschen vor seinem Freund. Sei du selbst mein Bürge bei dir, – wer will mich sonst vertreten? –

Aber ich weiß, daß mein Erlöser lebt, und als der letzte wird er über dem Staub sich erheben. Und ist meine Haut noch so zerschlagen und mein Fleisch dahingeschwunden, so werde ich doch Gott sehen. Ich selbst werde ihn sehen, meine Augen werden ihn schauen, und kein Fremder. Danach sehnt sich mein Herz in meiner Brust.

Hiob 3,20 f.; 7,2.3.6.18.19; 13,24-26; 16,19-21; 17,3; 19,25-27

Der Prophet Jeremia betet in seinen Anfechtungen

Ach, HERR, du weißt es! Gedenke an mich und nimm dich meiner an und räche mich an meinen Verfolgern! Laß mich nicht hinweggerafft werden, während du deinen Zorn über sie noch zurückhältst; denn du weißt, daß ich um deinetwillen geschmäht werde. Dein Wort ward meine Speise, sooft ich's empfing, und dein Wort ist meines Herzens Freude und Trost; denn ich bin ja nach deinem Namen genannt, HERR, Gott Zebaoth. Ich habe mich nicht zu den Fröhlichen gesellt noch mich mit ihnen gefreut, sondern saß einsam, gebeugt von deiner Hand; denn du hattest mich erfüllt mit Grimm. Warum währt doch mein Leiden so lange und sind meine Wunden so schlimm, daß sie niemand heilen kann? Du bist mir geworden wie ein trügerischer Born, der nicht mehr quellen will.

Darum spricht der HERR: Wenn du dich zu mir hältst, so will ich mich zu dir halten, und du sollst mein Prediger bleiben. Und wenn du recht redest und nicht leichtfertig, so sollst du mein Mund sein. Sie sollen sich zu dir kehren, doch du kehre dich nicht zu ihnen! Denn ich mache dich für dies Volk zur festen, ehernen Mauer. Wenn sie auch wider dich streiten, sollen sie dir doch nichts anhaben; denn ich bin bei dir, daß ich dir helfe und dich errette, spricht der HERR, und ich will dich erretten aus der Hand der Bösen und erlösen aus der Hand der Tyrannen.

Heile du mich, HERR, so werde ich heil; hilf du mir, so ist mir geholfen; denn du bist mein Ruhm. Siehe, sie sprechen zu mir:

»Wo ist denn des HERRN Wort? Laß es doch kommen!« Aber ich habe dich nie gedrängt, Unheil kommen zu lassen; auch hab ich den bösen Tag nicht herbeigewünscht, das weißt du. Was ich gepredigt habe, das liegt offen vor dir. Sei du mir nur nicht schrecklich, meine Zuversicht in der Not!

Es ist ein köstlich Ding, geduldig sein und auf die Hilfe des HERRN hoffen. Es ist ein köstlich Ding für einen Mann, daß er das Joch in seiner Jugend trage. Er sitze einsam und schweige, wenn Gott es ihm auferlegt, und stecke seinen Mund in den Staub; vielleicht ist noch Hoffnung. Er biete die Backe dar, dem, der ihn schlägt, und lasse sich viel Schmach antun. Denn der HERR verstößt nicht ewig; sondern er betrübt wohl und erbarmt sich wieder nach seiner großen Güte. Denn nicht von Herzen plagt und betrübt er die Menschen.

Jeremia 15,15-21; 17,14-17; Klagelieder 3,26-33

In Anfechtung durch die Ungläubigen

Bei dem Herrn findet man Hilfe

Ach, HERR, wie sind meiner Feinde so viel / und erheben sich so viele gegen mich! Viele sagen von mir:/ Er hat keine Hilfe bei Gott. Aber du, HERR, bist der Schild für mich,/ du bist meine Ehre und hebst mein Haupt empor.

Ich rufe mit meiner Stimme zum HERRN,/ so erhört er mich von seinem heiligen Berge. Ich liege und schlafe und erwache;/ denn der HERR hält mich. Ich fürchte mich nicht vor vielen Tausenden,/ die sich ringsum wider mich legen. Bei dem HERRN findet man Hilfe./ Dein Segen komme über dein Volk!

Psalm 3,2-7.9

Der Herr schafft Recht den Armen, die zu ihm rufen

HERR, warum stehst du so ferne,/ verbirgst dich zur Zeit der Not? Weil der Gottlose Übermut treibt, müssen die Elenden leiden;/ sie werden gefangen in den Ränken, die er ersann. Denn der Gottlose rühmt sich seines Mutwillens,/ und der

Habgierige sagt dem HERRN ab und lästert ihn. Der Gottlose meint in seinem Stolz, Gott frage nicht danach./ »Es ist kein Gott«, sind alle seine Gedanken. Er fährt fort in seinem Tun immerdar. Deine Gerichte sind ferne von ihm,/ er handelt gewaltsam an allen seinen Feinden. Er spricht in seinem Herzen: »Ich werde nimmermehr wanken,/ es wird für und für keine Not haben.« Sein Mund ist voll Fluchens, voll Lug und Trug;/ seine Zunge richtet Mühsal und Unheil an. Er spricht in seinem Herzen: »Gott hat's vergessen,/ er hat sein Antlitz verborgen, er wird's nimmermehr sehen.«

Steh auf, HERR! Gott, erhebe deine Hand!/ Vergiß die Elenden nicht! Warum soll der Gottlose Gott lästern / und in seinem Herzen sprechen: »Du fragst doch nicht danach?« Du siehst es doch, denn du schaust das Elend und den Jammer;/ es steht in deinen Händen. Die Armen befehlen es dir;/ du bist der Waisen Helfer. Das Verlangen der Elenden hörst du, HERR;/ du machst ihr Herz gewiß, dein Ohr merkt darauf, daß du Recht schaffest den Waisen und Armen,/ daß der Mensch nicht mehr trotze auf Erden. Psalm 10,1-7.11-14.17-18

Was betrübst du dich, meine Seele?

Wie der Hirsch lechzt nach frischem Wasser,/ so schreit meine Seele, Gott, zu dir. Meine Seele dürstet nach Gott,/ nach dem lebendigen Gott. Wann werde ich dahin kommen,/ daß ich Gottes Angesicht schaue? Meine Tränen sind meine Speise Tag und Nacht,/ weil man täglich zu mir sagt: Wo ist nun dein Gott?

Daran will ich denken / und ausschütten mein Herz bei mir selbst: wie ich einherzog in großer Schar,/ mit ihnen zu wallen zum Hause Gottes mit Frohlocken und Danken / in der Schar derer, die da feiern. Was betrübst du dich, meine Seele,/ und bist so unruhig in mir? Harre auf Gott; denn ich werde ihm noch danken,/ daß er meines Angesichts Hilfe und mein Gott ist.

Des Tages seufze ich: Es sende der HERR seine Gnade;/ – und des Nachts singe ich ihm und flehe zu dem lebendigen Gott. / Ich sage zu Gott, meinem Fels:/ Warum hast du mich vergessen? Warum muß ich so traurig gehen,/ wenn mein Feind mich dränget? Es ist wie Mord in meinen Gebeinen, wenn mich meine Feinde schmähen / und täglich zu mir sagen: Wo ist nun dein Gott?

Was betrübst du dich, meine Seele,/ und bist so unruhig in mir? Harre auf Gott; denn ich werde ihm noch danken,/ daß er meines Angesichts Hilfe und mein Gott ist. Psalm 42

In Anfechtung durch eigene Ungeduld und Schwachheit

Herr, wie lange?

HERR, wie lange willst du mich so ganz vergessen?/ Wie lange verbirgst du dein Antlitz vor mir? Wie lange soll ich sorgen in meiner Seele und mich ängsten in meinem Herzen täglich?/ Wie lange soll sich mein Feind über mich erheben?

Schaue doch und erhöre mich, HERR, mein Gott!/ Erleuchte meine Augen, daß ich nicht im Tode entschlafe, daß nicht mein Feind sich rühme, er sei meiner mächtig geworden,/ und meine Widersacher sich freuen, daß ich wanke.

Ich aber traue darauf, daß du so gnädig bist; mein Herz freut sich, daß du so gerne hilfst./ Ich will dem HERRN singen, daß er so wohl an mir tut. Psalm 13

Meine Augen sehen stets auf den Herrn

Meine Augen sehen stets auf den HERRN;/ denn er wird meinen Fuß aus dem Netze ziehen. Sieh an meinen Jammer und mein Elend / und vergib mir alle meine Sünden! Sieh, wie meiner Feinde so viel sind / und zu Unrecht mich hassen. Bewahre meine Seele und errette mich;/ laß mich nicht zuschanden werden, denn ich traue auf dich!

Psalm 25,15.18-21

Klagen und beten

HERR, Gott, mein Heiland,/ ich schreie Tag und Nacht vor dir. Laß mein Gebet vor dich kommen,/ neige deine Ohren zu meinem Schreien. Denn meine Seele ist übervoll an Leiden,/ und mein Leben ist nahe dem Tode.

Meine Freunde hast du mir entfremdet,/ du hast mich ihnen zum Abscheu gemacht./ Ich liege gefangen und kann nicht heraus, mein Auge sehnt sich aus dem Elend./ HERR, ich rufe zu dir täglich;/ ich breite meine Hände aus zu dir.

Aber ich schreie zu dir, HERR,/ und mein Gebet kommt frühe vor dich: Warum verstößt du, HERR, meine Seele / und verbirgst dein Antlitz vor mir? Ich bin elend und dem Tode nahe von Jugend auf;/ ich erleide deine Schrecken, daß ich fast verzage. Dein Grimm geht über mich,/ deine Schrecken vernichten mich. Sie umgeben mich täglich wie Fluten / und umringen mich allzumal. Meine Freunde und Nächsten hast du mir entfremdet,/ und meine Verwandten hältst du fern von mir.

Psalm 88,2-4.9-10.14-19

Jesus bittet für seinen Jünger

Simon, Simon, siehe, der Satan hat begehrt, euch zu sieben wie den Weizen. Ich aber habe für dich gebeten, daß dein Glaube nicht aufhöre. Und wenn du dereinst dich bekehrst, so stärke deine Brüder.

Lukas 22,31-32

Die siebte Bitte:
ERLÖSE UNS VON DEM BÖSEN.

Was ist das? Wir bitten in diesem Gebet als in der Summe, daß uns der Vater im Himmel von allerlei Übel Leibes und der Seele, Guts und Ehre erlöse und zuletzt, wann unser Stündlein kommt, ein seliges Ende beschere und mit Gnaden von diesem Jammertal zu sich nehme in den Himmel.

Martin Luther im Kleinen Katechismus

Die Geschichte vom Sündenfall in 1. Mose 3 schildert das Wesen des Menschen in seinem natürlichen Sein, in der Zwiespältigkeit seiner Seele, in seinem Verhalten dem Mitmenschen gegenüber und in seinem Sein vor Gott. In diesem hier geschilderten Wesen des Menschen liegt auch der Grund für den Zustand der Welt und der Lebensbedingungen der Menschen. Wohlstand oder Armut, Frieden oder Krieg ändern an diesen Grundvoraussetzungen und Auswirkungen nur wenig. Es ist wie eine Verordnung Gottes, innerhalb derer dem Widersacher Gottes, Satan, ein begrenztes Recht eingeräumt wird, dem Menschen die Folgen seines Wesens zu demonstrieren. Der Mensch, der Gott durch sich selbst ersetzen wollte (»Ihr werdet sein wie Gott!«), muß sehen, wie weit er damit kommt. Er, der wissen und bestimmen wollte, was gut und böse ist, muß an sich selbst erleben, wie schwach seine Entscheidungsfähigkeit ist sowohl gegenüber sich selbst als auch für andere, für die er vielleicht innerhalb eines gesellschaftlichen Prozesses Verantwortung übernommen hat. Er muß selbst sehen, wie verheerend es angesichts des menschlichen Egoismus ist, die »Befreiung« von den weisen Ordnungen und Aufträgen, die Gott den Menschen eigentlich zum Schutz des Lebens zugedacht hat, vorwärtszutreiben.

Seit dem Sündenfall gleicht die Erde, wie es die Bibel in unvergleichlicher Weise bildhaft ausspricht, einem Acker mit Steinen, Unkraut und Unfruchtbarkeit, auf dem wir Menschen mit viel Mühe unser Leben zubringen. Selbst wenn es uns äußerlich gelegentlich gutgeht, warten auf uns Erdbewohner

Hunger, Krankheit und Not unter Feinden, Katastrophen, Kriege, Wirkungen des »Bösen«, nämlich Satans, Behinderungen und schließlich Vereinsamung, Altersgebrechen und der Tod.

Das griechische Wort vom »Bösen«, das uns im Urtext dieser Vaterunser-Bitte überliefert ist, bedeutet »das Böse« = das Übel, oder »der Böse« = Satan. Die Formulierung in diesem Gebet läßt beide Deutungen zu. Eins aber ist dem Menschen geblieben: Er kann Gott suchen, kann mit ihm in Verbindung treten und sich auch für ihn entscheiden. In dieser Möglichkeit, die die Barmherzigkeit Gottes um seines Heilsplanes willen den Menschen offengelassen hat, liegen – zunächst verborgen – Gottes Zusagen und Verheißungen für einen Neubeginn und ein gutes Ende. Wir können sie in der Bibel lesen. Sie liegen da wie gut begehbare Trittplatten im sumpfig-schmutzigen Gelände und erzeugen Hoffnung bei Menschen, die sie betreten, die ihretwegen vom Weg der gescheiterten Selbstherrlichkeit umkehren und auf ihnen weitergehen.

So hört auch für den mit Gott verbundenen Menschen das »Böse« oder das »Übel« nicht auf. Und »der Böse« versucht immer wieder, die Verbindung mit Gott zu stören. Aber wir dürfen unsere Klage, so wie es uns ums Herz ist, Gott sagen, der allein uns erlösen kann. Alles, was mit einem solchen Mangel zusammenhängt, führt die, die den Weg der Zusagen Gottes beschreiten, zum Beten um die zeitliche Hilfe Gottes, aber noch mehr um die endgültige Erlösung aus diesen Nöten. Der Blick der Betenden geht über die eigene Vergänglichkeit hin bis zum Ende dieser Erdenzeit und bis zu dem erlösenden Wiederkommen Jesu Christi: Erlöse uns von dem Bösen!

Es ist höchst bedeutsam, daß die mächtigsten Trostpsalmen der Bibel als Klagepsalmen beginnen. Dem Beter wurde bei seinem auf Gottes Geist hörenden Beten eine Antwort Gottes zuteil, die das Klagelied in ein jubelndes Bekenntnis der Geborgenheit bei Gott umwandelt. Es ist beglückend, daß auch bei all unserem hörenden, wartenden Beten und Klagen in die vielleicht noch von Tränen begleitete Stille hinein – Gott spricht und Antwort gibt. Dadurch werden wir bis ins Innerste hinein getröstet: Gott hört und redet.

Mit der siebten Bitte ist die Sehnsucht nach Vollendung der Herrschaft Gottes ausgesprochen. Die Gemeinde Jesu ist dorthin unterwegs, wo Gottes Reich sich vollendet, in dem »kein Tod, kein Leid, kein Geschrei, kein Schmerz mehr sein wird; denn das Erste ist vergangen« (Offb. 21,4). So blickt die siebte Bitte über das Ende unseres Lebens und über das Ende der gefallenen Schöpfung hin auf den neuen Himmel und die neue Erde.

Und so lehrt uns Jesus beten.

Folgende Einteilung soll das Finden der geeigneten Gebete erleichtern:

Gebete in Krankheitsnot
Gebete in mancherlei Leiden
Gebete um Hilfe in den Nöten der Gemeinde Gottes in bedrohlicher Situation
Gebete in Todesnot.

Gebete in Krankheitsnot

Krank und verlassen

Wohl dem, der sich des Schwachen annimmt!/ Den wird der HERR erretten zur bösen Zeit. Der HERR wird ihn bewahren und beim Leben erhalten und es ihm lassen wohlgehen auf Erden / und ihn nicht preisgeben dem Willen seiner Feinde. Der HERR wird ihn erquicken auf seinem Lager;/ du hilfst ihm auf von aller seiner Krankheit. Ich sprach: HERR, sei mir gnädig! Heile mich;/ denn ich habe an dir gesündigt. Meine Feinde reden Arges wider mich:/ »Wann wird er sterben und sein Name vergehen?« Sie kommen, nach mir zu schauen,/ und meinen's doch nicht von Herzen; sondern sie suchen etwas, daß sie lästern können,/ gehen hin und tragen's hinaus auf die Gasse. Alle, die mich hassen, flüstern miteinander über mich / und denken Böses über mich: »Unheil ist über ihn ausgegossen;/ wer so daliegt, wird nicht wieder aufstehen.« Auch mein

Freund, dem ich vertraute,/ der mein Brot aß, tritt mich mit Füßen. Du aber, HERR, sei mir gnädig und hilf mir auf.

Gelobt sei der HERR, der Gott Israels,/ von Ewigkeit zu Ewigkeit! Amen! Amen! Psalm 41, 2-11a.14

Herr, mir ist so bange

Dies ist das Lied Hiskias, des Königs von Juda, als er krank gewesen und von seiner Krankheit gesund geworden war:

Ich sprach: Nun muß ich zu des Totenreiches Pforten fahren in der Mitte meines Lebens,/ da ich doch gedachte, noch länger zu leben. Ich sprach: Nun werde ich den HERRN nicht mehr schauen / im Lande der Lebendigen,/ nun werde ich die Menschen nicht mehr sehen / mit denen, die auf der Welt sind. Meine Hütte ist abgebrochen / und über mir weggenommen wie eines Hirten Zelt./ Zu Ende gewebt hab ich mein Leben wie ein Weber;/ er schneidet mich ab wie einen Faden, bis zum Morgen schreie ich um Hilfe;/ aber er zerbricht mir alle meine Knochen wie ein Löwe;/ Tag und Nacht gibst du mich preis.

Meine Augen sehen verlangend nach oben:/ HERR, ich leide Not, tritt für mich ein! Was soll ich reden und was ihm sagen? / Er hat's getan!/ Entflohen ist all mein Schlaf / bei solcher Betrübnis meiner Seele. HERR, laß mich wieder genesen / und leben!

Siehe, um Trost war mir sehr bange./ Du aber hast dich meiner Seele herzlich angenommen,/ daß sie nicht verdürbe;/ denn du wirfst alle meine Sünden hinter dich zurück. Denn die Toten loben dich nicht,/ und der Tod rühmt dich nicht,/ und die in die Grube fahren,/ warten nicht auf deine Treue; sondern allein, die da leben, loben dich so wie ich heute./ Der Vater macht den Kindern deine Treue kund. Der HERR hat mir geholfen,/ darum wollen wir singen und spielen,/ solange wir leben,/ im Hause des HERRN!

Und Jesaja sprach, man solle ein Pflaster von Feigen nehmen und auf sein Geschwür legen, daß er gesund würde.

Jesaja 38,9-21

Gedenke doch!

Gedenke doch, wie ich so elend und verlassen, mit Wermut und Bitterkeit getränkt bin! Du wirst ja daran gedenken, denn meine Seele sagt mir's. Dies nehme ich zu Herzen, darum hoffe ich noch: Die Güte des Herrn ist's, daß wir nicht gar aus sind, seine Barmherzigkeit hat noch kein Ende, sondern sie ist alle Morgen neu, und deine Treue ist groß. Der HERR ist mein Teil, spricht meine Seele; darum will ich auf ihn hoffen. Denn der HERR ist freundlich dem, der auf ihn harrt, und dem Menschen, der nach ihm fragt. Klagelieder 3,19-25

Gebete in mancherlei Leiden

Leiden von innen und außen

Du aber, HERR, wollest deine Barmherzigkeit nicht von mir wenden;/ laß deine Güte und Treue allewege mich behüten. Denn es haben mich umgeben Leiden ohne Zahl./ Meine Sünden haben mich ereilt; ich kann sie nicht überblicken. Ihrer sind mehr als Haare auf meinem Haupt,/ und mein Herz ist verzagt. Laß dir's gefallen, HERR, mich zu erretten;/ eile, HERR, mir zu helfen! Schämen sollen sich und zuschanden werden, / die mir nach dem Leben trachten, mich umzubringen. Es sollen zurückweichen und zuschanden werden,/ die mir mein Unglück gönnen. Sie sollen in ihrer Schande erschrecken,/ die über mich schreien: Da, da! Laß deiner sich freuen und fröhlich sein / alle, die nach dir fragen; und die dein Heil lieben, laß allewege sagen:/ Der HERR sei hoch gelobt! Denn ich bin arm und elend;/ der HERR aber sorgt für mich. Du bist mein Helfer und Eretter;/ mein Gott, säume doch nicht!

Psalm 40,12-18

Gebet in schwerer Zeit

Ich rufe zu Gott und schreie um Hilfe,/ zu Gott rufe ich, und er erhört mich. In der Zeit meiner Not suche ich den HERRN;

meine Hand ist des Nachts ausgereckt und läßt nicht ab;/ denn meine Seele will sich nicht trösten lassen. Ich denke an Gott – und bin betrübt;/ ich sinne nach – und mein Herz ist in Ängsten. Meine Augen hältst du, daß sie wachen müssen;/ ich bin so voll Unruhe, daß ich nicht reden kann.

Ich gedenke der alten Zeit,/ der vergangenen Jahre. Ich denke und sinne des Nachts und rede mit meinem Herzen, mein Geist muß forschen. Wird denn der HERR auf ewig verstoßen / und keine Gnade mehr erweisen? Ist's denn ganz und gar aus mit seiner Güte,/ und hat die Verheißung für immer ein Ende? Hat Gott vergessen, gnädig zu sein,/ oder sein Erbarmen im Zorn verschlossen? Ich sprach: Darunter leide ich,/ daß die rechte Hand des Höchsten sich so ändern kann.

Darum denke ich an die Taten des HERRN,/ ja, ich denke an deine früheren Wunder und sinne über alle deine Werke / und denke deinen Taten nach. Gott, dein Weg ist heilig. Wo ist ein so mächtiger Gott, wie du, Gott, bist? Du bist der Gott, der Wunder tut,/ du hast deine Macht bewiesen unter den Völkern. Du hast dein Volk erlöst mit Macht./ Psalm 77,2-16a

Gebet um Errettung aus Schmach und schwerer Bedrängnis

Gott hilf mir! / Denn das Wasser geht mir bis an die Kehle. Ich versinke in tiefem Schlamm, / wo kein Grund ist; ich bin in tiefe Wasser geraten, / und die Flut will mich ersäufen. Ich habe mich müde geschrien, / mein Hals ist heiser. Meine Augen sind trübe geworden, / weil ich so lange harren muß auf meinen Gott. Die mich ohne Grund hassen, / sind mehr, als ich Haare auf dem Haupt habe. Die mir zu Unrecht feind sind und mich verderben wollen, sind mächtig. / Ich soll zurückgeben, was ich nicht geraubt habe.

Gott, du kennst meine Torheit, / und meine Schuld ist dir nicht verborgen. Laß an mir nicht zuschanden werden, / die deiner harren, HERR, HERR Zebaoth! Laß an mir nicht schamrot werden, / die dich suchen, Gott Israels! Denn um deinetwillen trage ich Schmach, / mein Angesicht ist voller Schande. Ich bin fremd geworden meinen Brüdern / und unbekannt den Kindern meiner Mutter; denn der Eifer um dein Haus hat mich gefressen, / und die Schmähungen derer, die dich schmähen, sind auf mich gefallen. Ich weine bitterlich und faste, / und man spottet meiner dazu. Ich habe einen Sack angezogen, / aber sie treiben ihren Spott mit mir.

Ich aber bete zu dir, HERR, zur Zeit der Gnade; / Gott, nach deiner großen Güte erhöre mich mit deiner treuen Hilfe. Errette mich aus dem Schlamm, / daß ich nicht versinke, daß ich errettet werde vor denen, die mich hassen, / und aus den tiefen Wassern; daß mich die Flut nicht ersäufe und die Tiefe nicht verschlinge / und das Loch des Brunnens sich nicht über mir schließe. / Erhöre mich, HERR, denn deine Güte ist tröstlich; / wende dich zu mir nach deiner großen Barmherzigkeit und verbirg dein Angesicht nicht vor deinem Knechte, / denn mir ist angst; erhöre mich eilends. Nahe dich zu meiner Seele und erlöse sie, / erlöse mich um meiner Feinde willen. Du kennst meine Schmach, meine Schande und Scham; / meine Widersacher sind dir alle vor Augen. Die Schmach bricht mir mein Herz / und macht mich krank. Ich warte, ob jemand Mitleid habe, aber da ist niemand, / und auf Tröster, aber ich finde keine. Sie geben mir Galle zu essen / und Essig zu trinken für meinen Durst. Ich aber bin elend und voller Schmerzen. / Gott, deine Hilfe schütze mich!

Ich will den Namen Gottes loben mit einem Lied / und will ihn hoch ehren mit Dank. Das wird dem HERRN besser gefallen / als ein Stier, der Hörner und Klauen hat. Die Elenden sehen es und freuen sich, / und die Gott suchen, denen wird das Herz aufleben. Denn der HERR hört die Armen / und verachtet seine Gefangenen nicht.

Psalm 69, 2-12.13-22, 30-34

Gebet in Verfolgung

Ich schreie zum HERRN mit meiner Stimme, / ich flehe zum HERRN mit meiner Stimme. Ich schütte meine Klage vor ihm aus / und zeige an vor ihm meine Not. Wenn mein Geist in Ängsten ist, / so nimmst du dich meiner an. Sie legen mir Schlingen / auf dem Wege, den ich gehe. Schau zur Rechten und sieh: / da will niemand mich kennen. Ich kann nicht entfliehen, / niemand nimmt sich meiner an.

HERR, zu dir schreie ich und sage: Du bist meine Zuversicht, / mein Teil im Lande der Lebendigen. Höre auf meine Klage, / denn ich werde sehr geplagt. Errette mich von meinen Verfolgern, denn sie sind mir zu mächtig. Führe mich aus dem Kerker, / daß ich preise deinen Namen. Die Gerechten werden sich zu mir sammeln, / wenn du mir wohltust.

Psalm 142

Geh nicht ins Gericht mit deinem Knecht

Geh nicht ins Gericht mit deinem Knecht; / denn vor dir ist kein Lebendiger gerecht. Denn der Feind verfolgt meine Seele / und schlägt mein Leben zu Boden, er legt mich ins Finstere / wie die, die lange schon tot sind. Und mein Geist ist in Ängsten, / mein Herz ist erstarrt in meinem Leibe.

Ich denke an die früheren Zeiten; ich sinne nach über all deine Taten / und spreche von den Werken deiner Hände. Ich breite meine Hände aus zu dir, / meine Seele dürstet nach dir wie ein dürres Land. HERR, erhöre mich bald, mein Geist vergeht; / verbirg dein Antlitz nicht vor mir, daß ich nicht gleich werde denen, / die in die Grube fahren. Errette mich, mein Gott, von meinen Feinden; / zu dir nehme ich meine Zuflucht. HERR, erquicke mich um deines Namens willen; / führe mich aus der Not um deiner Gerechtigkeit willen.

Psalm 143, 2-7.9.11

Mitten in der Angst

Ich will anbeten vor deinem heiligen Tempel / und deinen Namen preisen für deine Güte und Treue; denn du hast deinen Namen und dein Wort / herrlich gemacht für alles. Wenn ich dich anrufe, so erhörst du mich / und gibst meiner Seele große Kraft. Denn der HERR ist hoch und sieht auf den Niedrigen / und kennt den Stolzen von ferne.

Wenn ich mitten in der Angst wandle, / so erquickest du mich und reckst deine Hand gegen den Zorn meiner Feinde / und hilfst mir mit deiner Rechten. Der HERR wird meine Sache hinausführen. HERR, deine Güte ist ewig. / Das Werk deiner Hände wollest du nicht lassen.

Psalm 138, 2.3.6-8

Gebete um Hilfe in den Nöten der Gemeinde Gottes in bedrohlicher Situation

O Gott, hilf uns Schwachen

HERR, es ist dir nicht schwer, dem Schwachen gegen den Starken zu helfen. Hilf uns, HERR, unser Gott; denn wir verlassen uns auf dich, und in deinem Namen sind wir gekommen gegen diese Menge. HERR, du bist unser Gott, gegen dich vermag kein Mensch etwas. Gebet Asas, 2. Chronik 14,10

HERR Zebaoth, du Gott Israels, der du über den Cherubim thronst, du bist allein Gott über alle Königreiche auf Erden, du hast Himmel und Erde gemacht. HERR, neige deine Ohren und höre doch, HERR, tu deine Augen auf und sieh doch! Höre doch alle die Worte des Feindes, die er gesandt hat, um den lebendigen Gott zu schmähen. HERR, unser Gott, errette uns aus seiner Hand, damit alle Königreiche auf Erden erfahren, daß du, HERR, allein Gott bist! Gebet Hiskias, Jesaja 37,16.17.20

Im Schutz des Höchsten

Wer unter dem Schirm des Höchsten sitzt / und unter dem Schatten des Allmächtigen bleibt, der spricht zu dem HERRN: Meine Zuversicht und meine Burg, / mein Gott, auf den ich hoffe.

Denn er errettet dich vom Strick des Jägers / und von der verderblichen Pest. Er wird dich mit seinen Fittichen decken, und Zuflucht wirst du haben unter seinen Flügeln. / Seine Wahrheit ist Schirm und Schild, daß du nicht erschrecken mußt vor dem Grauen der Nacht, / vor den Pfeilen, die des Tages fliegen, vor der Pest, die im Finstern schleicht, / vor der Seuche, die am Mittag Verderben bringt. Wenn auch tausend fallen zu deiner Seite und zehntausend zu deiner Rechten, / so wird es doch dich nicht treffen. Ja, du wirst es mit eigenen Augen sehen / und schauen, wie den Gottlosen vergolten wird.

Denn der HERR ist deine Zuversicht, / der Höchste ist deine Zuflucht. Es wird dir kein Übel begegnen, / und keine Plage wird sich deinem Hause nahen. Denn er hat seinen Engeln befohlen, / daß sie dich behüten auf allen deinen Wegen, daß sie dich auf den Händen tragen / und du deinen Fuß nicht an einen Stein stoßest. Über Löwen und Ottern wirst du gehen / und junge Löwen und Drachen niedertreten.

»Er liebt mich, darum will ich ihn erretten; / er kennt meinen Namen, darum will ich ihn schützen. Er ruft mich an, darum will ich ihn erhören; ich bin bei ihm in der Not, / ich will ihn herausreißen und zu Ehren bringen. Ich will ihn sättigen mit langem Leben / und will ihm zeigen mein Heil.« Psalm 91

Die mit Tränen säen

Wenn der HERR die Gefangenen Zions erlösen wird, / so werden wir sein wie die Träumenden. Dann wird unser Mund voll Lachens / und unsre Zunge voll Rühmens sein. Dann wird man sagen unter den Heiden:/ Der HERR hat Großes an ihnen getan!

Der HERR hat Großes an uns getan; / des sind wir fröhlich.

HERR, bringe zurück unsre Gefangenen, / wie du die Bäche wiederbringst im Südland. Die mit Tränen säen, / werden mit Freuden ernten. Sie gehen hin und weinen / und streuen ihren Samen und kommen mit Freuden / und bringen ihre Garben.

Psalm 126

Als das Lamm das fünfte Siegel auftat, sah ich unten am Altar die Seelen derer, die umgebracht worden waren um des Wortes Gottes und um ihres Zeugnisses willen. Und sie schrien mit lauter Stimme: HERR, du Heiliger und Wahrhaftiger, wie lange richtest du nicht und rächst nicht unser Blut an denen, die auf der Erde wohnen? Und ihnen wurde gegeben einem jeden ein weißes Gewand, und ihnen wurde gesagt, daß sie ruhen müßten noch eine kleine Zeit, bis vollzählig dazukämen ihre Mitknechte und Brüder, die auch noch getötet werden sollten wie sie. Offenbarung 6,9-11

Gebete in Todesnot

Es ist genug

Es ist genug, so nimm nun, HERR, meine Seele; ich bin nicht besser als meine Väter.

Elia unter dem Wacholder auf der Flucht, 1. Könige 19,4

Du wirst meine Seele nicht dem Tode lassen!

Bewahre mich, Gott; denn ich traue auf dich. Ich habe gesagt zu dem HERRN: Du bist ja der HERR! / Ich weiß von keinem Gut außer dir.

Der HERR ist mein Gut und mein Teil; / du erhältst mir mein Erbteil. Das Los ist mir gefallen auf liebliches Land; / mir ist ein schönes Erbteil geworden. Ich lobe den HERRN, der mich beraten hat; / auch mahnt mich mein Herz des Nachts. Ich habe den HERRN allezeit vor Augen; / steht er mir zur Rechten, so werde ich fest bleiben. Darum freut sich mein Herz, und meine Seele ist fröhlich; / auch mein Leib wird sicher liegen. Denn du wirst mich nicht dem Tode überlassen / und nicht zugeben, daß dein Heiliger die Grube sehe. Du tust mir kund den Weg zum Leben: / Vor dir ist Freude die Fülle und Wonne zu deiner Rechten ewiglich. Psalm 16, 1.2.5-11

Es ist kein Trost da; ich hoffe auf dich, Herr

»HERR, lehre mich doch, daß es ein Ende mit mir haben muß / und mein Leben ein Ziel hat und ich davon muß. Siehe, meine Tage sind eine Handbreit bei dir, / und mein Leben ist wie nichts vor dir. Wie gar nichts sind alle Menschen, / die doch so sicher leben! Sie gehen daher wie ein Schatten und machen sich viel vergebliche Unruhe; / sie sammeln und wissen nicht, wer es einbringen wird.«

Nun, HERR, wessen soll ich mich trösten? / Ich hoffe auf dich. Errette mich aus aller meiner Sünde / und laß mich nicht den Narren zum Spott werden. Ich will schweigen und meinen

Mund nicht auftun; / denn du hast es getan. Wende deine Plage von mir; / ich vergehe, weil deine Hand nach mir greift. Wenn du den Menschen züchtigst um der Sünde willen, so verzehrst du seine Schönheit wie Motten ein Kleid. / Wie gar nichts sind doch alle Menschen.

Höre mein Gebet, HERR, und vernimm mein Schreien, / schweige nicht zu meinen Tränen; denn ich bin ein Gast bei dir, / ein Fremdling wie alle meine Väter. Psalm 39,5-13

In deine Hände befehle ich meinen Geist

In deine Hände befehle ich meinen Geist; / du hast mich erlöst, HERR, du treuer Gott.

Ich hasse, die sich halten an nichtige Götzen; / ich aber hoffe auf den HERRN. Ich freue mich und bin fröhlich über deine Güte, / daß du mein Elend ansiehst und nimmst dich meiner an in Not und übergibst mich nicht in die Hände des Feindes; / du stellst meine Füße auf weiten Raum.

HERR, sei mir gnädig, denn mir ist angst! / Mein Auge ist trübe geworden vor Gram, matt meine Seele und mein Leib. Denn mein Leben ist hingeschwunden in Kummer / und meine Jahre in Seufzen. Meine Kraft ist verfallen durch meine Missetat, / und meine Gebeine sind verschmachtet. Vor all meinen Bedrängern bin ich ein Spott geworden, / eine Last meinen Nachbarn und ein Schrecken meinen Bekannten. Die mich sehen auf der Gasse, / fliehen vor mir. Ich bin vergessen in ihrem Herzen wie ein Toter; / ich bin geworden wie ein zerbrochenes Gefäß. Denn ich höre, wie viele über mich lästern: / Schrecken ist um und um! Sie halten Rat miteinander über mich / und trachten danach, mir das Leben zu nehmen.

Ich aber, HERR, hoffe auf dich / und spreche: Du bist mein Gott! Meine Zeit steht in deinen Händen. Psalm 31,6 -16

Zuflucht in unserer Vergänglichkeit

HERR, du bist unsre Zuflucht für und für. Ehe denn die Berge wurden und die Erde und die Welt geschaffen wurden, / bist du, Gott, von Ewigkeit zu Ewigkeit.

Der du die Menschen lässest sterben / und sprichst: Kommt wieder, Menschenkinder! Denn tausend Jahre sind vor dir wie der Tag, der gestern vergangen ist, / und wie eine Nachtwache. Du lässest sie dahinfahren wie einen Strom, sie sind wie ein Schlaf, / wie ein Gras, das am Morgen noch sproßt, das am Morgen blüht und sproßt / und des Abends welkt und verdorrt.

Das macht dein Zorn, daß wir so vergehen, / und dein Grimm, daß wir so plötzlich dahin müssen. Denn unsre Missetaten stellst du vor dich, / unsre unerkannte Sünde ins Licht vor deinem Angesicht. Darum fahren alle unsre Tage dahin durch deinen Zorn, / wir bringen unsre Jahre zu wie ein Geschwätz. Unser Leben währet siebzig Jahre, / und wenn's hoch kommt, so sind's achtzig Jahre, und was daran köstlich scheint, / ist doch nur vergebliche Mühe; denn es fähret schnell dahin, / als flögen wir davon.

Wer glaubt's aber, daß du so sehr zürnest, / und wer fürchtet sich vor dir in deinem Grimm? Lehre uns bedenken, daß wir sterben müssen, / auf daß wir klug werden.

HERR, kehre dich doch endlich wieder zu uns / und sei deinen Knechten gnädig! Fülle uns frühe mit deiner Gnade, / so wollen wir rühmen und fröhlich sein unser Leben lang. Erfreue uns nun wieder, nachdem du uns so lange plagest, / nachdem wir so lange Unglück leiden. Zeige deinen Knechten deine Werke / und deine Herrlichkeit ihren Kindern. Und der HERR, unser Gott, sei uns freundlich und fördere das Werk unsrer Hände bei uns. / Ja, das Werk unsrer Hände wollest du fördern!

Psalm 90

Christus ist mein Leben

Ich warte und hoffe sehnlich, daß ich in keinem Stück zuschanden werde, sondern daß frei und offen, wie allezeit so auch jetzt, Christus verherrlicht werde an meinem Leibe, es sei durch Leben oder durch Tod. Denn Christus ist mein Leben, und Sterben ist mein Gewinn.

Wenn ich aber weiterleben soll im Fleisch, so dient mir das dazu, mehr Frucht zu schaffen; und so weiß ich nicht, was ich wählen soll. Denn es setzt mir beides hart zu: ich habe Lust, aus der Welt zu scheiden und bei Christus zu sein, was auch viel besser wäre; aber es ist nötiger, im Fleisch zu bleiben um euretwillen. Philipper 1,20-24

Ich strecke mich aus nach dem, was da vorne ist

Ich vergesse, was dahinten ist, und strecke mich aus nach dem, was da vorne ist, und jage nach dem vorgesteckten Ziel, dem Siegespreis der himmlischen Berufung Gottes in Christus Jesus. Philipper 3,12-14

Unser Bürgerrecht im Himmel

Unser Bürgerrecht aber ist im Himmel; woher wir auch erwarten den Heiland, den Herrn Jesus Christus, der unsern nichtigen Leib verwandeln wird, daß er gleich werde seinem verherrlichten Leibe nach der Kraft, mit der er sich alle Dinge untertan machen kann. Philipper 3, 20-21

Die Zeit meines Hinscheidens ist gekommen

Denn ich werde schon geopfert, und die Zeit meines Hinscheidens ist gekommen. Ich habe den guten Kampf gekämpft, ich habe den Lauf vollendet, ich habe Glauben gehalten; hinfort liegt für mich bereit die Krone der Gerechtigkeit, die mir der Herr, der gerechte Richter, an jenem Tage geben wird, nicht aber mir allein, sondern auch allen, die seine Erscheinung lieb haben. 2. Timotheus 4,6-8

Der Herr wird mich erlösen

Der Herr aber wird mich erlösen von allem Übel und mich retten in sein himmlisches Reich. Ihm sei Ehre von Ewigkeit zu Ewigkeit! Amen. 2. Timotheus 4,18

Der Lobpreis

DENN DEIN IST DAS REICH UND DIE KRAFT UND DIE HERRLICHKEIT IN EWIGKEIT. AMEN.

Was ist das? Daß ich soll gewiß sein, solche Bitten sind dem Vater im Himmel angenehm und erhört. Denn er selbst hat uns geboten, also zu beten, und verheißen, daß er uns wolle erhören. Amen, Amen, das heißt: ja, ja, es soll also geschehen.

Martin Luther im Kleinen Katechismus

Nach der letzten Bitte: »Erlöse uns von dem Bösen!« kann das Gebet des Herrn zum Lobpreis übergehen, denn infolge der Verbindung mit Gott sind die Betenden in der Lage, mit dem Geist Gottes zusammen den endgültigen Sieg Gottes zu glauben und für die betende Gemeinde zu erfassen. Wo in dieser Weise gebetet wird, bekommt der Glaube eine strahlende Überwindungskraft. Der Glaubende kann die Dinge, die ihn bedrängten, die er im Gebet Gott sagte, in den Händen des mächtigen Vaters lassen und zu ihm und seinen Zielen aufschauen, die nun für sein Leben entscheidend geworden sind. Nicht daß er nun selbstzufrieden oder in stoischer Ruhe alles abwarten könnte – nein: er wird in diesem Glauben Gott lobpreisen und das Glück, zu ihm zu gehören, auch vor den Menschen bekennen, wie die Gemeinde seit Jahrhunderten mit dem Lobpreis es tut.

Christen gehen dem Licht der neuen Schöpfung entgegen, das bereits ihren Weg im Dunkeln bestrahlt. Wir denken dabei an das Wort Jesu: »Ich bin das Licht der Welt. Wer mir nachfolgt, der wird nicht wandeln in der Finsternis, sondern wird das Licht des Lebens haben.« (Joh. 8,12) In diesem Licht können die Beter dieses Gebetes leben und freuen sich auf die Vollendung des Reiches Gottes, wo es einmal von vielen Stimmen aus dem Himmel dröhnen wird: »Es sind die Reiche der Welt unseres Herrn und seines Christus geworden, und er wird regieren von Ewigkeit zu Ewigkeit.« (Offb. 11,15) So kann das Leiden und das Unvollkommene und die Zerstörung im irdischen Leben in der Nachfolge Jesu ausgehalten werden.

Wir teilen diesen Abschnitt in zwei Kapitel ein:

Die Anbetung der vollendeten Gemeinde
Die Vollendung: Anbetung, Erwartung, Sehnsucht, Bitte.

Die Anbetung der vollendeten Gemeinde

Der da ist und der da war und der da kommt, Jesus Christus, welcher ist der treue Zeuge und Erstgeborene von den Toten und Herr über die Könige auf Erden! Ihm, der uns liebt und uns erlöst hat von unsern Sünden mit seinem Blut und uns zu Königen und Priestern gemacht hat vor Gott, seinem Vater, ihm sei Ehre und Gewalt von Ewigkeit zu Ewigkeit! Amen.

aus Offenbarung 1,4-6

Anbetung vor dem Thron Gottes

Da fielen die vierundzwanzig Ältesten nieder vor dem, der auf dem Thron saß, und beteten den an, der da lebt von Ewigkeit zu Ewigkeit, und legten ihre Kronen nieder vor dem Thron und sprachen: Herr, unser Gott, du bist würdig, zu nehmen Preis und Ehre und Kraft; denn du hast alle Dinge geschaffen, und durch deinen Willen waren sie und wurden sie geschaffen.

Offenbarung 4,10.11

Anbetung des Lammes Gottes

Sie sangen ein neues Lied: Du bist würdig, zu nehmen das Buch und aufzutun seine Siegel; denn du bist geschlachtet und hast mit deinem Blut Menschen für Gott erkauft aus allen Stämmen und Sprachen und Völkern und Nationen und hast sie unserm Gott zu Königen und Priestern gemacht, und sie werden herrschen auf Erden. Und ich sah, und ich hörte eine Stimme vieler Engel um den Thron und um die Gestalten und um die Ältesten her, und ihre Zahl war vieltausendmal tausend; die sprachen mit großer Stimme: Das Lamm, das geschlachtet ist, ist würdig, zu nehmen Kraft und Reichtum und

Weisheit und Stärke und Ehre und Preis und Lob. Und jedes Geschöpf, das im Himmel ist und auf Erden und unter der Erde und auf dem Meer und alles, was darin ist, hörte ich sagen: Dem, der auf dem Thron sitzt, und dem Lamm sei Lob und Ehre und Preis und Gewalt von Ewigkeit zu Ewigkeit! Und die vier Gestalten sprachen: Amen! Und die Ältesten fielen nieder und beteten an. Offenbarung 5,9-14

Die Überwinder

Diese sind's, die gekommen sind aus der großen Trübsal und haben ihre Kleider gewaschen und haben ihre Kleider hell gemacht im Blut des Lammes. Darum sind sie vor dem Thron Gottes und dienen ihm Tag und Nacht in seinem Tempel; und der auf dem Thron sitzt, wird über ihnen wohnen. Sie werden nicht mehr hungern noch dürsten; es wird auch nicht auf ihnen lasten die Sonne oder irgendeine Hitze; denn das Lamm mitten auf dem Thron wird sie weiden und leiten zu den Quellen des lebendigen Wassers, und Gott wird abwischen alle Tränen von ihren Augen. Offenbarung 7,14-17

Christus der Herr über alle Reiche und Bereiche der Welt

Es erhoben sich große Stimmen im Himmel, die sprachen: Es sind die Reiche der Welt unseres Herrn und seines Christus geworden, und er wird regieren von Ewigkeit zu Ewigkeit. Und die vierundzwanzig Ältesten, die vor Gott auf ihren Thronen saßen, fielen nieder auf ihr Angesicht und beteten Gott an und sprachen: Wir danken dir, Herr, allmächtiger Gott, der du bist und der du warst, daß du an dich genommen hast deine große Macht und herrschest! Und die Völker sind zornig geworden; und es ist gekommen dein Zorn und die Zeit, die Toten zu richten und den Lohn zu geben deinen Knechten, den Propheten und den Heiligen und denen, die deinen Namen fürchten, den Kleinen und den Großen, und zu vernichten, die die Erde vernichten. Offenbarung 11,15-18

Siegeslied

Und ich sah, und es war wie ein gläsernes Meer, mit Feuer vermengt; und die den Sieg behalten hatten über das Tier und sein Bild und über die Zahl seines Namens, die standen an dem gläsernen Meer und hatten Gottes Harfen und sangen das Lied des Mose, des Knechtes Gottes, und das Lied des Lammes: Groß und wunderbar sind deine Werke, Herr, allmächtiger Gott! Gerecht und wahrhaftig sind deine Wege, du König der Völker. Wer sollte dich, HERR, nicht fürchten und deinen Namen nicht preisen? Denn du allein bist heilig! Ja, alle Völker werden kommen und anbeten vor dir, denn deine gerechten Gerichte sind offenbar geworden. Offenbarung 15,2-4

Wahrhaftig und gerecht sind deine Gerichte

Danach hörte ich etwas wie eine große Stimme einer großen Schar im Himmel, die sprach: Halleluja! Das Heil und die Herrlichkeit und die Kraft sind unseres Gottes! Denn wahrhaftig und gerecht sind seine Gerichte, daß er die große Hure verurteilt hat, die die Erde mit ihrer Hurerei verdorben hat, und hat das Blut seiner Knechte gerächt, das ihre Hand vergossen hat. Und die vierundzwanzig Ältesten und die vier Gestalten fielen nieder und beteten Gott an, der auf dem Thron saß, und sprachen: Amen, Halleluja! Und eine Stimme ging aus von dem Thron: Lobt unsern Gott, alle seine Knechte und die ihn fürchten, klein und groß!

Und ich hörte etwas wie eine Stimme einer großen Schar und wie eine Stimme großer Wasser und wie eine Stimme starker Donner, die sprachen: Halleluja! Denn der Herr, unser Gott, der Allmächtige, hat das Reich eingenommen! Laßt uns freuen und fröhlich sein und ihm die Ehre geben; denn die Hochzeit des Lammes ist gekommen, und seine Braut hat sich bereitet. Und es wurde ihr gegeben, sich anzutun mit schönem reinem Leinen. Das Leinen aber ist die Gerechtigkeit der Heiligen. Und er sprach zu mir: Schreibe: Selig sind, die zum Hochzeitsmahl des Lammes berufen sind. Und er sprach zu mir: Dies sind wahrhaftige Worte Gottes. Offenbarung 19,1.2.4-9

Die Vollendung: Anbetung, Erwartung, Sehnsucht, Bitte

Und ich hörte eine große Stimme von dem Thron her, die sprach: Siehe da, die Hütte Gottes bei den Menschen! Und er wird bei ihnen wohnen, und sie werden sein Volk sein, und er selbst, Gott mit ihnen, wird ihr Gott sein; und Gott wird abwischen alle Tränen von ihren Augen, und der Tod wird nicht mehr sein, noch Leid noch Geschrei noch Schmerz wird mehr sein; denn das Erste ist vergangen. Und der auf dem Thron saß, sprach: Siehe, ich mache alles neu! Und er spricht: Schreibe, denn diese Worte sind wahrhaftig und gewiß! Und er sprach zu mir: Es ist geschehen. Ich bin das A und das O, der Anfang und das Ende. Ich will dem Durstigen geben von der Quelle des lebendigen Wassers umsonst. Wer überwindet, der wird es alles ererben, und ich werde sein Gott sein, und er wird mein Sohn sein. Offenbarung 21,3-7

Ich bin das A und das O, der Erste und der Letzte, der Anfang und das Ende. Selig sind, die ihre Kleider waschen, daß sie teilhaben an dem Baum des Lebens und zu den Toren hineingehen in die Stadt. Draußen sind die Hunde und die Zauberer und die Unzüchtigen und die Mörder und die Götzendiener und alle, die die Lüge lieben und tun.

Ich, Jesus, habe meinen Engel gesandt, euch dies zu bezeugen für die Gemeinden. Ich bin die Wurzel und das Geschlecht Davids, der helle Morgenstern. Und der Geist und die Braut sprechen: Komm! Und wer es hört, der spreche: Komm! Und wen dürstet, der komme; und wer da will, der nehme das Wasser des Lebens umsonst.

Es spricht, der dies bezeugt: Ja, ich komme bald. – Amen, ja, komm, Herr Jesus! Offenbarung 22,13-17.20

Register der Bibelstellen im Teil III

(Gebetsermahnungen, Gebetsverheißungen und Anleitung zum Beten)

Die Seitenangaben bezeichnen immer die Seite, auf der die jeweils zitierte Bibelstelle endet, weil sich dort die Stellenangabe befindet.

IM ALTEN TESTAMENT

IM NEUEN TESTAMENT

Register der Bibelstellen im Teil IV

(Die Gebete der Bibel)

IM ALTEN TESTAMENT

IM NEUEN TESTAMENT